Contraste insuffisant

NF Z 43-120-14

RÉPERTOIRE

DE LA

LITTÉRATURE

ANCIENNE ET MODERNE.

IMPRIMERIE DE F. POCHARD,
RUE DU POT-DE-FER, N° 14, A PARIS.

RÉPERTOIRE
DE LA
LITTÉRATURE
ANCIENNE ET MODERNE,

CONTENANT :

1° LE LYCÉE DE LA HARPE, LES ÉLÉMENTS DE LITTÉRATURE DE MARMONTEL, UN CHOIX D'ARTICLES LITTÉRAIRES DE ROLLIN, VOLTAIRE, BATTEUX, etc ;

2° DES NOTICES BIOGRAPHIQUES SUR LES PRINCIPAUX AUTEURS ANCIENS ET MODERNES, AVEC DES JUGEMENS PAR NOS MEILLEURS CRITIQUES, TELS QUE :

D'*Alembert, Batteux, Bernardin de Saint-Pierre, Blair, Boileau, Chénier, Delille, Diderot, Fénelon, Fontanes, Ginguené, La Bruyère, La Fontaine, Marmontel, Maury, Montaigne, Montesquieu, Palissot, Rollin, J.-B. Rousseau, J.-J. Rousseau, Thomas, Vauvenargues, Voltaire,* etc.;

Et MM. Amar, Andrieux, Auger, Burnouf, Buttura, Chateaubriand, Dussault, Duviquet, Feletz, Gaillard, Le Clerc, Lemercier, Patin, Villemain, etc.;

3° DES MORCEAUX CHOISIS AVEC DES NOTES.

TOME VINGT-QUATRIÈME.

A PARIS,
CHEZ CASTEL DE COURVAL, LIBRAIRE-ÉDITEUR,
RUE DE SAVOIE, N° 6, ET RUE DE RICHELIEU, N° 87.

M DCCC XXVI.

RÉPERTOIRE

DE LA

LITTÉRATURE

ANCIENNE ET MODERNE.

RACINE (Louis), second fils de l'immortel Jean Racine, naquit à Paris, le 6 novembre 1692. Privé de bonne heure des soins paternels, il fut confié à ceux du savant Rollin, alors principal du collège de Beauvais, qui se plut, ainsi que Mésenguy, à le diriger dans ses études et à le fortifier dans les principes de vertu qu'il avait puisés dans sa famille.

Le jeune Racine au sortir du collège s'attacha à l'étude du droit et se fit recevoir avocat; mais le penchant qu'il avait toujours eu pour la poésie le dégoûta bientôt de cette profession. Boileau, qu'il consulta sur ses premiers essais, lui dit en vain : « Depuis que le monde est monde on n'a jamais vu « de grand poète fils d'un grand poète, et d'ailleurs « vous devez savoir mieux que personne, à quelle « fortune cette gloire peut conduire. » Rien ne put le détourner du commerce des muses; il prit l'habit ecclésiastique, entra comme pensionnaire dans la congrégation de l'Oratoire, et commença dès-lors son poème de *la Grace*.

Cette production qu'il fit lire à plusieurs personnes, avant que de la publier, donna une idée assez avantageuse de son talent pour qu'on lui conseillât de s'appliquer à la tragédie. « Peut-être, dit-
« il, me serais-je laissé séduire et aurai-je eu la té-
« mérité de m'approcher du théâtre, si des amis
« plus sincères ne m'en eussent détourné, en me
« représentant les grandes difficultés du poème dra-
« matique. »

En se retirant dans la solitude, Racine semblait avoir eu dessein de s'y fixer : les chagrins que son père avait essuyés à la cour n'étaient pas propres à le réconcilier avec le monde; mais le chancelier d'Aguesseau, pendant son exil à Fresnes, parvint à l'attirer auprès de lui, et changea ses résolutions. Il revint à Paris avec son illustre protecteur, fut reçu, en 1719, de l'Académie des Inscriptions, et partit pour Marseille, en 1722, avec le titre d'inspecteur-général des fermes en Provence. Cet emploi qui convenait mieux à sa fortune qu'à ses goûts, ne l'empêcha point cependant de continuer à cultiver les lettres; chaque année, il payait son tribut à l'Académie des Inscriptions, par quelques *Mémoires* qu'il venait y lire, et qui sont insérés dans le *Recueil* de cette société savante, tom. VII-XV.

Racine passa successivement à Salins, à Moulins, à Lyon, se maria dans cette dernière ville, et fut ensuite envoyé à Soissons, où il demeura quinze ans, et où il se fit recevoir à la table de marbre, maître particulier des eaux-et-forêts du duché de Valois. Ce fut au milieu de ces divers emplois qu'il composa presque tous ses ouvrages. Sa retraite, qu'il demanda au bout de vingt-quatre ans, lui laissa enfin la liberté de se consacrer entièrement aux lettres. Il revint à Paris, donna de nouvelles éditions de ses œuvres, qui accrurent encore sa réputation. Il venait de terminer la traduction du *Paradis perdu* de Milton, lorsqu'il reçut l'affreuse nouvelle de la mort de son fils unique, jeune homme qui donnait les plus grandes espérances, et qui périt malheureusement dans le tremblement de terre et l'inondation qui ravagèrent Cadix en 1755.

Ce coup terrible plongea Racine dans un tel désespoir que peu s'en fallut qu'il n'y succombât. Renonçant dès-lors à ses occupations favorites, il vendit sa bibliothèque, ne conserva que des livres de piété, et ne se permit plus d'autres distractions, que celle de la culture des fleurs dans un petit jardin qu'il avait loué au faubourg Saint-Denis. Il y recevait de temps en temps quelques anciens amis dont la conversation avait encore le pouvoir de suspendre un moment ses douleurs. C'est là que Delille alla le chercher lorsqu'il voulut lui soumettre sa traduction des *Géorgiques* : « Je le trouvai, dit-il, dans un
« cabinet, au fond du jardin, seul avec son chien,
« qu'il paraissait aimer extrêmement. Il me répéta
« plusieurs fois combien mon entreprise lui sem-
« blait audacieuse. Je lis, avec une grande timidité,
« une trentaine de vers; il m'arrête et me dit : »

Non-seulement je ne vous détourne pas de votre projet, mais je vous exhorte à le poursuivre. « J'ai « senti peu de plaisirs aussi vifs dans ma vie. Cette « entrevue, cette retraite modeste, ce cabinet, où ma « jeune imagination croyait voir rassemblées la piété « tendre, la poésie chaste et religieuse, la philoso- « phie sans faste, la paternité malheureuse, mais « résignée, enfin le reste vénérable d'une illustre « famille prête à s'éteindre faute d'héritiers, mais « dont le nom ne mourra jamais, m'ont laissé une « impression forte et durable. »

Résigné à son malheur, Racine n'en sentait pas moins que les regrets dont il ne pouvait se défen- dre, le conduisaient lentement au tombeau. Il se pré- parait en vrai chrétien, et la mort le frappa sans le surprendre le 29 janvier 1763.

Ce poète s'est montré aussi digne de son illustre origine, par ses vertus que par ses talents; bon époux, père tendre, ami fidèle, la candeur régnait dans son caractère, et la modestie dans ses discours. Il s'était fait peindre les œuvres de son père à la main, et le regard fixé sur ce vers de *Phèdre* :

Et moi, fils inconnu d'un si glorieux père,

Il était membre des académies de Lyon, de Mar- seille, d'Angers et de Toulouse.

On a de lui *La Grace*, poème, 1722, in-12, qui a été traduit en allemand par Schaeffer, et en vers latins par M. Revers, Avignon, 1768, in-12; *La Re- ligion*, poème qui a eu un très grand nombre d'édi- tions, et qui a été traduit en vers anglais, en vers allemands, deux fois en vers italiens, et plusieurs fois en vers latins, notamment par Étienne Bréard, et par l'abbé Revers; des *Odes* tirées des livres saints; des *Épîtres sur l'homme*, adressées au chevalier de Ramsay; *sur l'âme des bêtes*, etc.; et des poésies diverses, parmi lesquelles on distingue l'*Ode sur l'Harmonie*. Il a encore donné des *Réflexions sur la Poésie*, 2 vol. in-12; des *Mémoires sur la vie de J. Racine, avec ses Lettres et celles de Boileau*, 2 vol. in-12. (C'est un monument de la piété filiale, et un morceau de biographie du plus grand intérêt, mais qui manque souvent d'exactitude); des *Remarques sur les tragédies de Racine, avec un Traité de la Poésie dramatique ancienne et moderne*, Paris, 1752, 3 vol. in-12, précédées d'une lettre de Le Franc de Pompignan à l'auteur, pour l'engager à publier cet ouvrage; le *Paradis perdu* de Milton, traduit en français, avec les notes et remarques d'Addison, et un *Discours sur le poème épique*, ibid, 1755, 3 vol. in-12. On a publié, en 1784, sous le nom de Louis Racine, des *Pièces fugitives*, que sa veuve et ses amis ont désavouées hautement. Les *OEuvres* de cet auteur ont été recueillies en 1747, et en 1752, 6 vol., petit in-12; M. Lenormant en a publié une nouvelle édition, Paris, 1808, 6 vol. in-8°, précédée de l'*Éloge* de l'auteur, par Le Beau.

JUGEMENTS.

I.

On parle des *Réflexions* de Louis Racine sur la poésie avec indifférence, comme d'un livre raisonnable que chacun se rappelle avoir une fois lu ; mais, à mon gré, ce même livre est un trésor de bons préceptes, et le code véritable de la poésie française. Les plus importantes matières y sont traitées avec justesse, netteté, précision : le style bien châtié ne monte et ne descend jamais plus qu'il ne faut : l'élégance n'y sert à Louis Racine qu'à faire briller le fond du sujet. Il soumet avec une sage réserve les opinions qui restent en doute, et ce qu'il déduit des principes de l'art ne tend qu'à en faciliter l'application. Les exemples qu'il choisit éclaircissent parfaitement ses définitions, et partout il se montre riche d'un savoir puisé dans la langue attique et dans la bonne latinité. Ce n'est point un pédant qui vous répète ses leçons de collège, ni un homme superficiel qui s'efforce à disserter sur des auteurs évalués sur parole, et à couvrir ainsi son débit vague d'un dehors de gravité : c'est un littérateur vraiment instruit ; tout coule de source et abondamment sous sa plume.

Lemercier, Cours analytique de Littérature.

II.

Le plan du poème de *la Religion*, est sage, mais triste : la diction en est souvent élégante, et, dans sa faiblesse même, elle conserve de la douceur et de la pureté. Si Racine fils mérite beaucoup d'éloges comme versificateur, il manque aussi des qualités qui font le grand poète, la verve et l'imagination ; il n'a point aperçu toutes les ressources de son sujet, qui, malgré sa sévérité, pouvait lui fournir de riches tableaux. On ne trouve pas moins dans son ouvrage des détails précieux par le style. Les beautés mêmes sont nombreuses dans les deux premiers chants, qui contiennent les preuves de l'existence de Dieu et de l'immortalité de l'âme : on croit entendre plus d'une fois les sons affaiblis de cette harmonie céleste qui nous charme dans les vers d'*Esther* et d'*Athalie*.

DE FONTANES, Notes de la traduction de l'*Essai sur l'Homme*, de Pope.

III.

« Plus d'une fois on croit entendre, a dit parfai-
« tement M. de Fontanes, dans les vers du poème
« de *la Religion*, quelques sons affaiblis de cette lyre
« qui nous charme dans *Esther* et dans *Athalie*. »
En effet, Racine, en mourant, semble l'avoir transmise à son fils : la muse naissante du jeune Racine répond, par ses premiers accents, aux derniers chants que soupira la muse paternelle; sa voix trouve de moins doux accords, et la mélodie qu'elle fait entendre est moins sublime; mais c'est à la même source qu'elle puise ses inspirations, et son regard est élevé vers le ciel comme celui du grand poète, lorsqu'il chantait les malheurs de Sion et les espérances d'Israël.

Le poème de *la Religion* doit être rangé parmi les meilleures compositions de ce genre que présente notre littérature, c'est ce qu'avouent les critiques mêmes les plus sévères : ils distinguent un grand nombre de morceaux qui sont d'un poète, et plusieurs de ces endroits brillants ont mérité d'être consignés dans ces recueils où l'on rassemble ce que les muses françaises ont produit de plus pompeux ou de plus aimable. La sécheresse, il est vrai, se fait quelquefois un peu sentir dans un ouvrage où les ronces du raisonnement et les épines de la dialectique se mêlent nécessairement aux graces de la poésie; mais la faute en est au genre plutôt qu'au talent de l'écrivain : peut-être ces sujets appartenaient-ils plus à la prose qu'à la langue poétique : la prose s'accommode mieux que la poésie du mélange de l'aridité didactique avec les ornements de l'imagination et du goût; ce qui forme disparate et choque dans les vers se tourne en grace et en variété, et produit un effet heureux dans la souple liberté du langage ordinaire : aussi est-on loin de croire que la poésie de Louis Racine ait suppléé à la prose de Pascal. «Racine le fils, dit encore M. de « Fontanes, qu'on ne peut se lasser de citer, s'est « traîné faiblement sur le dessin tracé par un si « grand maître; il a mêlé dans son poème les mé- « ditations de Pascal et de Bossuet; mais sa muse, « si j'ose le dire, a été comme abattue en présence « de ces deux grands maîtres, et n'a pu porter tout « le poids de leurs pensées : il ébauche ce qu'ils ont « peint; il n'est qu'élégant lorsqu'ils sont sublimes.» Ce peu de mots est une appréciation aussi juste que parfaitement exprimée du poème de *La Religion* et du talent de Louis Racine.

Dussault, *Annales littéraires*.

IV.

Respirons un air plus pur, et passons à un ouvrage où le choix du sujet est d'abord un titre à notre estime. Le poème de *La Religion* n'est pas un ouvrage du premier ordre, mais c'est un des meilleurs du second. L'auteur possédait sa matière; et son objet contenu dans un seul vers,

La raison dans mes vers conduit l'homme à la foi,

est parfaitement embrassé. Ses preuves sont bien choisies, fortifiées par leur enchaînement, et déduites dans un ordre lumineux. Rien ne manque à la partie didactique ; elle a le degré d'intérêt que peut lui donner la variété des mouvements et l'art des transitions, et de temps en temps elle est relevée par des tableaux poétiques. Mais l'auteur, qui a si bien saisi tout ce que la religion donnait à son sujet, ne paraît pas avoir eu assez d'imagination pour en remplir l'étendue et la majesté. Les diverses parties du grand édifice de la religion, les merveilles et les figures de l'ancienne loi, cette merveille plus grande que toutes les autres, l'établissement de la loi nouvelle, pouvaient lui offrir des épisodes du plus grand effet, ouvrir même des sources de pathétique. Il y avait de quoi élever et émouvoir le lecteur, et il s'est trop borné à l'instruire et à le convaincre. Sans perdre de vue cet objet très utile, la religion pouvait fournir une véritable épopée. Racine le fils ne l'y a pas vue, et peut-être n'y avait-il que son père qui fût bien capable d'y atteindre.

Nourri du moins à son école dans la pureté des principes, son style est sain, clair et correct, généralement assez soigné, souvent élégant; mais, si le plan n'a rien de cette imagination qui invente, la versification n'a pas non plus assez de cette poésie qui anime et vivifie tout. On compte les morceaux où elle s'est montrée, et l'on sent trop souvent dans le reste la sécheresse et l'uniformité du ton didactique, sur-tout dans les deux derniers chants. Il n'y en a que six; et si un sujet si riche ne lui a pas paru en comporter davantage, cela seul prouverait qu'il ne l'avait pas vu tout entier, car il n'y avait à craindre que le trop d'abondance.

Racine le fils, sans être en rien un homme de génie, a donc été un écrivain d'un talent réel et distingué, un versificateur de bon goût. Sa marche n'est ni hardie, ni féconde, ni imposante; mais elle est sage et soutenue. Il a un assez grand nombre de vers bien faits, et des morceaux qui sont d'un poète. Les éditions multipliées de son poème en ont prouvé le succès, et ce que les amateurs de poésie en ont retenu suffit pour le tirer de la foule. J'en citerai quelques endroits de différents genres, et d'autant plus volontiers, que l'indifférence pour les matières religieuses a peut-être rendu cet ouvrage trop étranger, depuis quelques années, aux jeunes littérateurs, qui pourraient cependant, sous plus d'un rapport, le lire avec fruit.

Les premiers chants sont ceux où il a répandu le plus de couleurs poétiques : elles se présentaient d'elles-mêmes dans les preuves de l'existence de Dieu, tirées du spectacle de ses œuvres.

Oui, c'est un Dieu caché* que le Dieu qu'il faut croire;
Mais, tout caché qu'il est, pour révéler sa gloire,
Quels témoins éclatants devant moi rassemblés !
Répondez, cieux et mers, et vous, terre, parlez.
Quel bras peut vous suspendre, innombrables étoiles ?
Nuit brillante, dis-nous, qui t'a donné tes voiles ?
O cieux ! que de grandeur et que de majesté !
J'y reconnais un maître à qui rien n'a coûté,
Et qui dans vos déserts a semé la lumière
Ainsi que dans nos champs il sème la poussière.
Toi, qu'annonce l'aurore, admirable flambeau,
Astre toujours le même, astre toujours nouveau,
Par quel ordre, ô soleil ! viens-tu du sein de l'onde
Nous rendre les rayons de ta clarté féconde ?
Tous les jours je t'attends ; tu reviens tous les jours.
Est-ce moi qui t'appelle et qui règle ton cours ?
Et toi, dont le courroux veut engloutir la terre,
Mer terrible, en ton lit quelle main te resserre ?
Pour forcer ta prison tu fais de vains efforts ;
La rage de tes flots expire sur tes bords.

Le poète a fort bien rendu l'*aliusque et idem nasceris* d'Horace, en parlant du soleil. Mais, quoique les vers sur la mer soient fort beaux, et particulièrement le dernier, il n'a pas égalé à beaucoup près le sublime du livre de Job : *Huc usque venies, et non procedes* amplius* :

Tu viendras jusqu'ici, tu n'iras pas plus loin.

* Verè tu es Deus absconditus. *Gen.*

C'est Dieu qui parle à la mer, et qui seul peut parler ainsi.

Il est vrai que l'auteur termine ce morceau par trois vers qui ne sont qu'une déclamation vide de sens, et qui forment une très mauvaise transition :

> Fais sentir ta vengeance à ceux dont l'avarice
> Sur ton perfide sein va chercher son supplice,
> Hélas ! *prêts à périr, t'adressent-ils leurs vœux ?*
> Ils regardent le ciel, secours des malheureux,
> La nature, qui parle en ce péril extrême,
> Leur fait lever les mains vers l'asyle suprême :
> Hommage que toujours rend un cœur effrayé
> Au Dieu que jusqu'alors il avait oublié !

A quel propos appeler ici *la vengeance* de la mer contre les navigateurs commerçants? Et pourquoi veut-il qu'ils *lui adressent leurs vœux?* Ce défaut de sens est du moins le seul qu'on trouve dans l'ouvrage*. On peut aussi reprocher au goût de l'auteur quelques détails trop petits, comme celui-ci sur les superstitions vulgaires :

> Verrons-nous sans pâlir tomber notre salière ?

et ceux-ci sur les scolastiques,

> Qui, le dilemme en main, prétendent de l'*abstrait*
> *Catégoriquement* diviser le concret.

---

* Ce *défaut de sens* n'existe que pour ceux qui lisent mal ce passage. *Fais sentir*, comme nous l'avons déjà remarqué ailleurs, n'a point ici le sens de l'impératif ; le poëte a voulu dire : *que tu fasses sentir (si tu viens à faire sentir ta vengeance, et est-ce à toi qu'ils adressent leurs vœux ?)* L'expression pèche donc tout au plus par la clarté ; mais elle n'est ni une *déclamation vide de sens*, ni une *très mauvaise transition*.

F.

Ce jargon ne peut entrer tout au plus que dans une pièce badine, et jamais dans un sujet sérieux, mais ces taches sont très rares.

Nous venons de voir des peintures nobles et grandes : en voici qui ont de la douceur, de la grace et de l'intérêt. Il s'agit de l'éducation des oiseaux, qui n'a jamais été mieux traitée en poésie :

O toi qui follement fais ton dieu du hasard,
Viens me développer ce nid qu'avec tant d'art,
Au même ordre toujours architecte fidèle,
A l'aide de son bec maçonne l'hirondelle.
Comment, pour élever ce hardi bâtiment,
A-t-elle en le broyant arrondi son ciment?
Et pourquoi ces oiseaux, si remplis de prudence,
Ont-ils de leurs enfants su prévoir la naissance?
Que de berceaux pour eux aux arbres suspendus!
Sur le plus doux coton que de lits étendus!
Le père vole au loin, cherchant dans la campagne
Des vivres qu'il rapporte à sa tendre compagne ;
Et la tranquille mère, attendant son secours,
Échauffe dans son sein le fruit de leurs amours.
Des ennemis souvent ils repoussent la rage,
Et dans de faibles corps s'allume un grand courage;
Si chèrement aimés, leurs nourrissons un jour
Aux fils qui naîtront d'eux rendront le même amour.
Quand de nouveaux zéphyrs l'haleine fortunée
Allumera pour eux le flambeau d'hyménée,
Fidèlement unis par leurs tendres liens,
Ils rempliront les airs de nouveaux citoyens :
Innombrable famille, où bientôt tant de frères
Ne reconnaîtront plus leurs aïeux ni leurs pères.
Ceux qui de nos hivers redoutant le courroux,

Vont se réfugier dans des climats plus doux,
Ne laisseront jamais la saison rigoureuse
Surprendre parmi nous leur troupe paresseuse.
Dans un sage conseil par les chefs assemblé,
Du départ général le grand jour est réglé.
Il arrive, tout part : le plus jeune peut-être,
Demande, en regardant les lieux qui l'ont vu naître,
Quand viendra ce printemps par qui tant d'exilés
Dans les champs paternels se verront rappelés.

Ce dernier trait est charmant : c'est emprunter l'art de l'auteur des *Géorgiques* pour nous intéresser aux animaux, en leur donnant nos sentiments. Il y a quelques vers faibles : *vivrès* n'est pas bon en vers, mais la plupart de ceux-là sont pleins d'élégance. Celui de Virgile sur les abeilles qui combattent,

« Ingentes animos angusto in pectore versant, »

est ici transporté fort à propos, et ne pouvait pas être mieux rendu.

La manière dont Racine le fils explique et décrit l'harmonie des éléments fait voir que Voltaire n'est pas le seul qui ait osé, dès ce temps, mettre la physique en vers.

La mer dont le soleil attire les vapeurs,
Par ces eaux qu'elle perd voit une mer nouvelle
Se former s'élever et s'étendre sur elle.
De nuages légers cet amas précieux,
Que dispersent au loin des vents officieux,
Tantôt, féconde pluie, arrose nos campagnes.

Tantôt retombe en neige, et blanchit nos montagnes.
Sur ces rocs sourcilleux, de frimas couronnés,
Réservoir des trésors qui nous sont destinés,
Les flots de l'Océan, apportés goutte à goutte,
Réunissent leur force, et s'ouvrent une route :
Jusqu'au fond de leur sein lentement répandus,
Dans leurs veines errants, à leurs pieds descendus,
On les en voit enfin sortir à pas timides,
D'abord faibles ruisseaux, bientôt fleuves rapides.
Des racines des monts qu'Annibal sut franchir,
Indolent Ferrarais, le Pô va t'enrichir.
Impétueux enfant de cette longue chaîne,
Le Rhône suit vers nous le penchant qui l'entraîne;
Et son frère*, emporté par un contraire choix,
Sorti du même sein va chercher d'autres lois.
Mais enfin terminant leurs courses vagabondes,
Leur antique séjour redemande leurs ondes.
Ils les rendent aux mers, le soleil les reprend;
Sur les monts, dans les champs, l'aquilon nous les rend.
Telle est de l'univers la constante harmonie, etc.

La précision, le nombre, la richesse élégante des expressions, et la variété des tours, se font ici remarquer partout. Le mérite de l'harmonie imitative et le choix des termes figurés ne se font pas moins sentir dans ces vers sur l'invention des arts :

La branche en longs éclats cède au bras qui l'arrache;
Par le fer façonnée, elle allonge la hache.
L'homme avec son secours, non sans un long effort,
Ébranle et fait tomber l'arbre dont elle sort;

---

* Le Rhin.

Et tandis qu'au fuseau la laine obéissante
Suit une main légère, une main plus pesante
Frappe à coups redoublés l'enclume qui gémit.
La lime mord l'acier, et l'oreille en frémit.
Le voyageur qu'arrête un obstacle liquide
A l'écorce d'un bois confie un pied timide.
Retenu par la peur, par l'intérêt pressé,
Il avance en tremblant : le fleuve est traversé.
Bientôt ils oseront, les yeux vers les étoiles,
S'abandonner aux mers sur la foi de leurs voiles, etc.

On voit que Voltaire, qui ne prodiguait pas les éloges*, sur-tout en poésie, n'avait pas tort de dire : « Le bon versificateur Racine, fils du grand poète Racine. » Je l'ai entendu plus d'une fois réciter des passages du poème de *La Religion*, entre autres celui où l'auteur fait parler Lucrèce, et le traduit en l'embellissant, avant de le réfuter :

Cet esprit, ô mortels! qui vous rend si jaloux,
N'est qu'un feu qui s'allume et s'éteint avec nous.
Quand par d'affreux sillons l'implacable vieillesse
A sur un front hideux imprimé la tristesse,
Que dans un corps courbé sous un amas de jours
Le sang comme à regrets semble achever son cours ;
Lorsqu'en des yeux couverts d'un lugubre nuage
Il n'entre des objets qu'une infidèle image,
Qu'en débris chaque jour le corps tombe et périt,
En ruines aussi je vois tomber l'esprit.
L'âme mourante alors, flambeau sans nourriture,
Jette par intervalle une lueur obscure.

---

* On sent qu'il s'agit ici de Voltaire quand il jugeait, et non pas quand il rendait des compliments épistolaires à quiconque lui en envoyait. Il ne faut pas confondre la politesse avec la critique.

Triste destin de l'homme ! il arrive au tombeau
Plus faible, plus enfant qu'il ne l'est au berceau.
La mort du coup fatal frappe enfin l'édifice.
Dans un dernier soupir achevant son supplice,
Lorsque, vide de sang, le cœur reste glacé,
Son âme s'évapore, et tout l'homme est passé.

Il était plus aisé de surpasser Lucrèce que de lutter contre Virgile ; cependant Racine le fils ne s'en est pas tiré trop malheureusement dans le tableau des triomphes d'Auguste et de la paix qui en fut la suite, et peut-être les derniers vers ne sont-il pas inférieurs à l'original :

Dans ses nombreux vaisseaux une reine ose encore
Rassembler follement les peuples de l'Aurore.
Elle fuit, l'insensée ; avec elle tout fuit,
Et son indigne amant honteusement la suit.
Jusqu'à Rome bientôt par Auguste traînées,
Toutes les nations à son char enchaînées,
L'Arabe, le Gélon, le brûlant Africain,
Et l'habitant glacé du nord le plus lointain,
Vont orner du vainqueur la marche triomphante.
Le Parthe s'en alarme, et d'une main tremblante
Rapporte les drapeaux à Crassus arrachés.
Dans leurs Alpes envain les Rhètes sont cachés,
La foudre les atteint : tout subit l'esclavage.
L'Araxe mugissant sous un pont qui l'outrage,
De son antique orgueil reçoit le châtiment,
Et l'Euphrate soumis coule plus mollement.

Notre langue n'offrait rien qui pût rendre la concision énergique, mais absolument latine, du *pontem indignatus* ; mais l'imitateur l'a du moins balancée par la richesse et le nombre : le reste du morceau n'est pas moins soutenu.

> Paisible souverain des mers et de la terre,
> Auguste ferme enfin le temple de la guerre.
> Il est fermé ce temple, où par cent nœuds d'airain
> La Discorde attachée, et déplorant en vain
> Tant de complots détruits, tant de fureurs trompées,
> Frémit sur un amas de lances et d'épées.
> Aux champs déshonorés par de si longs combats,
> La main du laboureur rend leurs premiers appas.
> Le marchand loin du port, autrefois son asyle,
> Fait voler ses vaisseaux sur une mer tranquille, etc.

J'ai cité, il est vrai, ce qu'il y a de mieux ; et une critique plus détaillée pourrait observer des vers négligés ou prosaïques : mais en général la diction ne tombe point au-dessous du genre, ni au point de faire méconnaître l'auteur des morceaux qu'on vient de voir.

Il était fort jeune lorsqu'il donna, pour son coup d'essai, le poème de *La Grace ;* aussi est-il fort inférieur en tout à celui de *La Religion*, qui parut plus de vingt ans après. Cependant on apercevait déjà le même caractère de pureté et d'élégance, mais beaucoup moins marqué, et rien ne s'élève jusqu'à la grande poésie. La diction de l'auteur est timide, et trop dénuée de ces figures de style dont le sage emploi est une des parties du poète. En voici un exemple :

> Ses ondes dans leur lit *étaient* emprisonnées ;

étaient n'est que de la prose : que l'auteur, plus mûr et plus avancé, eût mis

Ses ondes dans leur lit roulaient emprisonnées,

c'était un beau vers.

La matière, d'ailleurs, était extrêmement délicate par elle-même, et très peu favorable à la poésie. Non-seulement il est très hasardeux de dogmatiser en vers ; mais dans un sujet tel que celui de *La Grace*, il est trop difficile de concilier l'expression poétique avec l'exactitude théologique. L'auteur n'a pas été là-dessus exempt de reproche ; mais cet objet nous est ici entièrement étranger.

Nous avons de lui quelques autres écrits, des *Épîtres* fort médiocres, quelques *Odes*, dont la meilleure, celle *sur l'Harmonie imitative*, donne assez heureusement le précepte et l'exemple ; des *Réflexions sur la Poésie*, fort bonnes à mettre entre les mains des jeunes gens, comme propres à leur enseigner les principes et à leur faire connaître les Anciens, mais pas assez substantielles ni assez approfondies pour être à l'usage des hommes instruits. Il avait étudié les Anciens ; mais il les juge quelquefois avec la complaisance d'un érudit, et ne les traduit pas comme son père les imitait. Ses traductions en vers de différents morceaux du théâtre grec sont extrêmement faibles. Il a mieux réussi dans celle du *Paradis perdu*, quoiqu'il n'atteigne pas à l'énergie de l'original ; il avait fait en prose une traduction complète de ce poème, qui ne vaut pas celle de Dupré de Saint-Maur.

Ses *Remarques sur les tragédies de Racine*, en trois volumes, sont, comme on voit, un peu prolixes. Il y développe très méthodiquement les premiers éléments de l'art dramatique, comme les règles des trois unités et autres du même genre, qui sont, à la vérité, la partie la plus facile de toutes : il y a chez lui à profiter pour les élèves dans cet art, et il en démontre très bien la parfaite observation dans les pièces de son père. Mais quant à la véritable science dramatique, si étendue et si profonde, celle des moyens et des effets, elle lui était peu connue. Elle ne peut l'être à fond que des bons artistes, de ceux qui l'ont pratiquée avec succès et beaucoup méditée. Il s'en était peu occupé, et n'allait jamais au spectacle. Ses notes sur le style du grand Racine sont le plus souvent justes, mais généralement superficielles, quoiqu'on s'aperçoive qu'il est bien plus au fait de la versification que du théâtre.

Ses connaissances littéraires le firent entrer à l'Académie des Belles-Lettres, et il le méritait. Son poème de *La Religion* eût dû aussi lui ouvrir l'Académie-Française, dont plusieurs membres, même de ceux qui n'étaient que gens de lettres, étaient loin de le valoir, tels que Du Resnel, Foncemagne, Batteux, Hardion, etc. Il n'y fut point admis, soit que son extrême modestie l'empêchât de s'y présenter, soit qu'il fût écarté, d'abord comme janséniste, sous le règne de Fleury et de l'évêque de Mirepoix, ensuite comme écrivain religieux, sous le règne de *la philosophie*. Il vécut dans la retraite et dans la paix du bonheur domestique, qui ne fut troublé qu'une fois, mais bien cruellement, par la mort de son fils unique, emporté à vingt ans sur la chaussée de Cadix, lors de l'inondation causée par le même tremblement de terre qui renversa Lisbonne. C'est au sujet de la fin malheureuse et prématurée de ce jeune homme, que son père chérissait d'autant plus qu'il promettait d'avantage, que l'auteur de *Didon*, lui adressa ces stances touchantes :

> Il n'est donc plus ; et sa tendresse
> Aux derniers jours de ta vieillesse,
> N'aidera point tes faibles pas !
> Ami, ses vertus ni les tiennes,
> Ni ses mœurs douces et chrétiennes
> N'ont pu le sauver du trépas.
>
> Cet objet des vœux les plus tendres
> N'ira point déposer tes cendres
> Sous ce marbre rongé des ans,
> Où son aïeul et ton modèle
> Attend la dépouille mortelle
> De l'héritier de ses talents ! etc.

Racine le fils a fait un assez grand nombre d'odes, tirées des psaumes et des hymnes latins du Bréviaire : on n'y reconnaît nulle part l'auteur du poëme de *La Religion*. On est même étonné de cette absence continuelle du bon dans un écrivain qui avait fait preuve de talent, et de certaines fautes contre le goût dans un homme qui certainement n'en manquait pas. Il dit en parlant de Dieu :

> La troupe des anges l'escorte,

Et son char *que le vent emporte*
A les chérubins pour appui.

Il est presque comique de donner à ce *char les chérubins pour appui*, quand on vient de dire que *le vent l'emporte*, et c'est la première fois qu'on a dit du *char de Dieu, autant en emporte le vent*. On n'est pas moins surpris que l'auteur, qui avait de l'oreille, et qui a fait une si belle ode *sur l'Harmonie*, se soit quelquefois avisé d'un choix de rhythme dont il est impossible de tirer aucun effet. On connaissait celui du petit vers masculin de trois pieds après trois alexandrins croisés, et qui fait tomber la strophe d'une manière très propre à rendre, ou un sentiment triste, ou une morale sévère, mais en conservant toujours la cadence, qu'il ne faut jamais oublier. C'est ce qu'avait fait Rousseau dans l'ode où il pleure la mort du prince de Conti, le protecteur des lettres, et rappelle celle de Charles XII.

Combien avons-nous vu d'éloges unanimes
Condamnés, démentis par un honteux retour!
Et combien de héros glorieux, magnanimes,
 Ont vécu trop d'un jour!

Du midi jusqu'à l'ourse on vantait ce monarque,
Qui remplit tout le nord de tumulte et de sang.
Il fuit, sa gloire tombe, et le destin lui marque
 Son véritable rang.

Ce n'est plus ce héros, guidé par la victoire,
Par qui tous les guerriers allaient être effacés :
C'est un nouveau Pyrrhus qui va grossir l'histoire
 Des fameux insensés.

Comprend-on que Racine le fils ait substitué à ce rhythme, à la fois mélodieux et expressif, celui-ci, que je ne me rappelle pas avoir vu ailleurs ?

>O mon Dieu! sauvez-moi ; je péris, accourez ;
>Calmez ces vents cruels contre moi conjurés.
>Repoussez promptement ces flots que la tempête
>   Rassemble sur ma tête.

L'oreille est tellement déconcertée de cette misérable chute, qu'elle imagine d'abord que la strophe n'est pas finie, et va se relever par un grand vers masculin ; mais point du tout : il y a cinquante strophes semblables, et dans deux odes d'une égale longueur. Comment l'auteur, qui avait étudié son art, comme on le voit par ses *Réflexions sur la Poésie*, n'avait-il pas remarqué que depuis Malherbe, à qui nous devons notre rhythme lyrique, la phrase métrique de l'ode doit toujours être terminée, comme l'est d'ordinaire la phrase musicale, par un vers masculin, repos naturel de l'oreille, et qu'elle ne trouve pas dans une rime féminine, à cause de l'*e* muet et de la syllabe sans valeur ? Il n'y a guère d'exception que dans les stances de quatre tétramètres, qui forment du moins des mesures égales, et ne tiennent pas l'oreille dans la suspension, telle est celle-ci, qui commence une épître familière de Chaulieu :

>Si vos yeux ont eu le pouvoir
>De m'empêcher d'être poète,
>Daignez un jour me venir voir :
>Vous rendrez ma santé parfaite.

Telles sont ces stances de Voltaire :

> Si vous voulez que j'aime encore,
> Rendez-moi l'âge des amours ;
> Au crépuscule de mes jours
> Rejoignez, s'il se peut, l'aurore.

Des couplets en vers de quatre pieds peuvent aussi finir par un rime féminine dans les opéra, dans les chansons, etc.; mais observez que tout cela ne ressemble point à des odes : dans celles-ci l'harmonie est assujettie à des lois sévères, l'ode dépendant sur-tout du jugement de l'oreille, le plus superbe de tous, disaient les Anciens : *Judicium aurium superbissimum*. Quant au petit vers féminin de trois pieds, il terminera toujours mal toute strophe régulière, mais il devient encore bien plus mauvais après un alexandrin auquel il correspond par la rime : je ne connais rien de pis en fait de rhythme. Au reste, on présume bien que je n'entre dans ce détail technique qu'en faveur des jeunes poètes qui seraient capables de s'essayer avec succès dans l'ode, et de sentir l'harmonie en l'étudiant ; et qui sait s'il ne s'en élèvera par quelqu'un, malgré le discrédit où est tombé le genre lyrique, grace au fatras barbare et insensé qui en a pris la place depuis long-temps, et qui est l'objet de l'admiration des sots comme du mépris des connaisseurs.

Ils n'ont distingué, dans ce que Racine le fils a imité de l'Écriture, que le cantique d'Isaïe sur la mort du roi de Babylone, dont je ne rappellerai qu'un seul passage, la pièce ayant été citée partout[*] :

---

[*] *Voyez* cette ode, tome IV du *Répertoire*, pag. 356, art. BIBLE.

Dans ton cœur tu disais : « A Dieu même pareil,
« J'établirai mon trône au-dessus du soleil,
« Et près de l'aquilon sur la montagne sainte
  « J'irai m'asseoir sans crainte;
« A mes pieds trembleront les humains éperdus : »
  Tu le disais et tu n'es plus.

Si vous vous rappelez les vers du grand Racine rapportés ci-dessus*, vous verrez qu'en traduisant Isaïe, le fils a imité le père traduisant David : c'est absolument la même marche, et il n'y a rien à redire à une imitation si bien placée.

Mais ce qui doit réunir tous les suffrages, c'est cette ode *sur l'Harmonie* que je vous ai promise comme le pendant de celle de Le Franc *sur la Mort de Rousseau*. Elle est beaucoup plus égale, et n'a que de très légères imperfections. Je la lirai toute entière, sûr qu'elle ne vous ennuiera pas, ne fût-ce que parce qu'elle a l'avantage assez rare d'offrir une suite de tableaux variés. D'ailleurs, on lit si peu pour s'instruire et s'orner l'esprit, depuis qu'on lit par nécessité tant de feuilles politiques, et tant de brochures par désœuvrement; il y a un tel débordement de mauvais vers, sans compter la mauvaise prose, tant de vers qu'on peut appeler *des incroyables* (car il y en a aussi en ce genre), qu'en vérité ce doit être une jouissance rare d'entendre et de goûter du bon.

    Fille du Ciel, mère féconde
    Des innocentes voluptés,

---

* J'ai vu l'impie adoré sur la terre, etc.

Lien des cœurs, âme du monde,
Souveraine des volontés,
Par toi seule, aimable Harmonie,
Euterpe, Érato, Polymnie,
De leurs concerts charment les dieux ;
Chez les hommes, c'est ta puissance
Qui de la farouche Ignorance
A détruit l'empire odieux.

Pour une *vile* nourriture,
Pour les plus honteux intérêts,
Jadis errants à l'aventure,
Ils s'égorgeaient dans les forêts.
De leurs déserts tu les arraches ;
De leurs *vils* glands tu les détaches ;
Ils se rassemblent à tes sons ;
Et dans l'enceinte de ces villes
Qu'élèvent les pierres dociles,
Ils vont écouter tes leçons.

Aux pieds du fils de Calliope *
Tu tiens les tigres enchaînés ;
Tu fais des hauteurs du Rhodope
Descendre les pins étonnés.
Par toi conduit jusqu'au Ténare,
Il attendrit ce dieu ** barbare
Que n'ont jamais touché nos pleurs ;
Alecton même est immobile,

---

* Orphée.

** Il y a *ce cœur barbare;* ce qui était trop vague: une dénomination positive était ici nécessaire. Quand Virgile dit (*Géorg.* IV, 470) :

> Nesciaque humanis precibus mansuescere corda,

il a dit auparavant :

> .....Manes regemque tremendum.

Et dans le Tartare tranquille
Suspend les cris et les douleurs.
Mais qui peut compter tes merveilles,
Enchanteresse de nos sens?
Si je languis, tu me réveilles;
Je vis au gré de tes accents.
Tyrtée enflamme mon courage ;
Il chante, je vole au carnage;
Bellone règne dans mon cœur.
Anacréon monte sa lyre ;
Mes armes tombent, je soupire,
Et le plaisir est mon vainqueur.

Par quel art le chantre d'Achille
Me rend-il tant de bruits divers?
Il fait partir la flèche agile,
Et par ses sons sifflent les airs.
Des vents me peint-il le ravage :
Du vaisseau que brise leur rage
Éclate le gémissement;
Et de l'onde qui se courrouce
Contre un rocher qui la repousse
Retentit le mugissement.

S'il me présente ce coupable
Qui, dans l'empire ténébreux,
Roule une pierre épouvantable
Jusqu'au sommet d'un mont affreux,
Ses genoux tremblants qui fléchissent,
Ses bras nerveux qui se raidissent
Me font pour lui pâlir d'effroi;
Le malheureux enfin succombe,
Et de la roche qui retombe
Le bruit résonne jusqu'à moi.

Par la cadence de Virgile,
Un coursier devance l'éclair.
Souvent, prêt à suivre Camille,
Comme elle je me crois en l'air.
Du bœuf tardif que rien n'étonne,
Et qu'en vain son maître aiguillonne,
Tantôt je presse la lenteur;
Et tantôt d'un géant énorme
La masse lourde, horrible, informe,
M'accable sous sa pesanteur.

Qu'avec plaisir je me délasse
Sous ces arbres délicieux
Que la main d'Horace entrelace
Par des nœuds qui charment mes yeux!
Leurs branches se cherchent, s'unissent,
S'embrassent et m'ensevelissent
Dans l'ombre que font leurs amours*;
Tandis que l'onde fugitive
D'un ruisseau que son lit captive
Murmure de ses longs détours.

Dans l'Italie et dans la Grèce,
La langue, riche en tours heureux,
N'offrait, nous dit-on, que noblesse,
Que mots sonores et nombreux.
Chaque syllabe mesurée,
Par sa courte ou lente durée
Conspirait aux plus beaux accords;
Pour nous les Muses plus sévères
Ont, par des bornes trop austères,
Rendu timides nos transports.

---

* Ces trois vers, et sur-tout le dernier, sont d'une élégance antique, d'une tournûre parfaite. L'original est admirable, et ne l'est pas plus que l'imitation; la couronne doit se partager ici entre le poète latin et le poète français.

Quelle humeur triste et dédaigneuse
Nous dégoûte de notre bien ?
Notre langue est riche et pompeuse
Pour quiconque la connaît bien.
Et moins brillant par son génie
Qu'aimable par son harmonie,
Notre Malherbe sait cueillir
Ces feuilles si vertes, si belles *,
Dont les couronnes immortelles
Empêchent *son nom de vieillir* **.

Mais quoi ! le fer brille à ma vue,
Et de morts les champs sont couverts.
L'aigle par l'aigle est abattue *** ;
On combat pour choisir ses fers ;
Rome déchire ses entrailles **** :
Que de meurtres, de funérailles !
Paix sanglante ; ouvrage d'horreur !
Que de cris percent mon oreille ;
Plein d'effroi, j'admire Corneille,
Et je me plais dans sa terreur.

Toi qui rends à la tragédie
L'ornement pompeux de ses chœurs,
Ta muse encore plus hardie
D'un saint trouble remplit nos cœurs.
Je te suis jusqu'à la montagne
Où Dieu, que sa gloire accompagne,
Vient dicter ses commandements ;
Frappé du bruit de son tonnerre,

---

* Vers de Malherbe.
** *Idem.*
*** Vers de Corneille.
**** *Idem.*

Je crois sentir trembler la terre
Sur ses antiques fondements *.

Au moindre zéphyr dont l'haleine
Fait rider la face de l'eau **,
L'aimable et tendre La Fontaine
M'intéresse pour un roseau.
Mais s'il appelle la tempête
Contre cette orgueilleuse tête
Qui veut entraver ses efforts,
Quelle chute! quelle ruine!
Le chêne qu'elle déracine
Touchait à l'empire des morts ***.

Que j'aime la voix languissante
Qui laisse tomber faiblement
Ces mots dont la douceur m'enchante,
Et qui coulent si lentement!
O grand peintre de la mollesse,
J'aime encor jusqu'à ta vieillesse,
Lorsque après dix lustres pesants
Amassés sur ta tête illustre,
Elle y jette un onzième lustre,
Qu'elle *surcharge de trois ans* ****.

Si le maître de notre lyre *****
Aujourd'hui chante loin de nous,
Dans l'air étranger qu'il respire
Ses accords n'en sont pas moins doux.
Non, la veine de notre Alcée
N'a point encore été glacée

* Vers d'*Athalie*.
** Vers de La Fontaine.
*** *Idem*.
**** Vers de Boileau.
***** Rousseau, alors exilé.

Par la froideur de ces climats
Où si souvent de la Scythie
Le fougueux époux d'Orythie *
Rassemble les tristes frimas.

Telle est la noble poésie
Que les Muses nous font goûter,
Qu'à son tour avec jalousie
Homère pourrait écouter.
Ne regrettons point le Méandre :
La Seine nous a fait entendre
Quelques cignes mélodieux ;
Mais partout ils ont été rares :
Si les dieux étaient moins avares,
Leurs dons seraient moins précieux.

Amateurs des pointes brillantes,
Des jeux d'esprit et des éclairs,
Toutes ces beautés pétillantes
N'immortalisent point nos vers.
Mais une constante harmonie,
A la raison toujours unie,
De l'oubli nous rendra vainqueurs.
Qu'elle soit l'objet de nos veilles :
C'est l'art d'enchanter les oreilles
Qui fait la conquête des cœurs.

Je conviens qu'il n'y a point ici d'invention, et que tous les tableaux sont des copies; mais elles sont si bien faites, le coloris de l'auteur, la seule chose qui soit à lui, est d'un éclat si pur, qu'une pareille lutte contre les classiques anciens et modernes ne peut que faire également honneur à notre

* Vers de Rousseau.

langue et à l'écrivain qui l'a si bien maniée. Cependant cette pièce était depuis long-temps fort peu connue, et jamais je n'en ai vu nulle part la moindre mention : il est donc utile qu'il se trouve quelqu'un naturellement porté à la recherche du beau, partout où il est, aujourd'hui sur-tout qu'une si longue et si terrible lacune, ayant laissé presque toute la génération naissante dans l'ignorance révolutionnaire, semble faite pour ensevelir dans l'oubli nos anciennes richesses, et avec d'autant plus d'apparence, que le nouveau peuple-auteur né de cette même révolution fait tout ce qu'il peut pour élever sa *littérature* (c'est ainsi que cela s'appelle encore) sur les débris de celle qui assurément ne lui aurait laissé aucune place, et qui par conséquent est à jamais l'objet de sa haine.

Pour ce qui est de l'invention, Racine le fils n'en eut jamais d'aucune espèce, et rien ne l'a mieux prouvé que son poème de *La Religion*, qui était un sujet si riche, et où il n'a fait autre chose qu'exécuter en petit le vaste plan de Pascal, qui dans tous les cas ne pouvait pas être celui d'un poème. Aussi n'est-il resté à l'auteur que le titre que lui donna Voltaire, juste cette fois : *Le bon versificateur Racine, fils du grand poète Racine.*

Dans ses autres odes profanes, quoique beaucoup meilleures que ses odes sacrées, rien ne m'a paru cependant sortir du commun. Rousseau a beaucoup loué celle que l'auteur lui envoya *sur la Paix de* 1736; mais il est clair qu'il mit dans ses louanges beaucoup de complaisance, et d'autant plus convenablement, que lui-même en avait fait une fort supérieure sur le même sujet, et que d'ailleurs il écrivait à un homme qui venait de le célébrer, comme vous l'avez vu, dans cette même *Ode sur l'Harmonie*, dont il est assez singulier que Rousseau ne parle pas dans ses *Lettres*, quoique Racine le fils prenne soin de la lui rappeler. C'est celle-là qu'il pouvait se faire honneur de louer, comme il aurait pu s'honorer de l'avoir faite. Celle *sur la Paix* est purement écrite, mais toute en lieux communs, hors la dernière strophe, où l'auteur suppose que le grand ministre Richelieu, entendant l'éloge du sage administrateur Fleury, prononcé par Apollon sur le Parnasse, en conçoit de la jalousie :

>Le seul Armand, en sa présence,
>Dans un respectueux silence
>Étouffe son jaloux tourment.
>Sa cendre ici-bas fut troublée,
>Et de son pompeux mausolée
>Sortit un long gémissement.

Le *Quidlibet audendi* accordé aux poètes peut excuser cette fiction un peu adulatoire; mais si l'on veut admettre que Richelieu fût si facile à troubler, on peut croire aussi qu'il dut rentrer dans son repos lorsqu'en 1741 Fleury laissa entreprendre la guerre, aussi imprudente qu'odieuse, dont le souvenir produisit dans la suite une alliance tout aussi mal entendue, et qui eût des suites encore plus funestes.

La Harpe, *Cours de Littérature*.

MORCEAUX CHOISIS.

I. Preuves morales de l'Existence de Dieu [*].

Devant l'Être éternel tous les peuples s'abaissent ;
Toutes les nations en tremblant le confessent [**].
Quelle force invisible a soumis l'univers ?
L'homme a-t-il mis sa gloire à se forger des fers ?

Oui, je trouve partout des respects unanimes,
Des temples, des autels, des prêtres, des victimes :
Le Ciel reçut toujours nos vœux et notre encens.
Nous pouvons, je l'avoue, esclaves de nos sens,
De la Divinité défigurer l'image :
A des dieux mugissants l'Égypte rend hommage ;
Mais dans ce bœuf impur qu'elle daigne honorer,
C'est un dieu cependant qu'elle croit adorer.
L'esprit humain s'égare, et, follement crédules,
Ces peuples se sont fait des maîtres ridicules.
Ces maîtres toutefois, par l'erreur encensés,
Jamais impunément ne furent offensés :
On détesta Mézence ainsi que Salmonée,
Et l'horreur suit encore le nom de Capanée.
Un impie en tous temps fut un monstre odieux :
Et quand pour me guérir de la crainte des dieux,
Épicure en secret médite son système,
Aux pieds de Jupiter je l'aperçois lui-même [***].

---

[*] *Voyez* plus haut les preuves physiques de l'existence de Dieu, citées par La Harpe.

[**] « On n'a jamais trouvé aucune nation, même dans le Nouveau-Monde, qui n'eût un culte établi en l'honneur de quelque divinité ; et ce consentement unanime doit être regardé, suivant Cicéron, comme la loi de la nature. »   *Note de l'Auteur.*

[***] Dioclès, voyant Épicure dans un temple, s'écria : « Jamais Jupiter ne m'a paru si grand que depuis qu'Épicure est à genoux. »
     Note de l'Auteur.

Surpris de son aveu, je l'entends en effet
Reconnaître un pouvoir dont l'homme est le jouet,
Un ennemi caché qui réduit en poussière
De toutes nos grandeurs la pompe la plus fière.
Peuples, rois, vous mourrez ; et vous, villes, aussi.
Là, gît Lacédémone ; Athènes fut ici.
Quels cadavres épars dans la Grèce déserte !
Eh ! que vois-je partout ? la terre n'est couverte
Que de palais détruits, de trônes renversés,
Que de lauriers flétris, que de sceptres brisés.
Où sont, fière Memphis, tes merveilles divines ?
Le temps a dévoré jusques à tes ruines.
Que de riches tombeaux élevés en tous lieux,
Superbes monuments qui portent jusqu'aux cieux
Du néant des humains l'orgueilleux témoignage * !
A ce pouvoir si craint tout mortel rend hommage ;
Et, devant son idole, un barbare à genoux,
D'un être destructeur croit fléchir le courroux.
La Religion, Chant I.

II. L'Homme.

Le roi pour qui sont faits tant de biens précieux,
L'homme élève un front noble et regarde les cieux ** ;

---

*Louis Racine reproduit ici littéralement les expressions de Bossuet, qui avait dit dans la péroraison de l'*Oraison funèbre de Condé* : « Des colon- « nes qui semblent vouloir porter jusqu'au ciel le magnifique témoignage « de notre néant. »   F.

** Os homini sublime dedit, cœlumque tueri
   Jussit, et erectos ad sidera tollere vultus.
Ovid., Metam., I, 85.

Les bêtes vers la terre ont la tête baissée ;
L'homme seul vers le ciel la tient toujours haussée.
Th. Corneille.

Ce front, vaste théâtre où l'âme se déploie,
Est tantôt éclairé des rayons de la joie,
Tantôt enveloppé du chagrin ténébreux.
L'amitié tendre et vive y fait briller ces feux
Qu'en vain veut imiter, dans son zèle perfide,
La trahison, que suit l'envie au teint livide.
Un mot y fait rougir la timide pudeur;
Le mépris y réside ainsi que la candeur;
Le modeste respect, l'imprudente colère,
La crainte, et la pâleur, sa compagne ordinaire,
Qui, dans tous les périls funestes à mes jours,
Plus prompte que ma voix appelle du secours.

A me servir aussi cette voix empressée,
Loin de moi, quand je veux, va porter ma pensée :
Messagère de l'âme, interprète du cœur,
De la société je lui dois la douceur.

Quelle foule d'objets l'œil réunit ensemble !
Que de rayons épars ce cercle étroit rassemble !
Tout s'y peint tour à tour. Le mobile tableau
Frappe un nerf qui l'élève, et le porte au cerveau.
D'innombrables filets, ciel ! quel tissu fragile !
Cependent ma mémoire en a fait son asyle,
Et tient dans un dépôt fidèle et précieux
Tout ce que m'ont appris mes oreilles, mes yeux :
Elle y peut à toute heure et remettre et reprendre ;
M'y garder mes trésors, exacte à me les rendre.
Là ces esprits subtils, toujours prêts à partir,
Attendent le signal qui les doit avertir,
Mon âme les envoie ; et, ministres dociles,
Je les sens répandus dans mes membres agiles :
A peine ai-je parlé qu'ils sont accourus tous.
Invisibles sujets, quel chemin prenez-vous ?

Mais qui donne à mon sang cette ardeur salutai

Sans mon ordre il nourrit ma chaleur nécessaire.
D'un mouvement égal il agite mon cœur,
Dans ce centre fécond, il forme sa liqueur :
Il vient me réchauffer par sa rapide course :
Plus tranquille et plus froid, il remonte à sa source,
Et toujours s'épuisant se ranime toujours.
Les portes des canaux destinés à son cours
Ouvrent à son entrée une libre carrière,
Prêtes, s'il reculait, d'opposer leur barrière.
Est-ce moi qui préside au maintien de ces lois ?
Et pour les établir ai-je donné ma voix ?
Je les connais à peine ; une attentive adresse
Tous les jours m'en découvre et l'ordre et la sagesse.
De cet ordre secret reconnaissons l'auteur :
Fut-il jamais de lois sans un législateur ?

Ibid.

III. L'Ame et le Corps.

Je pense ; la pensée, enfant de la lumière,
Ne peut sortir du sein de l'épaisse matière.
J'entrevois ma grandeur *. Ce corps lourd et grossier
N'est donc pas tout mon bien, n'est pas moi tout entier.
Quand je pense, chargé de cet emploi sublime,
Plus noble que mon corps, un autre être m'anime.
Je trouve donc qu'en moi, par d'admirables nœuds,
Deux êtres opposés sont réunis entre eux :
De la chair et du sang, le corps vil assemblage ;
L'âme, rayon de Dieu, son souffle, son image.
Ces deux êtres liés par des nœuds si secrets,
Séparent rarement leurs plus chers intérêts ;

---

* Animarum nulla in terris origo inveniri potest. Itaque, quidquid est illud quod sentit, quod sapit, quod vult, quod viget, cœleste et divinum est ; ob eamque rem æternum sit necesse est.

Cicero

Leurs plaisirs sont communs aussi bien que leurs peines.
L'âme, guide du corps, doit en tenir les rênes.
Mais, par des maux cruels, quand le corps est troublé,
De l'âme quelquefois l'empire est ébranlé;
Quand le vaisseau périt, en vain le maître ordonne:
A l'orage souvent lui-même il s'abandonne.
Lorsque du coup fatal le temps frappe le corps,
Le coup qui le divise en détruit les ressorts:
Mais l'être simple et pur n'a rien qui se divise;
Et sur l'âme le temps ne trouve point de prise.
Que dis-je? Tous ces corps, dans la terre engloutis,
Disparus à nos yeux, sont-ils anéantis?
D'où nous vient du néant cette crainte bizarre?
Tout en sort, rien n'y rentre: heureusement avare,
La Nature, attentive à ménager son bien,
Le répare, le change, et n'en perd jamais rien.
Quel est donc cet instant où l'on cesse de vivre?
L'instant où de ses fers une âme se délivre.
Le corps, né de la poudre, à la poudre est rendu;
L'esprit retourne au ciel dont il est descendu *.

 Peut-on lui disputer sa naissance divine?
N'est ce pas cet esprit, plein de son origine,
Qui, malgré son fardeau, s'élève, prend l'essor;
A son premier séjour quelquefois vole encor,
Et revient tout chargé de richesses immenses?
Platon! combien de fois jusqu'au ciel tu t'élances!
Descartes! qui souvent m'y ravis avec toi!
Pascal! que sur la terre à peine j'aperçoi!
Vous! qui nous remplissez de vos douces manies,

---

 * Cedit enim retrò de terrà quod fuit antè
  In terram; sed quod missum est ex ætheris oris,
  Id rursùs cœli fulgentia templa receptant.
      LUCRET., II, 998.

Poètes enchanteurs, admirables génies!
Virgile! qui d'Homère appris à nous charmer;
Boileau, Corneille! et toi, que je n'ose nommer *!
Vos esprits n'étaient-ils qu'étincelles légères,
Que rapides clartés et vapeurs passagères?
 Que ne puis-je prétendre à votre illustre sort,
O vous, dont les grands noms sont exempts de la mort!
Eh! pourquoi, dévoré par cette folle envie,
Vais-je étendre mes vœux au-delà de ma vie?
Par de brillants travaux je cherche à dissiper
Cette nuit dont le temps me doit envelopper;
Des siècles à venir je m'occupe sans cesse;
Ce qu'ils diront de moi m'agite et m'intéresse;
Je veux m'éterniser, et, dans ma vanité,
J'apprends que je suis né pour l'immortalité.
Ibid., Chant II.

IV. Les Insectes.

A nos yeux attentifs que le spectacle change:
Retournons sur la terre, où, jusque dans la fange,
L'insecte nous appelle, et, certain de son prix,
Ose nous demander raison de nos mépris.
Plus l'auteur s'est caché, plus il est admirable.
De secrètes beautés quel amas innombrable!
Quoiqu'un fier éléphant, malgré l'énorme tour
Qui de son vaste dos me cache le contour.
S'avance sans ployer sous ce poids qu'il méprise,
Je ne t'admire pas avec moins de surprise,
Toi qui vis dans la boue, et traînes ta prison,
Toi que souvent ma haine écrase avec raison;
Toi-même, insecte impur, quand tu me développes
Les étonnants ressorts de tes longs télescopes,

---

* Son père, le grand Racine.

Oui, toi, lorsqu'à mes yeux tu présentes les tiens,
Qu'élèvent par degrés leurs mobiles soutiens,
C'est dans un faible objet, imperceptible ouvrage,
Que l'art de l'ouvrier me frappe davantage.

Dans un champ de blés mûrs, tout un peuple prudent
Rassemble pour l'État un trésor abondant :
Fatigués du butin qu'ils traînent avec peine,
De faibles voyageurs arrivent sans haleine
A leurs greniers publics, immenses souterrains,
Où par eux en monceaux sont élevés ces grains
Dont le père commun de tous tant que nous sommes
Nourrit également les fourmis et les hommes.
Et tous nourris par lui, nous passons sans retour,
Tandis qu'une chenille est rappelée au jour.

De l'Empire de l'air cet habitant volage,
Qui porte à tant de fleurs son inconstant hommage,
Et leur ravit un suc qui n'était pas pour lui,
Chez ses frères rampants, qu'il méprise aujourd'hui,
Sur la terre autrefois traînant sa vie obscure,
Semblait vouloir cacher sa honteuse figure.
Mais les temps sont changés, sa mort fut un sommeil;
On le vit plein de gloire à son brillant réveil,
Laissant dans le tombeau sa dépouille grossière,
Par un sublime essor voler vers la lumière.

O ver, à qui je dois mes nobles vêtements,
De tes travaux si courts que les fruits sont charmants !
N'est-ce donc que pour moi que tu reçois la vie ?
Ton ouvrage achevé, ta carrière est finie :
Tu laisses de ton art des héritiers nombreux,
Qui ne verront jamais leur père malheureux.
Je te plains, et j'ai dû parler de tes merveilles ;
Mais ce n'est qu'à Virgile à chanter les abeilles.
Ibid, Chant I.

V. Les Philosophes de l'antiquité.

Que de héros fameux ! quels graves personnages !
Que vois-je ? la Discorde, au milieu de ces sages !
Et de maîtres, entr'eux sans cesse divisés,
Naissent des sectateurs l'un à l'autre opposés.
Nos folles vanités font pleurer Héraclite,
Ces mêmes vanités font rire Démocrite.
Quel remède à nos maux que des ris ou des pleurs !
Qu'ils en cherchent la cause, et guérissent nos cœurs.
Habitant des tombeaux, que t'apprend leur silence ?
« Les atomes erraient dans un espace immense ;
Déclinant de leur route, ils se sont approchés ;
Durs, inégaux, sans peine ils se sont accrochés :
Le hasard a rendu la nature parfaite,
L'œil au-dessous du front se creusa sa retraite ;
Les bras au haut du corps se trouvèrent liés ;
La terre heureusement se durcit sous nos pieds :
L'univers fut le fruit de ce prompt assemblage ;
L'être libre et pensant en fut aussi l'ouvrage. »
Par honneur, Hippocrate, ou par pitié du moins,
Va guérir ce rêveur si digne de tes soins.

C'est à l'eau dont tout sort que Thalès nous ramène ;
L'air seul a tout produit, nous dit Anaximène ;
Et l'éternel pleureur assure que le feu
De l'univers naissant mit les ressorts en jeu.
Pyrrhon, qui n'a trouvé rien de sûr que son doute,
De peur de s'égarer, ne prend aucune route :
Insensible à la vie, insensible à la mort,
Il ne sait quand il veille, il ne sait quand il dort ;
Et de son indolence, au milieu d'un orage,
Un stupide animal est en effet l'image.
Orné de sa besace et fier de son manteau,

Cet orgueilleux n'apprend qu'à rouler un tonneau.
Oui, sa lanterne en main, Diogène m'irrite ;
Il cherche un homme, et lui n'est qu'un fou que j'évite.

C'est assez contempler ces astres si parfaits ;
Anaxagore, enfin, dis-nous qui les a faits.
Mais quelle douce voix enchante mon oreille?
Tandis qu'en ses jardins Épicure sommeille,
Que de voluptueux répètent ses leçons,
Mollement étendus sur de tendres gazons !
Malheureux ! jouissez promptement de la vie ;
Hâtez-vous, le temps fuit, et la Parque ennemie
D'un coup de son ciseau va vous rendre au néant :
Par un plaisir encor volez-lui cet instant.
Votre austère rival, pâle, mélancolique,
Fait de ses grands discours résonner le Portique.
Je tremble en l'écoutant ; sa vertu me fait peur ;
Je ne puis, comme lui, rire dans la douleur ;
J'ose la croire un mal, et le crois sans attendre
Que la goutte en fureur me contraigne à l'apprendre.

L'Académie, enfin, par la voix de Platon,
Va dissiper en moi tout l'ennui de Zénon :
Mais de Platon lui-même, et qu'attendre, et que croire,
Quand de ne rien savoir son maître fait sa gloire ?
Incertain comme lui, n'osant rien hasarder,
Il réfute, il propose, et laisse à décider.
Par quelques vérités à peine il me console :
Il s'arrête, il hésite, il doute, et me désole.
Son disciple jaloux, prompt à l'abandonner,
Se retire au Lycée, et m'y veut entraîner :
Mais à l'homme inquiet le maître d'Alexandre
Du terrible avenir ne daigne rien apprendre.
Que me fait sa morale, et tout son vain savoir,
S'il me laisse mourir sans un rayon d'espoir ?

Loin des longs raisonneurs que la Grèce publie,
Le mystique vieillard m'appelle en Italie.
La mort, si je l'en crois, ne doit point m'affliger;
On ne périt jamais, on ne fait que changer ;
Et l'homme, et l'animal, par un accord étrange,
De leurs âmes entr'eux font un bizarre échange.
De prisons en prisons enfermés tour à tour,
Nous mourons seulement pour retourner au jour :
Triste immortalité, frivole récompense
D'une abstinence austère et de tant de silence.
Ibid, Chant II.

RAPIN (René), savant jésuite, célèbre par son talent pour la poésie latine, naquit à Tours en 1621. Il enseigna pendant neuf ans les belles-lettres avec un succès distingué, et s'appliqua toujours avec ardeur à l'étude. A un génie heureux, et à un goût éclairé, il joignait une probité exacte, un cœur droit et un caractère aimable; aussi fut-il regretté, non-seulement pour ses talents, mais encore pour ses mœurs douces et honnêtes. Comme écrivain, il a laissé des titres nombreux; mais le premier de tous est sans contredit son *Poème sur les Jardins*, ouvrage charmant quoiqu'écrit en latin par un auteur moderne : Delille, en travaillant sur le même sujet, a bien pu le surpasser, et réunir un plus grand nombre de suffrages; mais il ne l'a point fait oublier.

Virgile semble lui-même avoir indiqué ce sujet aux poètes en regrettant de ne pouvoir le traiter dans ces vers du quatrième livre des *Géorgiques* :

Si mon vaisseau long-temps égaré loin du bord,
Ne se hâtait enfin de regagner le port,
Peut-être je peindrais les lieux chéris de Flore ;
Le narcisse en mes vers s'empresserait d'éclore ;
Les roses m'ouvriraient leurs calices brillants ;
Le tortueux concombre arrondirait ses flancs ;
Du persil toujours verd, des pâles chicorées
Ma muse abreuverait les tiges altérées ;
Je courberais le lierre et l'acanthe en berceaux ;
Et le myrte amoureux ombragerait les eaux.

« C'est à ces vers, dit le traducteur des *Géorgi-*
« *ques*, que Rapin a dû la première idée de son
« poème. Dryden prétend que cette esquisse de
« Virgile, que je viens de citer, vaut mieux que
« tout l'ouvrage de Rapin. Ce jugement me paraît
« injuste. Le poème des *Jardins* est plein d'agré-
« ment et de poésie. Je n'y trouve pas cependant
« la précision dont le loue l'abbé Desfontaines :
« il est moins long que Vanière ; mais ni l'un ni
« l'autre n'ont connu comme Virgile cette heureuse
« distribution, cette sage économie d'ornements.
« L'harmonie imitative, cette qualité essentielle de
« la poésie, qui est portée à un si haut point par le
« poète romain, se trouve rarement dans les deux
« poètes modernes, et presque jamais ils n'ont eu
« ni sa force, ni son élévation. Les épisodes des
« *Géorgiques* suffisent seuls pour mettre une dis-
« tance immense entre cet ouvrage et les deux au-
« tres, dont les digressions sont toujours froides.
« Virgile a encore un avantage sur Rapin : c'est
« l'importance de l'objet de ses leçons. L'art qui fé-

« conde les guérets est bien autrement intéressant
« que celui qui embellit les jardins; et l'on ne par-
« tage pas aussi volontiers les transports d'un fleu-
« riste passionné à la vue du plus beau parterre de
« fleurs, que ceux d'un laboureur à la vue d'une
« abondante moisson. »

On fait cas aussi des *Églogues sacrées* du P. Rapin, quoiqu'elles n'approchent pas non plus des *Bucoliques* de Virgile. Malgré les talents de ce pieux jésuite pour la poésie, il n'en était pas entêté, et n'en faisait pas son unique occupation. On sait qu'ayant été choisi pour juge par Du Perrier et Santeuil, qui avaient parié à qui ferait le mieux des vers latins, il leur reprocha leur vanité, et, loin de consentir à être leur arbitre, il alla jeter dans un tronc des pauvres l'argent déposé entre ses mains. Il publiait aussi souvent des ouvrages de piété, et d'ordinaire c'était alternativement qu'il publiait un livre de religion et un ouvrage de littérature : aussi l'abbé de la Chambre disait que ce père *servait Dieu et le monde par semestre*. Ces occupations remplirent sa vie tout entière, et il mourut à Paris, en 1687.

La meilleure édition de ses *Poésies latines* est celle de Cramoisy, 3 vol. in-12, 1681. Le *Poème sur les Jardins* a été deux fois traduit en français; la première par Gazon d'Oursigné, Paris, 1772 : cette traduction n'est pas digne de l'original; la seconde (Paris, 1782, in-8°) est meilleure quoiqu'elle laisse encore un peu à désirer. Le père Brotier a donné de ce poème une belle édition avec des additions, des notes et la dissertation du père Rapin : *De Disciplinâ hortensis culturæ*. On a encore du même auteur un recueil d'*OEuvres diverses*, Amsterdam, 1709, 3 vol. in-12. On y trouve, 1° des *Réflexions sur la poésie, l'éloquence, l'histoire, la philosophie*; 2° les *Comparaisons de Virgile et d'Homère, de Démosthène et de Cicéron, de Platon et d'Aristote, de Thucydide et de Tite-Live*; 3° plusieurs ouvrages de piété tels que la *Perfection du christianisme*, l'*Importance du salut*, la *Vie des prédestinés*, etc.

RAYNAL (GUILLAUME-THOMAS-FRANÇOIS), écrivain philosophe du XVIIIe siècle, né à Saint-Geniez en Rouergue en 1713, entra fort jeune chez les jésuites. Les heureuses dispositions qu'il avait reçues de la nature et ses talents précoces lui attirèrent la bienveillance de ses maîtres, qui prirent un soin particulier, par reconnaissance et par goût, de son éducation. Il se fit recevoir dans la société, et bientôt on le destina à professer les humanités dans les collèges de la compagnie. Il remplit cette fonction avec succès. On dit que, quelque temps après, il n'en obtint pas de moins éclatants dans la carrière de la chaire, à laquelle il se livra après avoir été ordonné prêtre. Mais doué d'une imagination active, d'un caractère inquiet et d'un désir excessif de réputation, il se lassa du séjour des collèges, et, à l'âge de 35 ans, vers 1748, il quitta les jésuites pour aller s'établir homme de lettres dans la capitale. Ses premiers essais ne furent pas heureux, et il fût long-temps demeuré inconnu sans les amis qui prônèrent son mérite et vantèrent son talent. Diderot, d'Holbach, et les autres distributeurs de la renommée littéraire qui l'avaient attaché à l'école dont ils étaient les apôtres, lui firent confier la rédaction du *Mercure de France*, et l'aidèrent de leur crédit pour lui assurer une existence aisée et indépendante. Raynal, que les occupations littéraires n'enrichissaient pas, se livra, dit-on, aux spéculations du commerce, et il paraît qu'elles furent plus utiles à sa fortune. Ce fut cependant au milieu de l'agiotage qu'il conçut et qu'il exécuta son *Histoire philosophique des Établissements et du Commerce des Européens dans les deux Indes*. Cet ouvrage parut en 1770, et son succès, d'abord assez équivoque, ne flatta pas l'amour-propre de l'auteur; mais le parti en releva le mérite par de pompeux éloges, et publia autant d'apologies qu'il parut de critiques. Il paraît que Raynal fut aidé dans cet ouvrage par plusieurs de ses amis. Deleyre fut chargé de réunir les matériaux, les comtes d'Aranda et de Souza fournirent des mémoires, le baron d'Holbach, Dubuc, Jean de Pechmeja, et sur-tout Diderot, y travaillèrent. « Qui « ne sait, dit Grimm, que près d'un tiers de l'*His-* « *toire philosophique* appartient à Diderot; il y tra- « vailla pendant deux ans, et nous lui en avons vu « composer une bonne partie sous nos yeux. Lui- « même était souvent effrayé de la hardiesse avec « laquelle il faisait parler son ami. Mais qui, lui di- « sait-il, osera signer cela? Moi, lui répondait l'abbé, « moi, vous dis-je; allez toujours. » D'après les principes de tels collaborateurs, l'esprit anti-religieux qui règne dans tout ce livre ne doit nullement étonner. Il fut publié en 1770; le gouvernement en ordonna la suppression le 29 décembre 1772. Le public, par ses observations, l'ayant averti des défauts de son ouvrage, Raynal se mit à voyager, et visita les principales places de commerce de la France, la Hollande et l'Angleterre. En parlant du commerce des deux Indes, il avait flatté l'amour-propre des Anglais sur leurs étahlisements, aussi il reçut à Londres une distinction très flatteuse. Il se trouvait un jour dans la galerie de la chambre des communes; l'orateur l'ayant appris, fit tout à coup cesser la discussion, jusqu'à ce qu'on eût accordé à Raynal une place d'honneur. A son retour d'Angleterre, il s'arrêta à Genève, et il y publia une nouvelle édition de son *Histoire*. Elle contient des corrections utiles, des articles et des notices plus exactes sur la Chine, les États-Unis, et sur le commerce en général; mais en revanche sa haine contre les rois et la religion s'y montre plus à découvert. Il se trouvait à Courbevoie lorsque son ouvrage faisait de nouveau le sujet de toutes les conversations dans la capitale. Des gens bien pensants, attachés au service de Louis XVI, placèrent l'*Histoire philosophique* sur une table, dans l'appartement de ce prince, afin qu'il pût la parcourir. Louis XVI, naturellement pieux, en fut indigné, et le parlement, d'après les conclusions de l'avocat général Séguier, ordonna qu'il fût brûlé. La Sorbonne déclara le livre *abominable*, et le qualifia, non sans raison, de *délire d'une âme impie*. L'auteur lui-même fut décrété de prise de corps; il en fut averti, et se retira de Courbevoie pour se rendre aux eaux de Spa. Il partit ensuite pour l'Allemagne, et ayant prolongé son voyage jusqu'à Berlin, il fit demander à Frédéric II la permission de lui présenter ses hommages. Le roi de Prusse lui indiqua le jour. Ce prince était debout auprès de son bureau : « Monsieur, lui dit-il, vous êtes vieux « ainsi que moi ; sans façon asseyons-nous. Vous me « trouvez à lire un de vos ouvrages, l'*Histoire du* « *stathoudérat*. » La vanité de Raynal, qui était extrême, fut très satisfaite de cet accueil familier; il répondit à Frédéric avec le ton de cette même vanité : « Cette histoire est un des ouvrages de ma « première jeunesse : j'ai fait mieux que cela. — Et « quel est donc cet ouvrage ? demanda le prince. — « C'est, ajouta Raynal, mon *Histoire philosophique* « *des deux Indes*. — Je ne la connais pas, lui ré- « pondit Frédéric, je n'en ai jamais entendu parler. » Cette réponse froide et inattendue déconcerta un peu Raynal, qui s'empressa de terminer la conversation. Il visita plusieurs cours, comme s'il avait voulu *promener* sa renommée; et, de retour en France, il demeura long-temps dans les pays méridionaux. Il donna aux académies de Marseille et de Lyon plusieurs prix dont il proposa les sujets. Le plus remarquable est celui qui avait pour but de déterminer *si la découverte de l'Amérique avait été utile ou nuisible à l'Europe*. Il revint à Paris en 1788. Mûri par l'âge et moins dominé par l'effervescence

des passions, il n'envisagea dans les nombreuses innovations qui eurent lieu lors de la formation de l'assemblée constituante, que des attentats contre la propriété, et des encouragements à la licence parmi le peuple. Le 31 mai 1791, il adressa une longue lettre à cette assemblée, où l'on remarque les passages suivants : « J'osai, dit-il, parler long-temps
« aux rois de leurs devoirs, souffrez qu'aujourd'hui
« je parle au peuple de ses erreurs. Serait-il donc
« vrai qu'il fallût me rappeler avec effroi *que je*
« *suis un de ceux qui*, en éprouvant une indigna-
« tion généreuse contre le pouvoir arbitraire, *ont*
« *peut-être donné des armes à la licence?*...... Près
« de descendre dans le tombeau, que vois-je au-
« tour de moi? des troubles religieux, des dissen-
« sions civiles, la consternation des uns, l'audace
« des autres, un gouvernement esclave de la tyran-
« nie populaire ; le sanctuaire des lois environné
« d'hommes effrénés, qui veulent alternativement
« ou les dicter, ou les braver ; des soldats sans dis-
« cipline, des chefs sans autorité, des ministres sans
« moyens, la puissance publique n'existant plus que
« dans les clubs!... Vous vous applaudissez de tou-
« cher au terme de votre carrière, et vous n'êtes
« entourés que de ruines, et ces ruines sont souil-
« lées de sang et baignées de larmes : des bruits
« sourds et vagues, une terre qui fume et qui trem-
« ble de toutes parts, annoncent encore des explo-
« sions nouvelles. Qui osa jamais rêver pour un
« grand peuple une constitution fondée sur un ni-
« vellement abstrait et chimérique? Ma pensée va

« jusqu'à désirer que le tombeau se referme promp-
« tement sur moi; vous recevrez d'un vieillard qui
« s'éteint la vérité qu'il vous doit. » Quand Raynal avait parlé en philosophe, il avait trouvé un grand nombre d'admirateurs; il parlait une fois en homme sage, et ces mêmes admirateurs méprisaient ses avis, et allaient jusqu'à l'insulter. On ne fit aucun cas de sa lettre, et on le traita de vieux radoteur. Voyant la marche horrible que prenait la révolution, il alla se fixer à Passy, où il vécut tout-à-fait ignoré, et où il eut tout le temps de se convaincre, par une juste réflexion, et comme il le marque dans sa lettre à l'assemblée, *qu'il avait été un de ceux qui avaient donné des armes à la licence.* Il mourut le 6 mars 1796. Quatre heures avant sa mort il avait entendu la lecture d'un journal sur lequel il avait fait des observations critiques. Sa fortune était si notablement diminuée, qu'on ne trouva, dit-on, chez lui, pour tout argent, qu'un assignat de cinquante livres, valant alors cinq sous en numéraire. Voici la liste de ses principaux ouvrages : 1° *Histoire du stathoudérat*, Paris, 1748, in-12; 1750, 2 vol. Il la fit imprimer à ses frais, il la vendit lui-même et en débita, dit-on, six mille exemplaires. 2° *Histoire du parlement d'Angleterre*, ibid., 1750, 2 vol. in-12. On critiqua justement dans ces deux ouvrages un ton oratoire et ampoulé, peu convenable à la fois et au bon goût et à la dignité historique. 3° *Anecdotes littéraires, historiques, militaires et politiques de l'Europe, depuis l'élévation de Charles-Quint à l'empire, jusqu'à la paix d'Aix-*

la-Chapelle, ibid., 1753, 3 vol. in-12. C'est le premier ouvrage de Raynal qui eut du succès. Il présente des faits assez curieux et intéressants, et il est écrit d'un style naturel et rapide, qualités qu'on trouve rarement dans ses autres productions, excepté la suivante à laquelle on accorde le même mérite. 4° *Histoire du divorce de Henri VIII*, ibib., 1763, in-12. 5° *Ecole militaire*, 1762, 3 vol in-12. Recueil indigeste, et où les exemples de bravoure sont mis pêle-mêle avec ceux de bassesse et de lâcheté. 6° *Mémoires historiques de l'Europe*, 1772, 3 vol. in-8°, où la critique et les faits ne sont pas toujours exacts. 7° *Tableau et révolutions des colonies anglaises dans l'Amérique septentrionale*, 1781, 2 vol. in-12. 8° *Histoire philosophique et politique des Etablissements et du Commerce des Européens dans les deux Indes*, Paris, 1770; Genève, 1781. 10 vol. in-8°. Les éloges que La Harpe fit de cet ouvrage, dès sa première édition, sembleraient plutôt dictés par un esprit de secte que par l'homme impartial; et le lecteur judicieux, en parcourant l'*Histoire philosophique*, y trouve de la confusion, même des absurdités, des déclamations fatigantes contre les lois, les usages établis, les gouvernements, et surtout contre les rois et les prêtres. Le mérite qu'on remarque dans plusieurs de ses mémoires sur le commerce de quelques nations est contrebalancé par des erreurs, des inexactitudes sans nombre, et par des récits et des tableaux licencieux qui répugnent également aux bonnes mœurs et aux convenances sociales. Ces premiers défauts ont disparu, il est vrai, dans la seconde, mais l'auteur s'y montre encore plus acharné contre les souverains et la religion. Son style, par fois noble et élevé, prend trop souvent le ton d'un charlatan monté sur un tréteau, pour débiter à la multitude effarée des lieux communs et des imprécations menaçantes contre le *despotisme* et la superstition. Raynal en effet déclare la guerre, non-seulement à la révélation, mais aussi à la morale et à toute autorité civile. Le Dieu des juifs n'était pour lui qu'un dieu *local comme ceux des autres nations*, et l'établissement du christianisme n'était que l'effet d'une *mauvaise logique*. Toute sa morale se fondait sur ces deux principes: *Désir de jouir*, *liberté de jouir*.

Nous terminerons cet article par rapporter les dernières phrases du réquisitoire de l'avocat général Séguier contre l'*Histoire philosophique* de Raynal : « L'auteur, dit-il, n'a fait qu'un code barbare, « qui n'a d'autre but que de renverser les fonde- « ments de l'ordre civil. En rapprochant toutes les « parties du système répandu dans la totalité de « cette histoire, on pourrait tracer le plan de sub- « version générale que renferme cette affreuse pro- « duction. »

Dictionnaire historique de Feller.

JUGEMENT.

On avait oublié ses *Histoires du parlement d'Angleterre* et *du Stathoudérat*, écrites d'un style peu convenable au genre, chargées d'ornements déplaplacés, d'ostentation d'esprit et d'antithèses, lorsqu'il parut sous son nom, sans que jamais il l'ait désavouée, une *Histoire philosophique et politique des Établissements et du Commerce des Européens dans les deux Indes.* Cette *Histoire* ne pouvait manquer d'intéresser les nations par l'importance de son objet, et par l'attrait de la nouveauté.

Quoiqu'on y trouve des erreurs, des contradictions même, comme l'auteur pouvait avoir été trompé, et que d'ailleurs il n'est pas d'historiens à qui l'on ne puisse reprocher quelques inexactitudes, la réputation de l'ouvrage n'en eût pas souffert ; mais ce qu'on ne lui pardonna point ce sont les déclamations audacieuses qu'on y trouve partout, et dans lesquelles ni les principes moraux qui sont la sauve-garde des états, ni les états eux-mêmes ne sont respectés. En attaquant le fanatisme, l'auteur, loin d'en paraître exempt, semble avoir eu l'intention d'en inspirer à ses lecteurs ; et ces déclamations perpétuelles fatiguent d'autant plus, qu'elles ne sont évidemment qu'un placage appliqué sans art, et qui rompt à chaque moment le fil de l'histoire.

Il semble étonnant qu'un homme voué par état à la religion se soit permis contre elle plus d'emportement que ses ennemis les plus déclarés. Nous ne parlons pas en théologien, nous ne parlons que d'après les bienséances adoptées par les gens du monde. Ajoutons que la saine critique suffisait seule pour détourner l'auteur de cette affectation qui a gâté son ouvrage, sur-tout dans les dernières éditions, où ses déclamations emphatiques sont bien plus prodiguées que dans la première, et se trouvent réunies à des espèces d'hymnes dithyrambiques et extatiques sur les plaisirs des sens : autre scandale qui n'est ni moins déplacé ni moins surprenant.

PALISSOT, *Mémoires sur la Littérature.*

MORCEAUX CHOISIS.

I. Maldonata, ou la Lionne reconnaissante.

Les Espagnols avaient fondé Buénos-Ayres en 1535. La nouvelle colonie manqua bientôt de vivres : tous ceux qui se permettaient d'en aller chercher étaient massacrés par les Sauvages, et l'on se vit réduit à défendre, sous peine de la vie, de sortir de l'enceinte du nouvel établissement. Une femme, à qui la faim sans doute avait donné le courage de braver la mort, trompa la vigilance des gardes qu'on avait établis autour de la colonie pour la garantir des dangers où elle se trouvait par la famine. Maldonata (c'était le nom de la transfuge), après avoir erré quelque temps dans des routes inconnues et désertes, entra dans une caverne pour s'y reposer de ses fatigues. Quelle fut sa terreur d'y rencontrer une lionne, et sa surprise quand elle vit cette bête formidable s'approcher d'elle d'un air à demi tremblant, la caresser et lui lécher les mains avec des cris de douleur plus propres à l'attendrir qu'à l'effrayer ! L'Espagnole s'aperçut bientôt que la lionne était pleine, et que ses gémissements étaient le langage d'une mère qui réclamait du secours pour la délivrer de son fardeau. Maldonata aida la nature dans le moment douloureux où elle semble n'accorder qu'à regret à tous les êtres naissants le jour et cette vie qu'elle leur laisse respirer si peu de temps. La lionne, heureusement délivrée, va bientôt chercher une nourriture abondante, et l'apporte aux pieds de sa bienfaitrice : celle-ci la partageait chaque jour avec les jeunes lionceaux qui, nés par ses soins et élevés avec elle, semblaient reconnaître, par des jeux et des morsures innocentes, un bienfait que leur mère payait de ses plus tendres empressements. Mais quand l'âge leur eut donné l'instinct de chercher eux-mêmes leur proie, avec la force de l'atteindre et de la dévorer, cette famille se dispersa dans les bois ; et la lionne, que la tendresse maternelle ne rappelait plus dans sa caverne, disparut elle-même, et s'égara dans un désert que la faim dépeuplait chaque jour. Maldonata, seule et sans subsistance, se vit réduite à s'éloigner d'un antre redoutable à tant d'êtres vivants, mais dont sa pitié avait su lui faire un asyle. Cette femme, privée avec douleur d'une société chérie, ne fut pas long-temps errante, sans tomber entre les mains des sauvages indiens. Une lionne l'avait nourrie, et des hommes la firent exclave ! Bientôt après elle fut reprise par les Espagnols, qui la ramenèrent à Buénos-Ayres. Le commandant, plus féroce lui seul que les lions et les sauvages, ne la crut pas sans doute assez punie de son évasion par les dangers et les maux qu'elle avait essuyés ; le barbare ordonna qu'elle fût attachée à un arbre, au milieu d'un bois, pour y mourir de faim, ou devenir la pâture des monstres dévorants. Deux jours après, quelques soldats allèrent savoir la destinée de cette malheureuse victime. Ils la trouvèrent pleine de vie au milieu des tigres affamés qui, la gueule ouverte sur cette proie, n'osaient approcher devant une lionne couchée à ses pieds avec des lionceaux. Ce spectacle frappa tellement les soldats, qu'ils en étaient immobiles d'attendrissement et de frayeur. La lionne, en les voyant s'éloigna de l'arbre comme pour leur laisser la liberté de délier sa bienfaitrice. Mais, quand ils voulurent l'emmener avec eux, l'animal vint à pas lents confirmer par des caresses et de doux gémissements les prodiges de reconnaissance que cette femme racontait à ses libérateurs. La lionne suivit quelque temps les traces de l'Espagnole avec ses lionceaux, donnant toutes les marques de respect et d'une véritable douleur qu'une famille fait éclater quand elle accompagne jusqu'au vaisseau un père ou un fils chéri qui s'embarque d'un port de l'Europe pour le Nouveau-Monde, d'où peut-être il ne reviendra jamais. Le commandant, instruit de toute l'aventure par ses soldats, et ramené par un monstre des bois aux sentiments de l'humanité que son cœur farouche avait dépouillés sans doute en passant les mers, laissa vivre une femme que le ciel avait si visiblement protégée.

Histoire philosophique.

II. Un Sergent Écossais aux Américains sauvages, dont il est prisonnier, pour se soustraire aux tortures de la mort.

« Héros et patriarches du monde occidental, vous
« n'étiez pas les ennemis que je cherchais ; mais

« enfin vous avez vaincu. Le sort de la guerre m'a
« mis dans vos mains. Usez à votre gré du droit
« de la victoire : je ne vous le dispute pas : mais
« puisque c'est un usage de mon pays d'offrir une
« rançon pour sa vie, écoutez une proposition qui
« n'est pas à rejeter.

« Sachez donc, braves Américains, que dans le
« pays où je suis né, certains hommes ont des con-
« naissances surnaturelles. Un de ces sages, qui
« m'était allié par le sang, me donna, quand je me
« fis soldat, un charme qui devait me rendre invul-
« nérable. Vous avez vu comme j'ai échappé à tous
« vos traits : sans cet enchantement, aurais-je pu
« survivre à tous les coups mortels dont vous m'a-
« vez assailli ? car, j'en appelle à votre valeur, la
« mienne n'a ni cherché le repos, ni fui le danger.
« C'est moins la vie que je vous demande aujour-
« d'hui, que la gloire de vous révéler un secret im-
« portant à votre conservation, et de rendre invin-
« cible la plus vaillante nation du monde. Laissez-
« moi seulement une main libre, pour les cérémo-
« nies de l'enchantement dont je veux faire l'é-
« preuve moi-même en votre présence. »

Les Indiens saisirent avec avidité ce discours qui
flattait en même temps, et leur caractère belliqueux,
et leur penchant pour les merveilles. Après une
courte délibération, ils délièrent un bras au prisonnier. L'Écossais pria qu'on remît son sabre au plus
adroit, au plus vigoureux de l'assemblée ; et, dé-
pouillant son cou, après l'avoir frotté en balbutiant
quelques paroles avec des signes magiques, il cria

d'une voix haute et d'un air gai : « Voyez mainte-
« nant, sages Indiens, une preuve incontestable
« de ma bonne foi. Vous, guerrier, qui tenez mon
« arme tranchante, frappez de toute votre force ;
« loin de séparer ma tête de mon corps, vous n'en-
« tamerez pas seulement la peau de mon cou. »

A peine eut-il prononcé ces mots, que l'Indien, déchargeant un coup terrible, fit sauter à vingt pas la tête du sergent. Les sauvages, étonnés, restèrent immobiles, regardant le corps sanglant de l'étranger, puis tournant leurs regards sur eux-mêmes, comme pour se reprocher les uns aux autres leur stupide crédulité. Cependant, admirant la ruse qu'avait employée le prisonnier pour se dérober aux tourments en abrégeant sa mort, ils accordèrent à son cadavre les honneurs funèbres de leur pays.

Ibid.

III. La vraie Gloire.

La gloire est un sentiment qui nous élève à nos propres yeux, et qui accroît notre considération aux yeux des hommes éclairés. Son idée est indivisiblement liée avec celle d'une grande difficulté vaincue, d'une grande utilité subséquente au succès, et d'une égale augmentation de bonheur pour l'univers, ou pour la patrie. Quelque génie que je reconnaisse dans l'invention d'un arme meurtrière, j'exciterais une juste indignation, si je disais que tel homme ou telle nation eut la gloire de l'avoir inventée. La gloire, du moins selon les idées que je m'en suis formées, n'est pas la récompense du plus grand succès dans les sciences. Inventez un nouveau calcul, composez un poème sublime, ayez surpassé Cicéron ou Démosthène en éloquence, Thucidide ou Tacite dans l'histoire, je vous accorderai la célébrité, mais non la gloire.

On ne l'obtient pas d'avantage de l'excellence du talent dans les arts. Je suppose que vous avez tiré d'un bloc de marbre, ou le gladiateur, ou l'Apollon du Belvédère ; que la transfiguration soit sortie de votre pinceau, ou que vos chants simples, expressifs et mélodieux, vous aient placé sur la ligne de Pergolèse, vous jouirez d'un grande réputation, mais non de la gloire. Je dis plus : égalez Vauban dans l'art de fortifier les places, Turenne ou Condé dans l'art de commander les armées ; gagnez des batailles, conquérez des provinces, toutes ces actions seront belles, sans doute, et votre nom passera à la postérité la plus reculée ; mais c'est à d'autres qualités que la gloire est réservée. On n'a pas la gloire pour avoir ajouté à celle de sa nation. On est l'honneur de son corps, sans être la gloire de son pays. Un particulier peut souvent aspirer à la réputation, à la renommée, à l'immortalité : il n'y a que des circonstances rares, une heureuse étoile, qui puissent le conduire à la gloire.

La gloire appartient à Dieu dans le ciel. Sur la terre, c'est le lot de la vertu, et non du génie ; de la vertu utile, grande, bienfaisante, éclatante, héroïque. C'est le lot d'un monarque qui s'est occupé, pendant un règne orageux, du bonheur de ses sujets, et qui s'en est occupé avec succès. C'est le lot d'un sujet, qui aurait sacrifié sa vie au salut de ses concitoyens. C'est le lot d'un peuple qui aura mieux aimé mourir libre que de vivre esclave. C'est le lot, non d'un César, ou d'un Pompée, mais d'un Régulus ou d'un Caton : c'est le lot d'un Henri IV.

Ibid.

RAYNOUARD (François-Juste-Marie), secrétaire perpétuel de l'Académie-Française, chevalier des ordres de Saint-Michel et de la Légion-d'Honneur, est né à Brignoles, en Provence, le 18 septembre 1761. Après avoir exercé avec honneur la profession d'avocat, M. Raynouard vint à Paris, en 1800, et fit recevoir au Théâtre-Français sa tragédie des *Templiers*, fruit des travaux littéraires qu'il avait mêlés à l'exercice de ses fonctions de défenseur officieux. Quatre ans après, la classe de la littérature française de l'Institut couronna son poème intitulé : *Socrate dans le temple d'Aglaure*. Le succès des *Templiers* suivit de près ce premier triomphe. Cette pièce fut encore désignée pour un des prix décennaux qui devaient être décernés en 1810, et trois années auparavant elle avait valu à M. Raynouard les suffrages de l'Institut qui l'appela à remplacer le poète Le Brun. L'auteur a publié depuis d'autres ouvrages ; *Caton d'Utique*, tragédie non représentée et les *États de Blois*, qui furent joués sans succès à Saint-Cloud et à Paris. Il a aussi consacré une partie de son temps à des études sur la langue romane, et ces recherches nous ont valu divers ouvrages qui ont également contribué à jeter un grand jour sur cette époque de notre littérature. M. Raynouard a été plusieurs fois appelé à siéger dans nos assemblées législatives, et ses devoirs politiques l'avaient sans doute détourné un peu de ses occupations littéraires ; aussi nous espérons bientôt voir paraître les ouvrages inédits que le public attend depuis quelque temps, et parmi lesquels on cite une tragédie de *Jeanne d'Arc* et un poème épique intitulé les *Machabées*. M. Raynouard travaille habituellement au *Journal des Savants* ; de petits poèmes d'un genre grave et philosophique avaient commencé sa réputation et préparé le public au succès des *Templiers*, que l'on regarde encore comme le meilleur ouvrage de l'auteur. Elle éprouva des critiques peu ménagées, et on peut en voir un exemple dans l'analyse qu'en a donnée Geoffroy (t. IV du *Cours de Littérature dramatique*) ; mais aussi elle mérita les suffrages des hommes éclairés et justes, et si elle n'annonçait pas toutes les dispositions qu'exige la scène tragique, elle prouvait un grand talent pour la haute poésie.

JUGEMENT.

La tragédie des *Templiers* a excité de vifs applaudissements et des censures non moins vives. Mais des critiques passionnés, qu'irrite l'approbation générale, n'ont pu servir ni l'auteur ni l'art. Pour reprendre utilement les défauts, on doit sentir les beautés et les faire sentir. La marche de la pièce est quelquefois un peu lente, mais elle n'offre point d'écart. Le style n'est pas exempt de sécheresse, mais il est presque toujours correct; il n'abonde pas en tours poétiques, il est plein de pensées énergiques et saines; on désirerait quelquefois plus d'élégance, jamais plus de force et de précision. Si la scène de Ligneville et les formes du récit rappellent des pièces déjà connues sur la scène tragique, on ne peut contester à l'auteur un trait superbe de ce même récit, et, dans les différents actes, plusieurs traits d'un dialogue nerveux et rapide, des tirades animées, beaucoup de chaleur et de mouvement. On a généralement senti l'inutilité du rôle de la reine; celui du chancelier n'est guère plus utile, et c'était bien assez d'un ministre persécuteur. Il serait même à souhaiter que le personnage intéressant du connétable fût lié plus intimement à l'action. En regardant de près Philippe-le-Bel, il faut bien le dire encore, à travers des touches indécises, on cherche, sans la trouver la physionomie de ce prince remarquable, qui sut calculer tout son règne; qui, despotique et populaire, fit à la fois du bien et du mal, non par inclination, mais par intérêt, et ne choisit des vertus et des vices que ce qui pouvait lui être utile. Mais quelle dignité imposante, et souvent quelle noble éloquence dans les discours du grand-maître! Quelle heureuse idée que celle du jeune Marigni, associé secrètement à ces templiers dont son père a juré la ruine, osant prendre leur défense au fort du péril, révélant son secret quand il ne peut plus que partager leur infortune, se dévouant pour eux, mourant avec eux, et commençant, par cet héroïque sacrifice, le châtiment de son père coupable! Voilà un personnage bien inventé jeté au milieu de l'action; voilà des incidents qui produisent un intérêt puissant sur tous les cœurs, parce qu'il est fondé sur la morale; et cette belle conception tragique, la partie la plus recommandable de l'ouvrage, suffirait seule pour justifier l'éclatant succès qu'il a obtenu dans sa nouveauté.

M.-J. Chénier, *Tableau de la Littérature française.*

MORCEAUX CHOISIS.

I. La Mort des Templiers.

Un immense bûcher, dressé pour leur supplice,
S'élève en échafaud, et chaque chevalier
Croit mériter l'honneur d'y monter le premier;
Mais le grand-maître arrive, il monte, il les devance:
Son front est rayonnant de gloire et d'espérance;
Il lève vers les cieux un regard assuré:
Il prie, et l'on croit voir un mortel inspiré.
D'une voix formidable aussitôt il s'écrie:
« Nul de nous n'a trahi son Dieu, ni sa patrie;
« Français souvenez-vous de nos derniers accents;
« Nous sommes innocents, nous mourrons innocents.
« L'arrêt qui nous condamne est un arrêt injuste;
« Mais il est dans le ciel un tribunal auguste
« Que le faible opprimé jamais n'implore en vain,
« Et j'ose t'y citer, ô pontife romain!
« Encor quarante jours!.... je t'y vois comparaître. »
Chacun en frémissant écoutait le grand-maître.
Mais quel étonnement, quel trouble, quel effroi,
Quand il dit: « O Philippe, ô mon maître, ô mon roi!
« Je te pardonne en vain, ta vie est condamnée;
« Au tribunal de Dieu je t'attends dans l'année. »

(Au roi.)

Les nombreux spectateurs, émus et consternés,
Versent des pleurs sur vous, sur ces infortunés.
De tous côtés s'étend la terreur, le silence.
Il semble que du ciel descende la vengeance.
Les bourreaux interdits n'osent plus approcher;
Ils jettent en tremblant le feu sur le bûcher,
Et détournent la tête... Une fumée épaisse
Entoure l'échafaud, roule et grossit sans cesse;
Tout à coup le feu brille : à l'aspect du trépas,
Ces braves chevaliers ne se démentent pas.
On ne les voyait plus; mais leurs voix héroïques
Chantaient de l'Éternel les sublimes cantiques :
Plus la flamme montait, plus ce concert pieux
S'élevait avec elle, et montait vers les cieux.
Votre envoyé paraît, s'écrie.... Un peuple immense,
Proclamant avec lui votre auguste clémence,
Auprès de l'échafaud soudain s'est élancé....
Mais il n'était plus temps ... les chants avaient cessé.

Les Templiers, Acte V, Sc. dern.

II. Camoëns.

Habitants des rives du Tage,
Dirigez mes pas incertains :
J'apporte mon pieux hommage
Au chantre heureux des Lusitains;
Montrez-moi l'auguste retraite
Où règne ce grand poète
Comblé d'honneurs et de bienfaits.
Que vois-je! votre indifférence
Dans le besoin, dans la souffrance
Laisse l'Homère portugais!

Barbares ! l'affreuse indigence,
Les noirs chagrins et la douleur
Auraient épuisé sa constance
S'il ne dominait le malheur.
Dans ce délaissement funeste,
Un ami toutefois lui reste,
Mais ce n'est pas un Lusitain;
Chaque soir sa main charitable
Quête le pain que sur leur table
Ils partagent le lendemain.

Antonio ! ton digne maître
T'aurait célébré dans ses chants....
Les miens t'assureront peut-être
Des souvenirs non moins touchants.
Apprends, serviteur magnanime,
Qu'un dévouement aussi sublime,
D'âge en âge sera cité ;
Oui, de mes chants écho fidèle,
L'avenir dira que ton zèle
Ennoblit la mendicité.

Cependant, ce zèle pudique,
Durant la nuit, à demi-voix,
Demande à la pitié publique
D'acquitter la dette des rois.
Pourquoi te cacher? Bélisaire,
Étalant sa noble misère
Ne croyait pas s'humilier
Lorsque le casque où la victoire
Ceignit les palmes de la gloire
Était réduit à mendier.

Ose te montrer dans Lisbonne,
Mendie à la clarté du jour,

Impose une pieuse aumône
Et sur le peuple et sur la cour.
Qu'avec toi l'illustre poème,
Plus hardi que l'auteur lui-même,
Implore ses concitoyens :
Et les cœurs les plus insensibles
Frémiront à ces mots terribles :
« Faites l'aumône à Camoëns. »

Mais non ; digne rival d'Homère,
De son indigence héritier,
Il sait souffrir, il sait se taire,
Il veut le malheur tout entier.
Leur pitié serait un outrage.
Que la gloire le dédommage
Et de sa vie et de sa mort.
Fort de courage et d'espérance
Il se résigne à la souffrance
Sans orgueil comme sans effort.

Écoutons, il parle, il s'écrie :
« Lusitains ingrats et jaloux,
« Lorsque j'illustrai ma patrie
« Je n'ai rien espéré de vous.
« Je souffre, mais j'ai l'assurance
« Qu'un jour de votre indifférence
« Vos enfants sauront s'indigner.
« Je souffre, mais avec courage,
« Ma gloire est de braver l'outrage,
« Ma vertu de le pardonner.

« Et n'ai-je pas offert moi-même
« Dans les succès de mes héros
« Le consolant et digne emblème
« Du génie et de ses travaux ?

« Pour conquérir aux eaux du Tage
« Les tributs d'un lointain rivage
« Suffisait-il de la valeur?
« Non, non, il leur fallait encore
« Cette constance qui s'honore
« De lutter contre le malheur.

« Le géant du cap des tempêtes
« Soudain se dresse devant eux,
« Déploie au-dessus de leurs têtes
« Son corps immense, monstrueux.
« D'une main il touche aux nuages
« D'où la foudre et tous les orages
« Seront à l'instant détachés ;
« De l'autre il refoule les ondes,
« Ouvrant les cavités profondes
« Où les abymes sont cachés.

« Fuyez, leur dit-il avec rage,
« O téméraires étrangers !
« C'est moi qui fermai ce passage ;
« Ici j'amasse les dangers.
« Mais eux, au haut du promontoire,
« Ont bientôt reconnu la gloire
« Qui les promet à l'univers ;
« Soudain, ces guerriers magnanimes,
« Bravant la foudre et les abymes
« Ravissent le sceptre des mers.

« Qui n'applaudit en cette image
« L'homme dont l'intrépidité,
« Force le pénible passage,
« Qui mène à la postérité?
« Si jusqu'aux palmes immortelles
« Il tente des routes nouvelles

« Son siècle voudra l'en punir ;
« Mais quand l'ignorance et l'envie
« Persécutent sa noble vie
« Il se jette dans l'avenir.

« Et n'attendez pas qu'il se plaigne
« Ni des hommes ni du destin ;
« Qu'on l'oublie ou qu'on le dédaigne
« Son espoir n'est pas incertain.
« Souvent l'envie inexorable
« S'applaudit d'un excès coupable ;
« Elle croit l'avoir insulté ;
« Et lui, sans regret ni murmure,
« Expiant la gloire future,
« Rêve son immortalité.

« Et que nous font les vains hommages
« D'un peuple follement épris,
« Qui tour à tour à nos images
« Porte le culte ou le mépris ?
« Écoutons l'instinct magnanime
« Qui nous prédit la longue estime
« Des temps et des lieux ignorés ;
« Que le vulgaire nous condamne ;
« Autour de nous tout est profane,
« Nous n'en sommes que plus sacrés. »

Il a dit : mon respect contemple
Ce vainqueur de l'adversité,
A l'univers donnant l'exemple
De souffrir avec dignité.
Imitez cet exemple auguste,
Talents, qu'outrage un sort injuste,
Ou l'ignorance des mortels ;
Soutenez cette noble lutte

Si, vivants, on vous persécute,
Morts, on vous dresse des autels.

RÉCITATIF. Du côté du musicien, le récitatif est l'espèce de chant qui approche le plus de l'accent naturel de la parole; et du côté du poète, c'est la partie de la scène destinée à cette espèce de chant.

Lorsqu'en Italie on imagina de noter la déclamation théâtrale, l'objet de la musique fut, comme celui de la poésie, d'embellir la nature en l'imitant, c'est-à-dire de donner à la déclamation chantée une mélodie plus agréable pour l'oreille, et, s'il était possible, plus touchante pour l'âme, que l'expression naturelle de la parole, sans toutefois contrarier ni trop altérer celle-ci : en sorte que la ressemblance embellie fît encore son illusion.

Le principe de tous les arts qui se proposent d'imiter la nature, est que l'imitation soit quelque chose de ressemblant, et non pas de semblable.

L'imitation est donc un mensonge, soit dans le moyen, soit dans la manière dont elle fait illusion; et ce qu'il y a de singulier, c'est que le témoignage confus que nous nous rendons à nous-mêmes que l'art nous trompe, est la cause du plaisir sensible et délicat que nous éprouvons à être trompés. Il doit donc y avoir dans l'imitation une ressemblance, afin que l'âme y soit trompée; mais il doit y avoir en même temps une différence sensible, afin que l'âme s'aperçoive et jouisse confusément de son erreur.

Ce n'est pas que la nature même, présentée sur

un théâtre avec toute sa vérité, comme dans les combats de gladiateurs ou d'animaux, ne pût faire une sorte de plaisir, si en elle-même elle était assez belle et assez touchante : mais ce plaisir serait l'effet direct de la réalité, et non l'effet de la surprise que l'art nous cause quand nous admirons son adresse, et que, semblable à Galathée, il se cache, et se laisse encore apercevoir en se cachant.

Alternativement savoir et oublier que l'imitation est un artifice ; sentir à chaque instant le mérite de l'art, en le prenant pour la nature ; jouir par sentiment des apparences de la vérité, et par réflexion des charmes du mensonge : voilà le composé réel, quoique ineffable, du plaisir que nous font les arts d'imitation.

J'ai dit que le mensonge était tantôt dans le moyen, tantôt dans la manière dont s'opérait l'illusion : dans le moyen, lorsque, par exemple, la peinture, avec une toile et des couleurs, imite des contours, des reliefs, des lointains, etc. ; dans la manière, lorsque le moyen de l'art et celui de la nature sont les mêmes, et que l'art ne fait que le modifier d'une manière qui lui est propre, et qui donne de l'avantage à l'imitation sur le modèle. C'est ainsi que la tragédie s'exprime en vers et d'un ton plus élevé que ne le fut jamais le ton de la nature ; c'est ainsi que la comédie réunit dans un seul caractère plus de traits de ridicule, et dans une seule action plus d'incidents et de rencontres singulières, que le même espace de temps ne nous en eût fait voir dans la réalité ; c'est ainsi enfin que, dans l'opéra, on a permis de porter la licence de la fiction jusqu'à faire parler en chantant.

De même tous les arts d'imitation ont leurs données; et les seules conditions qu'on leur impose sont l'illusion et le plaisir.

S'il est donc vrai que le chant, comme les vers, embellisse l'imitation de la parole, sans détruire l'illusion, on aurait tort de se refuser au nouveau plaisir qu'il nous cause : ce ne sera jamais un peuple doué d'une oreille sensible qui se plaindra qu'on lui parle en chantant.

Les Italiens ont trouvé dans cette licence une source intarissable de sensations délicieuses; et leur imagination, assez vive pour être encore séduite par une imitation éloignée de la nature, n'a presque pas mis de bornes à la liberté accordée au musicien.

Les Français jusqu'ici ont été plus sévères, par la raison peut-être que leur imagination est moins vive ou leur organe moins sensible.

Cependant, chez les Italiens mêmes, l'art, timide dans sa naissance, se tint le plus près qu'il lui fut possible de la nature. Le récitatif, c'est-à-dire une déclamation notée et non mesurée, ou quelquefois seulement accompagnée par la symphonie, et avec elle soumise aux lois de la mesure et du mouvement, fut d'abord tout ce qu'on osa se permettre : dans la suite on fut plus hardi.

Or, de savoir s'il fallait s'en tenir à cette simplicité, ou jusqu'à quel point l'art pouvait s'étendre et s'éloigner de la vérité, à condition de l'embellir, c'est un problème que la spéculation ne peut résoudre, mais dont l'expérience et le sentiment, chez les différents peuples du monde, nous donnent la solution.

La scène déclamée est ce qu'il y a de plus ressemblant au ton naturel de la parole. La scène chantée, sans accompagnement et sans mesure, est ce qui approche le plus de la déclamation. Le récit obligé s'en éloigne un peu davantage, soit parce qu'il est accompagné, et que cette alliance de la symphonie avec la voix n'a point de modèle dans la nature, soit parce qu'il est mesuré, et que l'expression naturelle de nos pensées et de nos sentiments ne l'est pas. Enfin l'air est encore une imitation plus altérée, plus éloignée de la vérité ; car la rondeur, la symétrie et l'unité du chant, ne ressemblent que de très loin aux modulations libres et naturelles de la voix.

Si donc on ne cherchait dans l'expression musicale que la vérité de l'imitation, et si, pour produire l'illusion, il fallait que l'imitation fût fidèle, il n'y aurait aucun doute que la musique la plus parfaite ne fût le simple récitatif ; et ce récitatif lui-même, moins naturel que la déclamation, n'en eût pas dû prendre la place.

Mais dans l'imitation, on ne cherche pas seulement la vérité ; on y désire, comme je l'ai dit, la vérité embellie, c'est-à-dire une impression plus agréable que celle de la vérité même, ou de son exacte ressemblance : il s'agit donc ici d'un calcul de plaisir.

Ne demandez-vous qu'à être émus par le tableau le plus frappant d'une action pathétique, fuyez loin du théâtre où l'on chante, et allez à celui où les acteurs habiles donnent aux passions leur accent naturel : une voix étouffée, une voix déchirante, les gémissements, les cris, les sanglots d'un Brisard, d'une Dumesnil, vous feront plus d'illusion et une impression plus profonde que les éclats de voix d'une Le Maure, ou que les sons mélodieux d'une Faustine ou d'un Farinelli ; et à l'avantage de l'expression se joindra celui du poème où le génie, n'étant gêné sur rien, n'a eu rien à sacrifier. (*Voyez* LYRIQUE.)

Mais voulez-vous joindre, au plaisir d'être ému d'étonnement, de crainte ou de pitié, celui d'avoir l'oreille agréablement affectée par une succession ou par un ensemble de sons touchants, de sons harmonieux, allez au théâtre où l'on chante, et demandez à ce théâtre que l'art du chant y soit porté au plus haut degré d'expression et de charme.

Qu'on se rappelle donc ce qu'on s'est proposé, lorsque de la tragédie on a fait l'opéra : on a voulu jouir à la fois des plaisirs de l'esprit, de l'âme et de l'oreille. Il a donc fallu d'abord que la déclamation fût non-seulement expressive, mais encore mélodieuse, et tant qu'on n'a pas eu d'autre chant que le récitatif, on a eu raison de le rendre le plus chantant qu'il a été possible ; de là les cadences, les ports de voix, les tenues, les prolations que les Français y ont introduites, pour y faire briller l'organe d'un Muraire ou d'une Le Maure.

Les Italiens, au contraire, se sont fait un récitatif dénué de tout ornement. Il n'ont pu noter les accents inappréciables de la parole ; mais la voix des chanteurs habiles a su ajouter à la note des inflexions, des liaisons, des nuances de sons, pour m'exprimer ainsi, qui ont rapproché autant qu'il est possible les accents de la mélopée de ceux de la simple déclamation : par là ils ont rendu leur récitatif le moins chantant qu'il pouvait l'être. Mais en revanche ils y ont mêlé des morceaux d'un caractère plus marqué et d'une expression plus énergique. Dans ces morceaux, qu'ils appellent *récitatif obligé*, la mesure et le mouvement sont prescrits : la sympathie, qui accompagne la voix, la soutient et la fortifie ; elle fait plus, elle devient un nouvel organe de la pensée ; et, dans les silences mêmes de la voix, elle y supplée par l'expression de ce qui se passe au dedans de l'âme, ou, pour ainsi dire, autour d'elle.

Mais, dans le courant de la déclamation, les Italiens et les Français avaient également senti que toutes les fois que la nature indiquerait des mouvements plus décidés, des inflexions plus sensibles, il fallait saisir ce moment pour rompre la monotonie du récit ou du dialogue, par un chant plus marqué qui se détacherait du récitatif continu, et qui, saillant et isolé, réveillerait l'attention de l'oreille, en lui offrant un plaisir nouveau : de là ces chants phrasés et cadencés que Lulli et les Italiens de son temps employaient dans la scène. Mais quel charme pouvaient avoir des airs le plus souvent tronqués et mutilés, ou renfermés dans le cercle étroit d'une phrase simple et concise, n'ayant pour tout caractère qu'un mouvement lent ou rapide, ou qu'une succession de sons détachés ou liés ensemble, tantôt plus adoucis et tantôt plus forcés, presque toujours sans mélodie, sans agrément dans le motif, sans précision dans la mesure, sans symétrie dans le dessin?

Jusque-là il est au moins très douteux que la déclamation eût gagné à être chantée : car, du côté de la nature, elle avait évidemment perdu de son aisance, de sa rapidité, de sa chaleur et de son énergie ; et du côté de l'art, qu'avait-elle acquis pour compenser toutes ces pertes?

Mais dès que le chant périodique et symétrique fut inventé, tout le prix, tout le charme de la musique fut senti, l'âme connut tout le plaisir que pouvait lui apporter l'oreille : l'Italie et l'Europe entière ne regrettaient plus rien.

La France elle seule continuait à s'ennuyer d'une musique monotone, qu'elle applaudissait en bâillant, et qu'elle s'obstinait par vanité à faire semblant de chérir. Non-seulement elle dédaignait de connaître cette forme d'airs périodiques dont Vinci était l'inventeur, et que Leo, Pergolèse, Galuppi, Jumelli, avaient portée à un si haut degré d'expression et de mélodie, mais ce récitatif obligé, cette déclamation passionnée, énergique, où Porpora avait excellé, nous était encore étrangère : l'orchestre était chez nous le seul acteur qui connût la précision des mouvements et de la mesure, encore l'oubliait-il lui-même, forcé d'obéir à la voix. Le charme et le pouvoir du chant nous étaient inconnus au point qu'on attachait à des accompagnements sans dessin le grand mérite de l'artiste, et que l'on faisait consister l'excellence de la musique dans les accords. C'est presque uniquement à cette partie subordonnée que le célèbre Rameau appliquait son génie, et qu'il a dû tous ses succès. Le don d'inventer les dessins, de les développer, de les varier avec grace, et d'assortir au même caractère la mélodie et le mouvement; en un mot, le don de la pensée musicale, le seul auquel les Italiens attachent le nom de génie, Rameau en faisait peu de cas, et ne daignait l'employer qu'à ses airs de danse, dans lesquels il a excellé : injuste envers lui-même, il se glorifiait de son savoir et de son art, et méconnaissait son génie. Combiner les accords est le travail de l'homme habile ; les choisir, savoir les placer, est le travail de l'homme de goût. Inventer des chants analogues au sentiment ou à la pensée, et dont la modulation variée dans sa belle simplicité enchante à la fois l'âme et l'oreille, voilà l'inspiration qui, dans le musicien, répond à celle du poète; et c'est ce qui, dans notre musique vocale, a été presque inconnu jusqu'à nous.

Cependant, comme on ne saurait prendre sincèrement du plaisir à s'ennuyer, on juge bien que les Français n'épargnaient rien pour se déguiser à eux-mêmes la fatigante monotonie de leur musique vocale. Les faux agréments qu'ils y mêlaient, aux dépens de l'impression, se multipliaient tous les jours ; quelques belles voix ayant excellé, les unes à former des cadences brillantes, et les autres à déployer des sons pleins et retentissants, le besoin d'aimer ce qu'on avait, et l'habitude qu'on s'était faite insensiblement d'admirer ce qui était difficile et rare, enfin l'émotion physique de l'organe auquel une belle voix plaît comme une cloche harmonieuse, cette émotion que l'on croyait être, sur la foi d'un long préjugé, le dernier degré de plaisir que pouvait faire la musique, en imposait à une nation qui ne connaissait rien de mieux.

Mais jusqu'à ce que des hommes bien organisés et doués d'une âme sensible aient réellement trouvé le beau, ils éprouvent une inquiétude secrète et confuse qu'aucune espèce d'illusion ne peut calmer; de là les efforts, les dépenses et toutes les ressources inutiles qu'on a si long-temps employées pour sauver les Français du dégoût de leur opéra : diversité dans les poèmes, multiplicité des machines, magnificence vraiment royale, comme l'appelle La Bruyère, dans les décorations et les vêtements, usage immodéré des danses, jusqu'à faire disparaître l'action théâtrale pour ne plus voir que des ballets, multitude presque innombrable de jeunes beautés assemblées pour en décorer le spectacle; que n'a-t-on pas mis en usage? et ce théâtre a toujours été le seul dont les entrepreneurs, successivement ruinés, n'ont pu soutenir la dépense dans ce même Paris, où, sans secours et presque sans moyens, on a vu fleurir le Théâtre des Vaudevilles.

La cause de cette décadence continuelle de l'opéra français n'est autre que le dégoût invincible qu'on aura toujours pour une musique dénuée de chant. Le récitatif, quel qu'il soit, réduit à sa simplicité monotone, fatiguera toujours l'oreille; le récitatif obligé, quelque expression que l'on donne à l'harmonie qui l'accompagne, quelque énergie qu'elle ajoute aux accents dont il est formé, ne répandra jamais dans la scène assez de variété, d'agréments et de charmes; les chœurs multipliés se détruiront l'un l'autre, et ne feront plus que du bruit; les danses prodiguées deviendront insipides, comme tous les plaisirs dont on a la satiété.

A ce spectacle, un seul moyen de plaire, toujours varié, toujours sensible, toujours inépuisable dans ses ressources, c'est le chant : parce qu'il prend toutes les formes du sentiment et de la pensée; qu'en même temps qu'il flatte l'oreille, il touche l'âme; qu'il parle à l'esprit comme aux sens; et que dans sa période il réunit le double avantage de faire attendre, désirer et jouir. Tel était le pouvoir que les Anciens attribuaient à la période oratoire : et si l'art de tenir l'esprit suspendu, dans l'attente de la pensée, avait sur eux tant de puissance, qu'il leur faisait considérer l'orateur comme tenant enchaînées les oreilles de tout un peuple, que penser de l'art du musicien, qui exercera le même empire, non pas sur l'esprit, mais sur l'âme, et qui saura donner le même attrait à l'expression du sentiment ?

Concluons que la partie essentielle de la musique c'est le chant; que le récitatif simple en est la partie faible; que le récitatif obligé, qui, dans les mouvements rompus et tumultueux des passions, peut emprunter de l'harmonie tant d'énergie et de puissance, n'est pourtant pas ce qu'on désire le plus vivement, et dont on se lasse le moins ; que c'est de la beauté du chant périodique et mélodieux que l'âme et l'oreille sont insatiables, et que par conséquent le poète qui écrit pour le musicien doit regarder la partie du récitatif simple comme celle qui exige le style le plus rapide, afin que l'oreille, impatiente d'arriver au chant ne se plaigne jamais qu'on l'arrête au passage ; la partie du récitatif obligé, comme celle qui demande à être employée avec le plus de sobriété, afin que le sentiment de l'harmonie ne soit point émoussé par la fatigue de n'entendre que des accords sans dessin ; et la partie du chant mélodieux et fini, comme celle dont la distribution doit être son premier objet, afin que le charme de la mélodie, le vrai plaisir de ce spectacle, se reproduise sous mille formes, et que, s'il altère la vérité de l'expression naturelle, ce ne soit que pour l'embellir.

Telle doit être, je crois, l'intention commune du poète, et du musicien ; et si jamais elle est remplie dans l'opéra français, comme il est sûr quelle peut l'être (le succès l'a prouvé), c'est alors que le prestige de la musique, joint à celui de la peinture, des fêtes et du merveilleux qu'y répandra la poésie, fera de ce spectacle un véritable enchantement.

Mais jusque-là, qu'on ne se flatte pas de nous faire goûter un récitatif pur et simple ; ce ne serait pas pour l'oreille un plaisir digne de compenser celui d'une déclamation naturelle et d'une poésie affranchie des contraintes de la musique. Nous permettons à l'opéra une déclamation notée, parce que la scène parlée trancherait trop avec le chant; mais ce n'est que dans l'espérance et en faveur du chant que nous consentons qu'on altère la déclamation naturelle : c'est là le pacte du théâtre lyrique. Qu'il nous fasse donc entendre ce qu'il nous promet, de beaux airs, des duo touchants, des morceaux de peinture et d'expression, où tout le charme de la mélodie et toute la puissance de l'harmonie se réunissent et se déploient. Non-seulement alors nous permettons au récitatif de se dégager des ports de voix, des trils, des cadences, des prolations, etc., mais nous exigeons qu'il renonce à tous ces ornements futiles, et qu'aussi simple, aussi vrai, aussi courant qu'il sera possible, il ne fasse que rapprocher, par un peu plus d'analogie, la déclamation de la scène, de ces morceaux de chant qu'elle doit amener. Le chant est la partie essentielle et désirée de l'opéra; le récitatif en est une partie tolérée comme indispensable : il faut passer par là pour arriver à ces endroits délicieux où l'oreille et l'âme se promettent de s'arrêter et de jouir; mais le chemin leur paraîtra long si leur espérance est trompée, et l'intérêt de l'action la plus vive aura lui-même bien de la peine à nous sauver de l'impatience et de l'ennui. (*Voyez* AIR, CHANT, LYRIQUE.)

Depuis que cet article a été imprimé pour la première fois, l'expérience en a confirmé les principes par des succès multipliés : elle m'a sur-tout affermi dans l'idée où j'étais que, pour le simple récitatif, le style nombreux et périodique de Quinault est préférable au style concis de Métastase. Je m'étais aperçu que les fréquents repos de ces petites phrases coupées rendaient la marche du récitatif pesante et monotone : pesante, à cause des repos trop fréquents ; monotone, en ce que la musique a très peu de moyens de varier ses cadences finales : et pour éviter l'un et l'autre de ces défauts, j'ai essayé de soutenir le sens, et de donner au style plus de liaison et plus d'aisance. Cet essai, que j'ai fait dans l'opéra de *Didon* et dans celui de *Pénélope*, m'a réussi au-delà même de mon attente. Le musicien, n'ayant plus à s'arrêter à chaque instant, s'est développé plus à son aise ; sa phrase, articulée et soutenue par des accents plus sensibles, plus variés, a pris en même temps plus de rapidité, de chaleur et de véhémence. L'actrice admirable qui a joué les rôles de Didon et de Pénélope s'est sentie plus entraînée par l'impulsion de ce style; elle n'a eu qu'à se livrer, pour exprimer à grands traits les sentiments dont elle était remplie ; et de là cette facilité, ce naturel, cette expression à la fois si simple et si tragique, qui fait regarder le récitatif de ces opéra comme le plus vrai, le plus sensible, le plus parfait qu'on ait entendu sur aucun théâtre du monde.

MARMONTEL, *Éléments de Littérature.*

RECONNAISSANCE. Dans le poème épique et dramatique, il arrive souvent qu'un personnage ou ne se connaît pas lui-même, ou ne connaît pas celui avec lequel il est en action ; et le moment où il acquiert cette connaissance de lui-même, ou d'un autre, s'appelle *reconnaissance*. C'est ainsi que, dans le poème du Tasse, Tancrède reconnaît Clorinde après l'avoir mortellement blessée ; c'est ainsi que, dans *la Henriade*, d'Ailly, le père, reconnaît son fils après l'avoir tué de sa main ; c'est ainsi que, dans *Athalie*, cette reine reconnaît Joas ; que, dans *Mérope*, Égisthe se connaît lui-même, et que Mérope le reconnaît ; que, dans *Iphigénie en Tauride*, et dans *Œdipe*, Iphigénie et son frère Oreste, Œdipe et Jocaste, sa mère, se reconnaissent mutuellement, et que chacun d'eux se connaît lui-même.

On voit, par ces exemples, que la reconnaissance peut être simple ou réciproque, et que des deux côtés, ou d'un seul, ce peut être soi que l'on reconnaisse, ou un autre, et soi en même temps.

On peut consulter la *Poétique* d'Aristote et le *Commentaire* de Castelvetro sur ces différentes combinaisons de la reconnaissance, et sur les manières de la varier, soit relativement à la situation et à la qualité des personnes, soit relativement aux moyens qu'on emploie pour l'amener, et aux effets qu'elle peut produire.

La reconnaissance à laquelle Aristote donne la préférence est celle qui naît des incidents de l'action même, comme dans l'*Œdipe* ; mais je crois pouvoir lui comparer celle qui naît d'un signe involontaire que l'inconnu laisse échapper ; comme dans l'opéra de *Thesée*, où ce jeune prince est reconnu à son épée au moment qu'il jure par elle. Le plus beau modèle en ce genre est la manière dont Oreste se faisait connaître à sa sœur dans l'*Iphigénie* de Polydes, lorsque ce malheureux prince, conduit aux marches de l'autel pour y être immolé, s'écriait : « Ce n'est donc pas assez que « ma sœur ait été sacrifiée à Diane, il faut que je le « sois aussi ! »

La reconnaissance doit-elle produire tout-à-coup la révolution ou laisser encore en suspens le sort des personnages? Dacier, qui préfère la plus décisive, n'a vu l'objet que d'un côté.

Si la révolution se fait du bonheur au malheur, elle doit être terrible, et par conséquent tout changer, tout renverser, tout décider en un instant. Si au contraire la révolution se fait du malheur au bonheur, et que la reconnaissance réunisse des malheureux qui s'aiment, comme dans *Mérope* et dans *Iphigénie*, pour que leur réunion soit attendrissante il faut que l'évènement soit suspendu et caché; car la joie pure et tranquille est le poison de l'intérêt. L'art du poète consiste alors à les engager au moyen de la reconnaissance même, dans un péril nouveau, sinon plus terrible, au moins plus touchant que le premier, par l'intérêt qu'ils prennent l'un à l'autre. Mérope en est un exemple rare et difficile à imiter.

Il n'y a point de reconnaissance sans une sorte de péripétie ou changement de fortune, ne fît-elle, comme dans la fable simple, qu'ajouter au malheur des personnages intéressants. Mais il peut y avoir des révolutions sans reconnaissance; et quoiqu'elles ne soient pas aussi belles, les Grecs ne les dédaignaient pas.

Il y a aussi une reconnaissance des choses, comme de l'innocence d'Hippolyte, de Zaïre, d'Aménaïde, de la perfidie de Cléopâtre dans *Rodogune*, de l'empoisonnement d'Inès, etc.; et celles-ci ne sont pas les moins pathétiques.

La reconnaissance est intéressante dans la tragédie, soit avant, soit après le crime : avant, pour empêcher qu'il ne soit commis; après, pour en faire sentir tout le regret.

La reconnaissance est, dans le comique, une source de ridicule, comme elle est dans la tragédie une source de pathétique : dans celle-ci, c'est une mère qui va tuer son fils, un fils qui vient de tuer sa mère, et qui reconnaissent, l'une le crime qu'elle allait commettre, l'autre le crime qu'il a commis; dans celle-là, c'est un vieux jaloux, qui, par erreur livre à son rival sa maîtresse, et ne s'aperçoit de sa méprise que lorsqu'il n'est plus temps, comme dans *l'École des Maris*; c'est un jeune étourdi qui ne reconnaît son rival qu'après qu'il lui a confié tout ce qu'il a fait et tout ce qu'il veut faire pour lui enlever sa maîtresse, comme dans *l'École des Femmes*; c'est un oncle et un neveu dont l'un veut faire enfermer l'autre, et qui se trouvent camarades de troupe dans une comédie de société, comme dans *la Métromanie*; c'est un fils dissipateur et un père usurier, qui, dans le prêteur et l'emprunteur qu'ils cherchent réciproquement, se rencontrent, comme dans *l'Avare*.

On sent combien la méprise qui précède ces reconnaissances, la surprise, l'étonnement, l'embarras, la révolution qui les suit, doivent contribuer à ce qu'on appelle le comique de situation : et si à la reconnaissance des personnes on ajoute celle des choses, c'est-à-dire des bévues et des erreurs où le personnage ridicule est tombé, des pièges où il s'est laissé prendre, on aura l'idée de presque tous les moyens qui, dans la comédie, amènent les révolutions.

MARMONTEL, Eléments de Littérature.

RÈGLES. Dans les lettres et dans les arts, les règles sont les leçons de l'expérience, le résultat de l'observation sur ce qui doit produire l'effet qu'on se propose.

Il y a un instinct pour tous les arts, et cet instinct, au plus haut degré d'énergie et de sagacité, s'appelle génie. Mais est-il jamais assez parfait, assez sûr de lui-même, pour avoir droit de mépriser les règles? et les règles, de leur côté, sont-elles assez infaillibles, assez étendues, assez exclusivement décisives, pour avoir droit de maîtriser le génie ?

En supposant les hommes tels que les a faits la nature, et avant que l'imagination et le sentiment soient altérés en eux par le caprice de l'opinion, des modes et des convenances, l'instinct naturel suffirait à un artiste organisé comme eux, pour l'éclairer et le conduire : mais la nature peut deviner et pressentir la nature, l'étude seule, en observant l'homme artificiel et factice, peut faire prévoir les effets de l'art.

Nous connaissons quelques hommes extraordinaires, tels qu'Homère et Eschyle, qui semblent n'avoir eu pour modèle que la nature et pour guide que leur instinct; mais est-il bien sûr qu'avant Homère l'art de la poésie épique n'eût pas été cultivé, raisonné, soumis à des lois ? Ceux qui regardent ce poète comme l'inventeur de son art, parce qu'il est le plus ancien poète connu, ressemblent à ceux qui s'imaginent qu'au-delà des étoiles qu'ils aperçoivent il n'y a plus rien dans le ciel. A l'égard d'Eschyle, il est bien certain qu'il a inventé la tragédie : mais le modèle de la tragédie était l'épopée, dont les règles lui sont communes; et quant à celles qui lui sont propres, Eschyle s'en est dispensé, ou plutôt, en les observant, quand il l'a pu sans trop de gêne, il les a lui-même tracées ; et c'est peut-être celui de tous les hommes en qui le goût naturel a été le plus étonnant.

La raison est l'organe du vrai ; le goût est l'organe du beau : c'est la faculté vive et prompte de discerner et de pressentir ce qui doit plaire aux sens, à l'esprit et à l'âme : c'est un don naturel qui veut être exercé par l'étude et par l'habitude ; et ce n'est qu'après mille épreuves qu'il peut se croire un guide sûr.

Il y a une raison absolue et indépendante de toute convention, comme la vérité ; mais y a-t-il de même un goût par excellence, indépendant, comme la beauté, des caprices de l'opinion? et s'il y en a un, quel est-il? La vérité a un caractère inimitable, c'est l'évidence. Y a-t-il aussi quelque signe infaillible qui caractérise l'objet du goût? (*Voy.* BEAU.) L'évidence même n'est reconnue qu'à la lumière dont elle frappe les esprits; et dès qu'elle cesse de luire, on ne sait plus qui a raison, ou du petit nombre ou de la multitude. En fait de goût le problème est encore plus indécis. Dans tous les temps il y a eu la raison du peuple et la raison des sages, dans tous les temps il y a eu le goût du vulgaire et le goût d'un monde plus cultivé : mais ni le grand ni le petit nombre n'a été constant dans ses goûts. D'un siècle à l'autre, d'un peuple à l'autre, la même chose a plu et a déplu à l'excès, la même chose a paru admirable et risible, a excité les applaudissements et les huées; et souvent, dans le même lieu et presque dans le même temps, la même chose a été reçue avec transport et rebutée avec mépris. Où sont donc les règles du goût? et le goût lui-même est-il le pressentiment de ce qui plaira le plus universellement dans tous les pays et dans tous les âges, ou de ce qui plaira dans tel temps, à telle classe d'hommes qui s'appelle *le monde*, et qui, plus occupée des objets d'agrément, se fait l'arbitre des plaisirs? Voilà, ce me semble, une difficulté insoluble et interminable; n'y aurait-il pas quelque moyen de la simplifier et de la résoudre?

En fait de goût, il y a deux juges à consulter et à concilier ensemble; l'un est le bon sens, qui est l'arbitre des vraisemblances, des convenances, du dessein, de l'ordre, des rapports mutuels, soit de la cause avec l'effet, soit de l'intention avec les moyens qu'on emploie. Cette partie du goût est du ressort de la raison ; elle est susceptible de cette évidence qui frappe tous les hommes dès qu'ils sont éclairés. Jusque là les règles de l'art ne sont que les règles du bon sens, invariables comme lui. L'artiste, doué d'un esprit juste, serait donc en cette partie assez sûr de se bien conduire, et n'aurait pas besoin de guide, s'il voulait se donner la peine de méditer lui-même les procédés de l'art, de les rédiger en méthode ; mais quelle triste et longue étude ! et le génie impatient de produire n'est-il pas trop heureux qu'on lui épargne le travail d'une froide réflexion ? Corneille eût-il passé si rapidement de *Clitandre* à *Cinna*, s'il n'avait pas trouvé sa route comme tracée par Aristote, pour lequel son respect annonce sa reconnaissance ? La théorie des beaux-arts ressemble aux éléments des sciences : l'homme de génie a de quoi deviner, s'ils n'étaient pas faits ; mais quel temps n'y emploierait-il pas ?

Le second juge, en fait de goût, c'est le sentiment, soit qu'on entende par là l'effet de l'émotion des organes, soit qu'on entende l'impression faite directement sur l'âme, par l'entremise des sens.

C'est ici que le goût varie, et que, dans une longue suite de siècles et dans une multitude innombrable d'hommes diversement affectés de la même chose, il s'agit de déterminer quels sont les temps, les lieux, les peuples dont le jugement fera loi, et le moyen est facile : c'est de recueillir les suffrages des siècles et des nations. Or, dans tous les arts qui intéressent les sens, la déférence universelle décidera en faveur des Grecs. La nature semble avoir fait de ce peuple le législateur des plaisirs, le grand maître dans l'art de plaire, l'inventeur, l'artisan, le modèle du beau par excellence dans tous les genres. C'est à lui qu'elle a révélé le secret des plus belles formes, des plus belles proportions, des plus harmonieux ensembles : cette supériorité lui est acquise au moins en sculpture, en architecture, et depuis le temps de Périclès jusqu'à nous, on n'a rien imaginé de plus parfait que les modèles que ce beau siècle nous a laissés, de l'aveu même de tous les peuples. En s'éloignant de ces modèles on n'a fait qu'altérer les beautés pures de ces deux arts. En tracer les règles, ce n'est donc que réduire leur méthode en préceptes, généraliser leurs exemples et enseigner à les imiter.

Lorsque Virgile disait des Romains :

« Excudent alii spirantia molliùs æra, »

il ne croyait que flatter sa patrie et la consoler de la supériorité des Grecs dans les arts ; il ne croyait pas présager la gloire de l'Italie moderne. C'est cependant ce peuple, amolli par la paix et par une oisive indolence, qui a pris la place des Grecs, et qui, après eux, semble avoir été le confident de la belle nature. Dans les deux arts dont je viens de parler, il n'a fait que les imiter ; mais dans les arts dont les modèles ne lui avaient pas été transmis, comme la peinture et la musique, son génie, frappé de l'idée essentielle et universelle du beau a fait douter si les Grecs eux-mêmes avaient été aussi loin que lui. La sculpture, il est vrai, du côté du dessin, a été le modèle de la peinture; mais le coloris, le clair-obscur, la perspective, ont été créés de nouveau; et du côté de la musique, quelques lueurs confuses sur les rapports des sons, que les Anciens nous ont transmises, ne dérobent pas à l'Italie moderne la gloire de l'invention et de la perfection de ce bel art. Ainsi, en sculpture, en architecture, en peinture, en musique, le goût sait où prendre ses règles : les modèles en sont les types, l'expérience en est la preuve, et le suffrage universel de tous les peuples y a mis le sceau.

En éloquence et en poésie, nous n'avons pas d'autorité aussi formellement décisive, aussi unanimement reconnue : par la raison que les objets, les moyens, les procédés de ces deux arts sont plus divers; que les modèles en sont moins accomplis, et que, dans les goûts qui intéressent l'esprit, l'imagination et le sentiment, et sur lesquels l'opinion, les mœurs, le génie et le caractère des peuples ont beaucoup d'influence, il y a plus d'inconstance et de variété. Cependant, comme ces deux arts ont de tous temps fixé l'attention des hommes les plus éclairés et fait l'objet de leurs études, soit pour les exercer eux-mêmes, soit seulement pour en jouir, et lorsque, étonnés de leur puissance, ils ont voulu en observer, en développer les ressorts, il est certain que les secrets en ont été approfondis et les moyens réduits en règles. Mais il en est de ces règles comme de ces lois dont *la lettre tue et l'esprit vivifie* : elle sont devenues, dans les mains des commentateurs, de lourdes chaînes dont ils ont chargé le génie. C'est peu même d'avoir mal entendu et mal expliqué les préceptes dictés par les maîtres de l'art; ils ont voulu faire des lois eux-mêmes : fiers de leur érudition et fanatiques de l'antiquité, qu'ils se glorifiaient de connaître, ils nous ont donné pour modèle tout ce qu'elle nous a laissé. et ont mis sans discernement l'exemple et l'autorité à la place du sentiment et de la raison. C'est de ces règles que l'on peut dire ce que le scythe Anacharsis disait à Solon, en parlant des lois écrites, que, « elles ressemblaient aux toiles d'araignée, où se prenaient les petites mouches et d'où les grosses s'échappaient. »

Tout n'est pas beau chez les Anciens : les poètes, les orateurs les plus célèbres ont leurs défauts ou leur côté faible ; les ouvrages même les plus admirés sont encore loin d'être parfaits ; les plus grands hommes, dans leur art, n'en ont pas atteint les limites, les procédés et les moyens ne leur en étaient pas tous connus, et la route qu'ils ont suivie n'est bien souvent ni la seule ni la meilleure à suivre. Mille beautés ont fait passer mille défauts ; mais les défauts qu'elles ont rachetés ne sont pas des beautés eux-mêmes : c'est là ce que les Scaliger, les Dacier n'ont jamais bien compris. Si Corneille en avait cru Aristote, il se serait interdit le dénouement de *Rodogune* ; et si nous en croyons Dacier, ce dénouement est des plus mauvais : car il est d'une espèce inconnue aux Anciens et rejetée par Aristote.

D'après la même théorie, toutes les pièces où le personnage intéressant fait son malheur lui-même avec connaissance de cause seraient bannies du théâtre, et l'on n'aurait jamais pensé à y faire voir l'homme victime de ses passions. Voilà comme une théorie exclusivement attachée à la pratique des Anciens donne les faits pour la limite des possibles, et veut réduire le génie à l'éternelle servitude d'une étroite imitation.

Une autre espèce de faiseurs de règles, ce sont ces artistes médiocres qui commencent par composer, et qui, se donnant pour modèles, font de leur pratique, bonne ou mauvaise, la théorie de leur art.

Les vrais législateurs des arts sont ceux qui, remontant au principe des choses, après avoir étudié, et dans les hommes, et dans la nature, et dans les arts même, les rapports des objets avec l'âme et les sens, et les impressions de plaisirs et de peine qui résultent de ces rapports ; après avoir tiré de l'expérience de tous les siècles, sur-tout des siècles éclairés, des inductions qui déterminent, et les procédés les plus sûrs, et les moyens les plus puissants, et les effets les plus constamment infaillibles, donnent ces résultats pour règles, sans prétendre que le génie s'y soumette servilement et n'ait pas le droit de s'en dégager toutes les fois qu'il sent qu'elles l'appesantissent ou le mettent trop à la gêne. Ce sont des moyens de bien faire qu'on lui propose, en lui laissant la liberté de faire mieux : celui-là seul a tort, qui fait plus mal en s'écartant des règles, et comme il n'y a rien de plus commun qu'un ouvrage régulier et mauvais, il est possible, quoique plus rare, d'en produire un qui plaise universellement, contre les règles et en dépit des règles. Le poème de l'Arioste en est un exemple. Mais la licence alors est obligée de mériter, à force d'agréments et de beautés qui lui soient dues, qu'on la préfère à plus de régularité.

On a dit que quelques lignes tracées par un homme de génie sont plus utiles au talent que des méthodes péniblement écrites par de froids spéculateurs. Rien n'est plus vrai quand il s'agit d'échauffer l'âme et de l'élever. Mais les modèles les plus frappants ne jettent leur lumière que sur un point; celle des règles est plus étendue, elle éclaire toute la route : il ne faut donc avoir, pour les règles tracées, ni un présomptueux mépris, ni un respect superstitieux et servile. Aristote, Cicéron et Quintilien, pour les orateurs ; Aristote, Horace, Longin, Boileau, pour les poètes, sont des guides que le génie lui-même ne doit pas dédaigner de suivre ; mais pour marcher d'un pas plus sûr, il ne doit pas cesser de marcher d'un pas libre.

MARMONTEL, *Éléments de Littérature.*

REGNARD (JEAN-FRANÇOIS), né à Paris, en 1656; mort près de Dourdan le 5 septembre 1710.

Ce ne fut qu'en 1696, vingt-trois ans après la mort de Molière, que la bonne comédie parut enfin renaître avec tout son éclat dans une pièce de caractère et en cinq actes. *Le Joueur* annonça, non pas tout à fait un rival, mais du moins un digne successeur de Molière : Regnard eut cette gloire et la soutint. Il avait alors près de quarante ans, et la vie qu'il avait menée jusque là, son goût pour le plaisir, le jeu et les voyages, semblaient promettre si peu ce qu'il est devenu, que quelques détails sur sa personne et ses aventures, d'ailleurs curieux par eux-mêmes, ne feront que répandre plus d'intérêt sur la notice de ses ouvrages dramatiques.

Regnard, célèbre par ses comédies, aurait pu l'être par ses seuls voyages : c'était chez lui un goût dominant qui ne fut pas toujours heureux, mais qui était si vif, qu'étant parti pour voir la Flandre et la Hollande, il alla, en se laissant toujours entraîner à sa passion, d'abord jusqu'à Hambourg, de Hambourg en Danemarck, en Suède, et de Suède jusqu'en Laponie. Un simple motif de complaisance pour le roi de Suède, qui le pressa de visiter la Laponie, ou plutôt sa curiosité naturelle, le conduisit jusque près du pôle, précisément au même endroit où des savants ont été de nos jours vérifier des calculs mathématiques et déterminer la figure de la terre. Il fut accompagné dans ce voyage par deux gentilshommes français qui avaient voyagé en Asie, nommés, l'un Fercourt, et l'autre Corberon. Arrivés à Tornéa, qui est la dernière ville du globe du côté du nord, ils s'embarquèrent sur le lac du même nom, qu'ils remontèrent l'espace du huit lieues, arrivèrent jusqu'au pied de la montagne qu'ils nommèrent Métavara, et gravirent avec peine jusqu'au sommet, d'où ils découvrirent la mer Glaciale. Là ils gravèrent sur un rocher une inscription en vers latins, qui ne seraient pas indignes du siècle d'Auguste :

« Gallia nos genuit, vidit nos Africa, Gangem
« Hausimus, Europamque oculis lustravimus omnem.
« Casibus et variis acti terrâque marique,
« Hìc tandem, stetimus nobis ubi defuit orbis. »

On peut les traduire ainsi :

Nés Français, éprouvés par cent périls divers,
Le Gange nous a vus monter jusqu'à ses sources,
L'Afrique affronter ses déserts,
L'Europe parcourir ses climats et ses mers ;
Voici le terme de nos courses,
Et nous nous arrêtons où finit l'univers.

C'étaient les compagnons de Regnard qui avaient été sur les bords du Gange : pour lui, ils ne connaissait l'Afrique et la Grèce que par le malheur d'y avoir été esclave. L'amour fut la cause de cette disgrace. A son second voyage d'Italie, Regnard rencontra à Bologne une dame provençale, qu'il appelle Elvire, et dont il nomme le mari Deprade. Il conçut pour elle une passion très vive, et comme elle était sur le point de revenir en France, il s'embarqua avec elle et son mari à Civitta-Vecchia, sur une frégate anglaise qui faisait route pour Toulon. La frégate fut prise par deux corsaires algériens, et tout l'équipage mis aux fers et conduit à Alger pour y être vendu. Regnard fut évalué, on ne conçoit pas trop pourquoi, beaucoup plus cher que sa maîtresse, ce qui pourrait faire naître des idées peu avantageuses sur la beauté qu'il avait choisie, quoiqu'il la représente partout comme une créature charmante. Leur patron s'appelait Achmet Talem. Il s'aperçut que son captif s'entendait en bonne chère, il le fit cuisinier. Ainsi bien en prit à Regnard d'avoir été en France un gourmand de profession. A l'égard d'Elvire, on ne dit pas ce que Talem en fit, et c'est apparemment par discrétion. Au bout de quelque temps, Achmet eut affaire à Constantinople; il y mena ses deux esclaves, dont il rendit la captivité très rigoureuse, jusqu'à ce que la famille de Regnard lui fit toucher une somme de douze mille livres, qui servit à payer sa rançon, celle de son valet de chambre et de la provençale. Ils revinrent à Marseille, et de Marseille à Paris. Pour comble de bonheur ils apprirent la mort de Deprade, qui était demeuré à Alger chez un autre patron. Rien ne s'opposait plus à leur union, et ils croyaient, après tant de traverses, toucher au moment le plus heureux de leur vie, lorsque Deprade, que l'on croyait mort, reparut tout à coup avec deux religieux mathurins qui l'avaient racheté. Cette dernière révolution renversa toutes les espérances de Regnard, qui, pour se distraire de ses chagrins, se remit à voyager. Ce fut alors qu'il tourna vers le Nord, après avoir vu le Midi, et que de la Hollande il passa jusqu'à Tornéa.

Il s'amusa depuis à embellir toute cette aventure d'un vernis romanesque, et il en composa une Nouvelle intitulée *la Provençale*.

LA HARPE, *Cours de Littérature.*

JUGEMENTS.

I.

Toutes les règles du roman sont scrupuleusement observées dans sa *Provençale*. Comme il est le héros de son ouvrage, il commence par faire son portrait sous le nom de Zelmis, et soit à titre de romancier, soit à titre de poète, soit par la réunion de ces deux qualités, il se dispense absolument de la modestie. Voici comme il se peint. « Zelmis « est un cavalier qui plaît d'abord ; c'est assez de le « voir une fois pour le remarquer; et sa bonne mine « est si *avantageuse*, qu'il ne faut pas chercher avec « soin des *endroits* dans sa personne pour le trou- « ver aimable ; il faut seulement se défendre de le « trop aimer. »

Passe pour l'éloge, puisqu'il faut qu'un héros de roman soit accompli ; mais *sa bonne mine*, qui est si *avantageuse*, et les *endroits de sa personne*, ne sont pas une prose digne des vers du *Légataire* et du *Joueur*. Tout le reste est écrit de ce style : d'ailleurs tout y est monté au ton de l'héroïsme ; Elvire a bien plutôt la dignité romaine que la vivacité provençale : elle en impose d'un coup d'œil à Mustapha, le chef des pirates, qui a pour elle tout le respect que des corsaires africains ont toujours pour de jeunes captives. Le roi d'Alger (quoiqu'il n'y ait point de roi à Alger) se trouve au port à la descente des captifs, et ne manque pas de devenir tout d'un coup éperdument amoureux d'Elvire. Il la mène dans son harem, où ses rivales la voient entrer et frémissent de jalousie. Toujours fidèle à son amant, elle se refuse à toutes les instances du roi, qui de son côté ne brûle pour elle que de l'amour le plus pur et le plus respectueux, tel qu'il est ordinairement dans le climat d'Afrique. Elle parvient même à voir son amant, qui exerce dans Alger la profession de peintre, avec la permission de son patron. Ils concertent tous deux les moyens de s'enfuir, et ils en viennent à bout; mais par malheur ils sont rencontrés sur mer par un brigantin d'Alger qui les ramène. Baba Hussan (c'est le nom du roi d'Alger) ne se fâche point du tout de la fuite de la belle captive; il finit même par lui rendre la liberté, comme il convient à un amant généreux. Elle retrouve le beau Zelmis, dont la vie et la fidélité ont aussi couru les plus grands dangers. Deux ou trois favorites de son maître sont devenues folles de l'esclave; il fait la plus belle défense; mais pourtant surpris avec une d'elles dans un rendez-vous très innocent, il se voit sur le point d'être empalé, suivant la loi mahométane, lorsque le consul de France interpose son crédit, et le délivre du pal et de l'esclavage.

Tel est le roman qu'a brodé Regnard sur sa captivité d'Alger, et qui n'est pas plus mauvais que beaucoup d'autres. S'il avait écrit ainsi tous ses voyages, ils ne seraient pas fort curieux. Ceux de Flandre, de Hollande, d'Allemagne, de Pologne, de Suède, sont d'un autre ton, mais pourtant ne contiennent guère que des notions générales qui se rencontrent partout ailleurs. Celui de Laponie mérite une attention particulière : c'est le seul où il paraisse avoir porté plutôt l'œil observateur d'un philosophe que la curiosité distraite d'un voyageur. Peut-être la nature même du pays, qui était fort peu connu, et les mœurs extraordinaires de ses habitants suffisaient pour attirer son attention. Peut-être aussi le désir de plaire au roi de Suède, qui ne l'avait engagé à faire ce voyage que pour recueillir les observations qu'il y pourrait faire, le rendit plus attentif qu'il ne l'aurait été naturellement, et cet esprit courtisan que l'on prend toujours auprès des rois, asservit pour un moment l'humeur indépendante et libre d'un homme absolument livré à ses goûts, et qui semblait ne changer de lieu que pour se défaire du temps. Quoi qu'il en soit, il a décrit avec exactitude tout ce que le pays et les habitants peuvent avoir de remarquable, soit qu'il ait tout vu par lui-même, soit qu'il ait consulté dans la rédaction de son voyage l'histoire de la Laponie, écrite en latin par Joannes Tornœus, l'ouvrage le meilleur qu'on ait composé sur cette matière, et dont Regnard cite souvent des passages et atteste l'autorité. Un des articles les plus curieux est celui de la sorcellerie dont les Lapons font grand usage. Notre auteur va voir un Lapon qui passait pour le plus grand sorcier du pays, et qui prétendait avoir un démon à ses ordres, qu'il pouvait envoyer à l'autre bout de l'Europe, et faire revenir en un moment. On le conjure de dépêcher bien vite son démon en France pour en rapporter des nouvelles. Le sorcier a recours à son tambour et à son marteau, qui sont ses instruments magiques. Il fait des conjurations et des grimaces, se frappe le visage, se met tout en sang, mais le diable n'en est pas plus docile, et l'on n'en a pas de nouvelles. Enfin le sorcier, poussé à bout, avoue que son pouvoir commence à tomber depuis qu'il est vieux et qu'il perd ses dents; qu'autrefois il lui aurait été facile de faire ce qu'on lui demandait, quoiqu'il n'eût jamais envoyé son démon plus loin que Stockholm. Il ajoute que, si l'on veut lui donner de l'eau-de-vie, il ne laissera pas de dire des choses surprenantes. On l'enivre d'eau-de-vie pendant deux ou trois jours, et nos voyageurs pendant ce temps lui enlèvent son tambour et son marteau, qu'il pleure amèrement à son réveil, comme le bon Michas pleure ses petits dieux *. Le tambour et le marteau n'étaient pourtant pas des pièces assez curieuses pour être apportées en France, et ce n'était pas la peine d'affliger ce bon Lapon et de le priver de son démon familier.

Les poésies diverses de Regnard ne sont pas indignes d'attention. Ce sont des *Épitres* et des *Satires* remplies d'imitations des Anciens, et sur-tout d'Horace et de Juvénal : la versification en est souvent négligée, prosaïque, incorrecte ; il y a même des fautes de mesure et de fausses rimes, qui font voir que l'auteur, devenu poète par instinct, n'avait guère étudié la théorie de l'art des vers ; mais parmi tous ces défauts il y a des vers heureux, et des morceaux faciles et agréables. En voici un tiré d'une

---

* Tulerunt deos meos, et dicitis : Quid ploras !

Épître dont le commencement est emprunté de celle où Horace invite Torquatus à souper. Regnard y fait la description de la maison qu'il occupait dans la rue de Richelieu, qui était alors une extrémité de Paris :

    Je te garde avec soin, mieux que mon patrimoine,
D'un vin exquis, sorti des pressoirs de ce moine,
Fameux dans Auvilé, plus que ne fut jamais
Le défenseur du Clos vanté par Rabelais.
Trois convives connus, sans amour, sans affaires,
Discrets qui n'iront point révéler nos mystères,
Seront par moi choisis pour orner ce festin.
Là, par cent mots piquants, enfants nés dans le vin,
Nous donnerons l'essor à cette noble audace
Qui fait sortir la joie et qu'avouerait Horace.
Peut-être ignores-tu dans quel coin reculé
J'habite dans Paris, citoyen exilé,
Et me cache aux regards du profane vulgaire.
Si tu le veux savoir, je veux te satisfaire.
Au bout de cette rue où ce grand cardinal,
Ce prêtre conquérant, ce prélat amiral,
Laissa pour monument une triste fontaine,
Qui fait dire au passant que cet homme, *en sa haine,*
Qui du trône ébranlé soutint tout le fardeau,
Sut répandre le sang plus largement que l'eau,
S'élève une maison modeste et retirée,
Dont le chagrin sur-tout ne connaît point l'entrée.
L'œil voit d'abord ce mont dont les antres profonds
Fournissent à Paris l'honneur de ses plafonds,
Où de trente moulins les ailes étendues
M'apprennent chaque jour quel vent chasse les nues.
Le jardin est étroit : mais les yeux satisfaits
S'y promènent au loin sur de vastes marais.

C'est là qu'en mille endroits laissant errer ma vue,
Je vois croître à plaisir l'oseille et la laitue ;
C'est là que dans son temps, des moissons d'artichauts,
Du jardinier actif *secondent* les travaux ;
Et que de champignons une couche voisine
Ne fait, quand il me plaît, qu'un saut dans ma cuisine.

Il y a des négligences dans ces vers ; mais c'est bien le ton et la manière qui convient à l'*Épître* et à la *Satire*. Regnard a traduit assez bien, à quelques fautes près, cet endroit d'Horace : *Pauper Opimius*, etc.

Oronte, pâle, étique, et presque diaphane,
Par les jeûnes cruels *auxquels* il se condamne,
Tombe malade enfin : déjà de toutes parts
Le joyeux héritier promène ses regards,
D'un ample coffre-fort contemple la figure,
En perce de ses yeux les ais et la serrure.
Un nouvel Esculape, en cette extrémité,
Au malade aux abois assure la santé
S'il veut prendre un sirop que dans sa main il porte.
Que coûte-t-il ? lui dit l'agonisant. Qu'importe ?
Qu'importe, dites-vous ? Je veux savoir combien.
Peu d'argent, lui dit-il. Mais encor ? Presque rien,
Quinze sous. Juste Ciel ! quel brigandage extrême !
On me tue, on me vole : et n'est-ce pas le même,
De mourir par la fièvre ou par la pauvreté ? etc.

Le septicisme dont Regnard faisait profession est porté jusqu'à l'excès dans une épître où il s'efforce de prouver qu'il n'y a réellement ni vice ni vertu, puisque telle action est criminelle dans un pays et louable dans un autre. Il y a long-temps qu'on a pulvérisé ce sophisme frivole ; mais il n'est pas inutile d'observer que ces systèmes d'erreur, sur lesquels on a fait, de nos jours, des volumes dont les auteurs se croyaient une profondeur de génie bien supérieure au plus grand talent dramatique, se retrouvent dans les amusements de la jeunesse d'un poète comique, et ne valent pas une scène de ses moindres pièces. Observons encore combien tout change avec le temps, les circonstances et les personnes, puisque cette mauvaise philosophie de Regnard n'a pas produit le plus petit scandale, et qu'on a imprimé, avec approbation et privilège du roi, cette même pièce où l'on avance que tout est incertain, et que sur toutes les matières de métaphysique et de morale,

Une femme en sait plus que toute la Sorbonne.

Ce vers scandaleux est une injure à la Sorbonne et au bon sens, sans être un compliment pour les femmes.

Une des premières pièces de la jeunesse de Regnard est une *Épître à Quinault*, où Boileau est cité avec éloge. C'est bien là la franchise étourdie d'un jeune homme : reste à savoir si Quinault en fut content; mais Boileau ne dut pas en être très flatté, non plus que Racine, dont l'éloge succède immédiatement à celui de Campistron ; et c'est ainsi que les talents sont encore loués tous les jours. Une autre *Épître* est adressée à ce même Despréaux, à la tête de la comédie des *Ménechmes*. Regnard, avant cette dédicace, s'était brouillé avec le satirique, et avait répondu assez mal à sa satire contre les femmes par une satire contre les maris. Il avait même fait une autre pièce qui a pour titre *le Tombeau de Boileau*, et dans laquelle il y a des traits dignes de Boileau lui-même. Il suppose que ce grand satirique vient de mourir du chagrin que lui a causé le mauvais succès de ses derniers ouvrages. Il décrit son convoi :

Mes yeux ont vu passer dans la place prochaine,
Des menins de la mort une bande inhumaine.
De pédants mal peignés un bataillon crotté
Descendait à pas lents de l'Université.
Leurs longs manteaux de deuil traînaient jusques à terre,
A leurs crêpes flottants les vents faisaient la guerre,
Et chacun à la main avait pris pour flambeau
Un laurier jadis vert, pour orner un tombeau.
J'ai vu *parmi les rangs*, malgré la foule extrême,
De maint auteur dolent la face sèche et blême ;
Deux Grecs et deux Latins escortaient le cercueil,
Et le mouchoir en main, Barbin menait le deuil.

Ce dernier vers est plaisant. Regnard rapporte les dernières paroles de Boileau, adressées à ses vers :

« O vous, mes tristes vers, noble objet de l'envie ;
« Vous dont j'attends l'honneur d'une seconde vie,
« Puissiez-vous échapper au naufrage des ans,
« Et braver à jamais l'ignorance et le temps !
« Je ne vous verrai plus : déjà la mort affreuse
« Autour de mon chevet étend une *aile hideuse** !

---

* Dans *hideuse* l'h est aspirée ; c'est une faute de mesure.

« Mais je meurs sans regret dans un temps dépravé,
« Où le mauvais goût règne et va le front levé ;
« Où le public ingrat, *infidèle*, *perfide*,
« Trouve ma veine usée et mon style insipide.
« Moi, qui me crus jadis à Regnier préféré ;
« Que diront nos neveux ? Regnard m'est comparé !
« Lui qui, pendant dix ans, du couchant à l'aurore,
« Erra chez le Lapon, ou rama sous le maure !
« Lui qui ne sut jamais ni le grec ni l'hébreu,
« Qui joua jour et nuit, fit grand'chère et bon feu ! etc. »

Du couchant à l'aurore n'est pas très bien placé avec le *Lapon et le Maure*, qui sont au nord et au midi : Regnard reproche à Boileau d'être jaloux de lui : il ne travaillait pourtant pas dans le même genre. Au surplus, on a oublié ces querelles de l'amour-propre, et l'on ne se souvient plus que des productions de leur génie.

Celles de Regnard lui ont donné une place éminente après Molière, et il a su être un grand comique sans lui ressembler. Ce n'est ni la raison supérieure, ni l'excellente morale, ni l'esprit d'observation, ni l'éloquence de style qu'on admire dans *le Misanthrope*, dans *le Tartufe*, dans *les Femmes savantes* ; ses situations sont moins fortes, mais elles sont comiques, et ce qui les caractérise sur-tout, c'est une gaieté soutenue qui lui est particulière, un fonds inépuisable de saillies, de traits plaisants : il ne fait pas souvent penser, mais il fait toujours rire. La seule pièce où l'on remarque ce comique de caractère, ces résultats d'observation qui lui manquent ordinairement, c'est *le Joueur* ; et c'est aussi son plus bel ouvrage, et l'un des meilleurs que l'on ait mis au théâtre depuis Molière. Il est bien intrigué et bien dénoué : se servir d'une prêteuse sur gages pour amener le dénouement d'une pièce qui s'appelle *le Joueur*, et faire mettre en gage, par Valère le portrait de sa maîtresse, à l'instant où il vient de le recevoir, est d'un auteur qui a parfaitement saisi son sujet : aussi Regnard était-il joueur. Il a peint d'après nature, et toutes les scènes où le joueur paraît sont excellentes. Les variations de son amour, selon qu'il est plus ou moins heureux au jeu ; l'éloge passionné qu'il fait du jeu quand il a gagné ; ses fureurs mêlées de souvenirs amoureux quand il a perdu ; ses alternatives de joie et de désespoir ; le respect qu'il a pour l'argent gagné au jeu, au point de ne pas vouloir s'en servir même pour retirer le portrait d'Angélique ; cet axiome de joueur qu'on a tant répété, et qui souvent même est celui de gens qui ne jouent pas ,

Rien ne porte malheur comme payer ses dettes :

tout cela est de la plus grande vérité. Le mémoire que présente Hector à M. Géronte , des dettes actives et passives de son fils, est de la tournure la plus gaie. Les autres personnages, il est vrai, ne sont pas tous si bien traités. La comtesse est même à peu près inutile ; et le faux marquis est un rôle outré, et quelquefois un peu froid ; mais il est adroit de l'avoir fait démarquiser par cette même madame la Ressource qui rompt le mariage du Joueur avec Angélique. Il n'est pas non plus très vraisemblable que le maître de trictrac, qui vient pour Valère, prenne Géronte pour lui, et débute par lui proposer des leçons d'escroquerie. Ces sortes de gens connaissent mieux leur monde; mais la scène est amusante, et tous ces défauts sont peu de chose en comparaison des beautés dont la pièce est remplie. Il y a même des ces mots heureux pris bien avant dans l'esprit humain :

> Ce Sénèque, Monsieur, est un excellent homme.
> Était-il de Paris ?
>   Non, il était de Rome,

répond le Joueur désespéré, qui ne songe à rien moins qu'à ce qu'il dit; et tout de suite il s'écrie avec rage :

> Dix fois, à carte triple, être pris le premier !

Ce dialogue est la nature même : le poète qui était joueur, n'a eu de ces mots-là que dans la peinture d'un caractère qui était le sien; et Molière, qui en est rempli, les a répandus dans tous ses sujets; en sorte qu'il a toujours trouvé par la force de son génie ce que Regnard n'a trouvé qu'une fois et dans lui-même.

Après *le Joueur* il faut placer *le Légataire* : il y a même des gens d'esprit et de goût qui préfèrent cette dernière pièce à toutes celles de Regnard; c'est peut-être le chef-d'œuvre de la gaieté comique, j'entends, de celle qui se borne à faire rire. Elle est remplie de situations qui par la forme approchent du grotesque, telles que le déguisement de Crispin en veuve et en campagnard, mais qui dans le fond ne sont ni basses ni triviales, et ne sortent point de la vraisemblance. Le testament de Crispin s'en éloigne d'autant moins que cette scène rappelait une aventure semblable, qui venait de se passer en réalité. Mais il y a loin d'un testament supposé, qui n'est pas, après tout, une chose très rare, à la manière dont le Crispin de Regnard fait le sien, en songeant d'abord à ses affaires et ensuite à celles de son maître. Jamais rien n'a fait plus rire au théâtre que ce testament. On a dit avec raison que cette pièce n'était pas d'un bon exemple, et ce n'est pas la seule où la friponnerie soit impunie. Mais du moins le personnage nommé légataire universel est celui qui naturellement doit l'être, et la pièce est une leçon bien frappante des dangers qui peuvent assiéger la vieillesse infirme d'un célibataire. Il est bien étrange qu'on ait imaginé depuis de refaire cette pièce sous le nom du *Vieux garçon*, et qu'un autre auteur, tout aussi confiant, ait cru faire un *Célibataire* en mettant sur la scène un homme de trente ans qui ne veut pas se marier.

Les Ménechmes sont, après *le Légataire*, le fonds le plus comique que l'auteur ait manié. Le sujet est de Plaute: nous avons vu, à l'article de ce poète latin, combien il est resté au dessous de son imitateur : celui-ci multiplie bien davantage les méprises, et met à de bien plus grandes épreuves la patience du Ménechme campagnard. La ressemblance ne produit guère dans Plaute que des friponneries assez froides; dans Regnard elle produit une foule de situations plus réjouissantes les unes que les autres. J'avoue que cette ressemblance n'est guère vraisemblable, et qu'en la supposant aussi grande qu'elle peut l'être, le contraste du militaire et du provincial, dans le langage et les manières, est si marqué qu'on ne peut pas croire que l'œil d'une amante puisse s'y tromper. Mais ce constraste divertit, et l'on se prête à l'illusion pour l'intérêt de son plaisir. Un trait d'habileté dans l'auteur, c'est d'avoir donné au Ménechme officier, non-seulement une jeune maîtresse qu'il aime, mais une liaison d'intérêt avec une vieille folle dont il est aimé. La douleur de la jeune personne ne pouvait pas être risible, et on l'aurait vu avec peine humiliée et chagrinée par les duretés et les brusqueries du campagnard : aussi Regnard ne la laisse-t-il dans l'erreur que pendant une seule scène, et se hâte-t-il de l'en tirer. Mais pour la ridicule Araminte, il la met en œuvre pendant toute la pièce avec d'autant plus de succès, que personne ne la plaint, et qu'étant fort loin de la douceur et de la modestie d'Isabelle, elle pousse jusqu'au dernier excès les extravagances de son désespoir amoureux, et met, à force de persécutions le pauvre provincial absolument hors de toute mesure. Les scènes épisodiques du gascon et du tailleur sont dignes du reste pour l'effet comique, et ces sortes de méprises, nées de la ressemblance, sont un fonds si inépuisable, que nous avons au théâtre italien trois pièces sur le même sujet, qui toutes trois sont vues avec plaisir.

Il s'en faut de beaucoup que *Démocrite* et *le Dis-*

trait soient de la même force que les ouvrages dont je viens de parler, qui sont les chefs-d'œuvre de Regnard. Je crois qu'il se trompa quand il crut que Démocrite amoureux pouvait être un personnage comique : il y en a peu au théâtre d'aussi froids d'un bout à l'autre. Peut-être la crainte de dégrader un philosophe célèbre a-t-elle empêché l'auteur de le rendre propre à la comédie ; peut-être à toute force était-il possible d'en venir à bout ; mais ce qui est certain, c'est que Regnard y a entièrement échoué. Démocrite est épris de sa pupille, comme Arnolphe l'est de la sienne ; mais qu'il s'en faut que sa passion ait des symptômes aussi violents et aussi expressifs que celle d'Arnolphe ! Il ne sort jamais de sa gravité ; il ne parle de sa faiblesse que pour se la reprocher ; c'est pour ainsi dire un secret entre le public et lui, et un secret dit à l'oreille. Ces sortes de confidences peuvent être philosophiques, mais elles sont glaciales. Le public veut au théâtre qu'on lui parle tout haut, et qu'on ne soit rien à demi. C'est là où Molière excelle, à savoir jusqu'où un travers dérange l'esprit, jusqu'où une passion renverse une tête ; il va toujours aussi loin que la nature. D'ailleurs l'amour d'Arnolphe produit des incidents très théâtrals ; celui de Démocrite n'en produit aucun. Le froid amour d'Agélas pour la pupille de Démocrite, et l'amour encore plus froid de la princesse Ismène pour Agénor, et une reconnaissance triviale, achèvent de gâter la pièce. Cependant elle est restée au théâtre. Comment ? comme plusieurs autres pièces, pour une seule scène, celle de Cléanthis et de Strabon. La situation et le dialogue sont, dans leur genre, d'un comique parfait. Mais s'il y a des ouvrages qu'une seule scène a fait vivre au théâtre, ils y traînent d'ordinaire une existence bien languissante, et il y en a peu d'aussi abandonnés que *Démocrite*.

Le Distrait vaut mieux, puisque du moins il amuse; mais la distraction n'est point un caractère, une habitude morale: c'est un défaut de l'esprit, un vice d'organisation, qui n'est susceptible d'aucun développement, et qui ne peut avoir aucun but d'instruction. Une distraction ressemble à une autre; et dès que le Distrait est annoncé pour tel, on s'attend, lorsqu'il paraît, à quelque sottise nouvelle. Regnard a emprunté une grande partie de celles du *Ménalque* de La Bruyère, et sa pièce n'est qu'une suite d'incidents qui ne peuvent jamais produire un embarras réel, parce que le Distrait rétablit tout dès qu'il revient de son erreur, et qu'on ne peut, quoi qu'il fasse, se fâcher sérieusement contre lui. Tel est au théâtre l'inconvénient d'un travers d'esprit, qui est nécessairement momentané. D'ailleurs il y a des bornes à tout, et peut-être Regnard les a-t-il passées de bien plus loin que La Bruyère. Son Ménalque oublie, le soir de ses noces, qu'il est marié; mais on ne nous dit pas du moins qu'il ait épousé une femme qu'il aimait éperdument; et le Distrait, qui est très amoureux de la sienne, oublie qu'elle est sa femme, à l'instant même où il vient de l'obtenir.

La distraction est un peu forte, et la folie complète n'irait pas plus loin. L'intrigue est peu de chose ; le dénouement ne consiste que dans une fausse lettre, moyen usé depuis *les Femmes savantes*, et ce n'est pas la seule imitation de Molière, ni dans cette pièce, ni dans les autres de Regnard : il y en a des traces assez frappantes. Mais enfin *le Distrait* se soutient par l'agrément des détails, par le contraste de l'humeur folle du chevalier et de l'humeur revêche de madame Grognac, à qui l'on fait danser la courante. Au reste, *le Distrait* tomba dans sa nouveauté, et c'est la seule pièce de Regnard qui ait éprouvé ce sort. Il fut repris au bout de trente ans, après la mort de l'auteur, et il réussit.

Les Folies amoureuses sont dans le genre de ces canevas italiens où il y a toujours un docteur dupé par des moyens grotesques, un mariage et des danses. Regnard avait essayé son talent pendant dix ans sur le Théâtre-Italien ; il fit environ une douzaine de pièces, moitié italiennes, moitié françaises, tantôt seul, tantôt en société avec Dufresny. Le voyage qu'il avait fait en Italie, dans sa première jeunesse, et la facilité qu'il avait à parler la langue du pays, lui avaient fait goûter la pantomime des bouffons ultramontains et les saillies de leur dialogue. Il est probable que ses premiers essais en ce genre influèrent dans la suite sur sa manière d'écrire. On peut remarquer que les Français, nation en général plus pensante que les Italiens et les Grecs, sont les seuls qui aient établi la bonne comédie sur une base de philosophie morale.

La gesticulation et les *lazzis* font plus de la moitié du comique des Italiens, comme ils font la plus grande partie de leur conversation, et quelquefois de leur esprit.

Il ne faut pas parler du *Bal* et de *la Sérénade*, premières productions de Regnard, qui ne sont que des espèces de croquis dramatiques formés de scènes prises partout, et roulant toutes sur des friponneries de valets, qui dès ce temps étaient usées. Mais *le Retour imprévu* (dont le sujet est tiré de Plaute), quoique fondé aussi sur les mensonges d'un valet, est ce que nous avons de mieux en ce genre. Les incidents que produit le retour du père, et le personnage du marquis ivre, et la scène entre M. Géronte et madame Argante, où chacun d'eux croit que l'autre a perdu l'esprit, sont d'un comique naturel sans être bas, et achèvent de confirmer ce que Despréaux répondit à un critique très injuste, qui lui disait que Regnard était un auteur médiocre : « Il n'est pas, dit le « judicieux satirique, médiocrement gai. »

Le même, *ibid.*

II.

Regnard est le second de nos poètes comiques, dans l'opinion commune, mais placé à une distance presque infinie de Molière, quoiqu'il soit supérieur à la plupart de ceux qu'on regarde comme les successeurs de ce grand homme. On trouve chez lui plus que chez eux, cette force comique si précieuse, et dont les exemples deviennent plus rares de jour en jour sur notre scène. L'enjouement, la plaisanterie, la gaieté dominent principalement dans ses ouvrages : mais dans la comédie du *Joueur*, il s'est élevé au dessus de lui-même ; et s'il a défiguré cette pièce par les rôles très inutiles et très déplacés de la comtesse et du marquis, il en a peint le principal caractère comme il devait l'être. Cependant, aujourd'hui que toutes les bornes des arts sont confondues, on a osé dire, à l'occasion de je ne sais quel drame anglais transplanté sur notre scène, que Regnard n'avait qu'indiqué le sujet, et que le traducteur de la pièce anglaise l'avait rempli. Ce n'est pas un des moins absurdes jugements que le mauvais goût ait portés dans ce siècle, et rien ne serait plus facile à prouver.

Toutes ses pièces d'intrigue, dans lesquelles il faut placer *le Légataire* au premier rang, sont dialoguées de la manière la plus vive, la plus naturelle, la plus piquante. Nous ne connaissons rien de plus gai que *le Retour imprévu.* Enfin, quoique Regnard n'ait pas embelli *les Ménechmes* de Plaute autant que Molière avait embelli les sujets de *l'Avare* et d'*Amphitryon*, puisés dans la même source, il aura joui de l'honneur d'être cité long-temps immédiatement après ce grand homme. Il est possible, à la vérité, qu'il ne garde pas toujours ce même rang, parce qu'il n'a pas réuni au mérite de la gaieté les vues d'un observateur profond, et parce qu'il est trop peu philosophe pour un poète comique ; mais il n'en conservera pas moins une réputation très distinguée.

Palissot, *Mémoires sur la Littérature.*

MORCEAUX CHOISIS.

I. Le Joueur.

Hé bien, madame, soit : contentez votre ardeur,
J'y consens. Acceptez pour époux un joueur,
Qui, pour porter au jeu son tribut volontaire,
Vous laissera manquer même du nécessaire ;
Toujours triste ou fougueux, pestant contre le jeu,
Ou d'avoir perdu trop, ou bien gagné trop peu.
Quel charme qu'un époux, qui, flattant sa manie,
Fait vingt mauvais marchés tous les jours de sa vie ;
Prend pour argent comptant, d'un usurier fripon,
Des singes, des pavés, un chantier, du charbon ;
Qu'on voit à chaque instant prêt à faire querelle
Aux bijoux de sa femme, ou bien à sa vaisselle,
Qui va, revient, retourne, et s'use à voyager
Chez l'usurier, bien plus qu'à donner à manger ;
Quand après quelque temps d'intérêt surchargée,
Il la laisse où d'abord elle fut engagée,
Et prend, pour remplacer ses meubles écartés,
Des diamants du Temple, et des plats argentés ;
Tant que, dans sa fureur n'ayant plus rien à vendre,
Empruntant tous les jours, et ne pouvant plus rendre,
Sa femme signe enfin, et vend, en moins d'un an,
Ses terres en décret, et son lit à l'encan !
Le Joueur, Act. IV, Sc. 1.

II. Valère et Hector.

HECTOR.

Le voici. Ses malheurs sur son front sont écrits :
Il a tout le visage et l'air d'un premier pris.

VALÈRE.

Non, l'enfer en courroux, et toutes ses furies,
N'ont jamais exercé de telles barbaries ;

Je te loue, ô destin, de tes coups redoublés ;
Je n'ai plus rien à perdre, et tes vœux sont comblés !
Pour assouvir encor la fureur qui t'anime,
Tu ne peux rien sur moi ; cherche une autre victime.

HECTOR, *à part.*

Il est sec.

VALÈRE.

De serpents mon cœur est dévoré ;
Tout semble en un moment contre moi conjuré.
(Il prend Hector à la cravate.)
Parle. As-tu jamais vu le sort et son caprice
Accabler un mortel avec plus d'injustice,
Le mieux assassiner ? Perdre tous les paris ;
Vingt fois le coupe-gorge, et toujours premier pris !
Réponds-moi donc, bourreau !

HECTOR.

Mais ce n'est pas ma faute.

VALÈRE.

As-tu vu de tes jours trahison aussi haute ?
Sort cruel ! ta malice a bien su triompher ;
Et tu ne me flattais que pour mieux m'étouffer.
Dans l'état où je suis je puis tout entreprendre ;
Confus, désespéré, je suis prêt à me pendre.

HECTOR.

Heureusement pour vous, vous n'avez pas un sou
Dont vous puissiez, Monsieur, acheter un licou.
Voudriez-vous souper ?

VALÈRE.

Que la foudre t'écrase !
Ah, charmante Angélique ! en l'ardeur qui m'embrase,

A vos seules bontés je veux avoir recours :
Je n'aimerai que vous ; m'aimeriez-vous toujours ?
Mon cœur, dans les transports de sa fureur extrême,
N'est point si malheureux, puisqu'enfin il vous aime.

HECTOR, *à part.*

Notre bourse est à fond ; et, par un sort nouveau,
Notre amour recommence à revenir sur l'eau.

VALÈRE.

Calmons le désespoir où la fureur me livre :
Approche ce fauteuil.
(Hector approche un fauteuil.)

VALÈRE, *assis.*

Va me chercher un livre.

HECTOR.

Quel livre voulez-vous lire en votre chagrin ?

VALÈRE.

Celui qui te viendra le premier sous la main;
Il m'importe peu, prends dans ma bibliothèque.

HECTOR *sort, et rentre, tenant un livre.*

Voilà Sénèque.

VALÈRE.

Lis.

HECTOR.

Que je lise Sénèque ?

VALÈRE.

Oui. Ne sais-tu pas lire ?

HECTOR.

Eh, vous n'y pensez pas !

Je n'ai lu de mes jours que dans des almanachs.

VALÈRE.

Ouvre, et lis au hasard.

HECTOR.

Je vais le mettre en pièces.

VALÈRE.

Lis donc.

HECTOR *lit.*

« Chapitre six. *Du mépris des richesses.*
« La fortune offre aux yeux des brillants mensongers :
« Tous les biens d'ici-bas sont faux et passagers ;
« Leur possession trouble, et leur perte est légère :
« Le sage gagne assez quand il peut s'en défaire. »
Lorsque Sénèque fit ce chapitre éloquent,
Il avait, comme nous, perdu tout son argent.

VALÈRE, *se levant.*

Vingt fois le premier pris ! Dans mon cœur il s'élève
(Il s'assied.)
Des mouvements de rage... Allons, poursuis, achève.

HECTOR.

N'ayant plus de maîtresse, et n'ayant pas un sou,
Nous philosopherons maintenant tout le soûl.

VALÈRE

De mon sort désormais vous serez seule arbitre,
Adorable Angélique.... Achève ton chapitre.

HECTOR.

« Que faut-il....

VALÈRE.

Je bénis le sort et ses revers,

Puisque un heureux malheur me rengage en vos fers.
Finis donc.

HECTOR.

« Que faut-il à la nature humaine?
« Moins on a de richesse, et moins on a de peine :
« C'est posséder les biens que savoir s'en passer. »
Que ce mot est bien dit! et que c'est bien penser !
Ce Sénèque, Monsieur, est un excellent homme.
Était-il de Paris?

VALÈRE.

Non, il était de Rome.
Dix fois, à carte triple, être pris le premier !

HECTOR.

Ah, Monsieur! nous mourrons un jour sur le fumier.

VALÈRE.

Il faut que de mes maux enfin je me délivre;
J'ai cent moyens tous prêts pour m'empêcher de vivre :
La rivière, le feu, le poison et le fer.

HECTOR.

Si vous vouliez, Monsieur, chanter un petit air ;
Votre maître à chanter est ici : la musique
Peut-être calmerait cette humeur frénétique.

VALÈRE.

Que je chante !

HECTOR.

Monsieur....

VALÈRE.

Que je chante, bourreau !
Je veux me poignarder ; la vie est un fardeau

Qui pour moi désormais devient insupportable.

HECTOR.

Vous la trouviez pourtant tantôt bien agréable.
« Qu'un joueur est heureux ! sa poche est un trésor :
« Sous ses heureuses mains le cuivre devient or, »
Disiez-vous.

VALÈRE.

Ah! je sens redoubler ma colère.

Le Joueur, Act. IV, Sc. 13.

REGNIER (MATHURIN), poète satirique, neveu de l'abbé Desportes, poète fameux au XVIe siècle, naquit à Chartres le 21 décembre 1573. Il paraît qu'il montra de bonne heure du penchant pour la satire; et les vers qu'il composait de temps en temps contre quelques-uns de ses compatriotes lui valurent de son père quelques corrections. Elles furent impuissantes, et Mathurin s'abandonna à sa verve et à son génie. Tonsuré en 1582, il eut un canonicat et quelques autres bénéfices par le crédit de son oncle, et après la mort de son protecteur, il obtint en 1606 une pension de deux mille livres sur l'abbaye de Vaux-de-Cernay que celui-ci avait possédée. Notre poète ne fit pas un digne usage de ces biens; et on lui reprochera toujours ses mœurs déréglées, qui abrégèrent ses jours : il n'avait que quarante ans, lorsqu'il mourut à Rouen, le 22 octobre 1613.

Les contemporains de Regnier se taisent presque tous sur les circonstances de sa vie, et nous n'avons pu réunir plus de détails à ce sujet; mais presque tous aussi s'accordent à vanter son talent, et à le regarder comme un des poètes qui doivent faire le plus d'honneur à leur âge. Dans le beau siècle de Louis XIV, Boileau a rendu à son devancier un hommage éclatant :

De ces maîtres savants* disciple ingénieux,
Regnier seul, parmi nous, formé sur leurs modèles,
Dans son vieux style encor a des graces nouvelles.
Art poétique, Ch. II.

Et ce qui était vrai du temps de Despréaux, le semblait encore à La Harpe. Les corrections, les rudesses, les mauvaises plaisanteries qui déparent trop souvent ses *Satires*, peuvent être regardées comme les défauts d'un siècle où les premiers principes du goût étaient ignorés et la langue encore informe; mais ce qui n'appartient qu'au poète, c'est la vigueur qu'il a mise dans plusieurs de ses tableaux; cette foule de traits échappés à sa plume et qui n'ont pas vieilli; l'heureuse naïveté avec laquelle il poursuit le vice et attaque les vicieux; cette verve, en un mot, ce naturel, ce mordant, que Boileau, plus correct et plus élégant, n'a point égalés. Heureux......

.....Si du son hardi de ses rimes cyniques,
Il n'alarmait souvent les oreilles pudiques.
Art poétique, Ch. II.

« Ce qu'on peut dire pour diminuer ce reproche,
« selon l'abbé Batteux, c'est que, travaillant d'après
« les satiriques latins, il croyait pouvoir les suivre
« en tout, et il s'imaginait que la licence des ex-

---

* Horace, Perse, Juvénal.

« pressions était un assaisonnement dont leur genre
« ne pouvait se passer.»(*Principes de la Littérature.*)

Le Latin dans les mots brave l'honnêteté;
Mais le lecteur français veut être respecté.

Regnier a tellement oublié ce précepte, l'un des plus importants, que Dussaulx, dans son *Discours sur les Satiriques latins*, n'a pas craint de dire qu'il *manquait encore plus de mœurs que de goût*. Ce jugement est trop sévère sans doute; si notre poète mérita un peu ce reproche dans la première partie de sa vie, l'on ne doit pas oublier que ses derniers ouvrages, qui sont des *Poésies spirituelles*, annoncent un vrai chrétien, et un pécheur repentant; et toutes les fois qu'il a peint le vice, il l'a fait avec des couleurs capables d'en inspirer l'horreur. « Le pré-
« curseur de Boileau, dans le genre satirique, Re-
« gnier, dit Palissot, eut, comme lui, l'avantage de
« voir beaucoup de ses vers devenir proverbes en
« naissant. Quoique son style ait vieilli, c'est encore
« en son genre un des meilleurs modèles que l'on
« puisse étudier. » (*Mémoires sur la Littérature.*)

Il y a plusieurs éditions des *OEuvres de Regnier;* la dernière et la plus belle est celle qu'a publiée en 1822 M. Lequien avec le *Commentaire* de Brossette, Paris, un volume in-8°.

REGNIER-DESMARAIS, ou plutôt DESMARETS (François-Séraphin), naquit à Paris en 1632, d'une famille noble, originaire de Saintonge. Il fit sa philosophie avec distinction dans le collège de

Montaigu. Ce fut pendant son cours qu'il traduisit en vers burlesques la *Batrachomyomachie* d'Homère, ouvrage qui parut un prodige dans un jeune homme de 15 ans. Le duc de Créqui, charmé de son esprit, le mena avec lui à Rome en 1662. Le séjour de l'Italie lui fut utile; il apprit la langue italienne, dans laquelle il fit des vers dignes de Pétrarque. L'Académie de la Crusca de Florence prit une de ses odes pour une production de l'amant de Laure, et lorsque cette société fut désabusée, elle ne se vengea de son erreur qu'en accordant une place à celui qui l'avait causée. Ce fut en 1667 qu'on lui fit cet honneur, et trois ans après l'Académie-Française se l'associa. Mézeray, secrétaire de cette compagnie, étant mort en 1684, sa place fut donnée à l'abbé Régnier. Il se signala dans les démêlés de l'Académie contre Furetière, et composa tous les mémoires qui ont paru au nom de ce corps. L'abbé Régnier eut plusieurs bénéfices, entr'autres l'abbaye de Saint-Laon de Thouars. On prétend qu'il aurait été évêque, sans sa traduction d'une scène voluptueuse du *Pastor fido*. Il mourut à Paris en 1713, à 81 ans. Ses talents étaient relevés par une probité, une droiture et un amour du vrai généralement reconnus. Son amitié faisait honneur à ceux qu'il appelait ses vrais amis, parce qu'il ne la leur donnait que quand il reconnaissait en eux les qualités qui formaient son caractère. Nous avons de lui: 1° une *Grammaire française*, imprimée en 1676, en 2 vol. in-12. La meilleure édition est celle de 1710, in-4°. On trouve dans cet ouvrage, un peu diffus, le fond de ce qu'on a dit de mieux sur la langue. 2° Une *Traduction* en vers italiens des odes d'Anacréon, in-8°, qu'il dédia en 1692 à l'Académie de la Crusca. La simplicité et le naturel y sont joints à l'élégance et à la noblesse. 3° Des *Poésies françaises, latines, italiennes et espagnoles*, réunies en 1708, en 2 vol. in-12. Ses vers français offrent de la variété, de la gaieté, des moralités heureusement exprimées ; mais son style est plus noble que vif et plus pur que brillant. Les vers italiens et espagnols ont plus de coloris et plus de grace. Les poésies françaises ont été augmentées dans les éditions de 1716 et de 1750, 2 vol. in-12. 4° Une *Traduction* de la *Perfection chrétienne* de Rodriguez, entreprise à la prière des jésuites, et plusieurs fois réimprimée en 3 vol. in-4° et en 4 vol. in-8°. Cette version, écrite avec moins de nerf que celle de Port-Royal, est d'un style plus pur et plus coulant ; elle est aussi plus fidèle, car les traducteurs de Port-Royal font dire souvent à l'auteur espagnol tout le contraire de ce qu'il dit en effet. 5° Une *Traduction* des deux livres de la *Divination* de Cicéron, 1710, in-12. 6° Une autre *Version* des livres de cet auteur : *De Finibus bonorum et malorum*, avec de bonnes remarques in-12. 7° L'*Histoire des démêlés de la France avec la cour de Rome, au sujet de l'affaire des Corses*, 1767, in-4°.

Feller, *Dictionnaire historique.*

RETZ (Jean-François-Paul de Gondy, cardinal de), naquit à Montmirel en Brie, en 1614. Son père, Emmanuel de Gondy, était général des galères et chevalier des ordres du roi. On lui donna pour précepteur le célèbre Vincent-de-Paule. Il fit ses études particulières avec succès, et ses études publiques avec distinction; prit le bonnet de docteur de Sorbonne en 1643, et fut nommé la même année coadjuteur de l'archevêché de Paris. L'abbé de Gondy sentait beaucoup de dégoût pour son état : son penchant le portait vers la carrrière des armes. Il se battit plusieurs fois en duel, même en sollicitant les plus hautes dignités de l'église. Devenu coadjuteur, il se gêna quelque temps pour se gagner le clergé et le peuple. Mais dès que le cardinal Mazarin eut été mis à la tête du ministère, il se montra tel qu'il était. Il précipita le parlement dans les cabales, et le peuple dans les séditions. Il leva un régiment qu'on nommait *régiment de Corinthe*, parce qu'il était archevêque titulaire de Corinthe. On le vit prendre séance au parlement ayant dans sa poche un poignard dont on apercevait la poignée. Ce fut alors qu'un plaisant dit : *Voilà le bréviaire de notre archevêque!* L'ambition lui fit souffler le feu de la guerre civile; l'ambition lui fit faire la paix. Il se réconcilia secrètement avec la cour pour avoir le chapeau de cardinal ; Louis XIV le lui fit obtenir en 1651.

Le nouveau cardinal ne cabala pas moins; il fut arrêté au Louvre, conduit à Vincennes, et de là dans le château de Nantes, d'où il se sauva. Après avoir erré pendant long-temps en Italie, en Hollande, en Flandre et en Angleterre, il revint en

France l'an 1661, fit sa paix avec la cour en se démettant de son archevêché, et obtint en dédommagement l'abbaye de Saint-Denis. Il avait vécu jusqu'alors avec une magnificence extraordinaire. Il prit le parti de la retraite pour payer ses dettes, ne se réservant que 20 mille livres de rente. Il remboursa à ses créanciers plus d'un million, et se vit en état à la fin de ses jours de faire des pensions à ses amis. Il mourut le 24 août 1679, dans de grands sentiments de piété, qu'il avait constamment manifestés dans sa retraite, et qui prouvèrent que les marques qu'il en avait données par intervalle dans le temps de ses erreurs, n'étaient pas l'effet du caprice, moins encore de l'hypocrisie. « Cet homme audacieux et bouillant, dit le président Hénault, devint, sur la fin de sa vie, doux, paisible, sans intrigue, et fut aimé de tous les honnêtes gens; comme si toute son ambition d'autrefois n'avait été qu'une débauche d'esprit et des tours de jeunesse dont on se corrige avec l'âge. » C'était cette conversion qui faisait dire à Voltaire qu'après avoir été Catilina dans sa jeunesse, dans sa vieillesse il était devenu Atticus.

Il nous reste de ce cardinal plusieurs ouvrages parmi lesquels ses *Mémoires* tiennent le premier rang*. Ils virent le jour pour la première fois en 1717; on les réimprima à Amsterdam, en 1731, en 4 vol. in-12.

---

* Si quelque Français rappelle la manière brillante et ferme de Salluste, c'est assurément le cardinal de Retz, mais seulement lorsque son style s'élève; car cet historien, digne de la Fronde, unit comme elle le grave au comique; et dans les récits d'anecdotes, madame de Sévigné n'est pas plus naturelle, Hamilton n'est pas plus plaisant.

M.-J. Chénier, *Tableau de la Littérature française.*

Cette édition passe pour la plus belle. « Ces *Mémoi-
« res* sont écrits, dit l'auteur du *Siècle de Louis XIV*,
« avec un air de grandeur, une impétuosité de génie
« et une inégalité, qui sont l'image de sa conduite. »
Il les composa dans sa retraite, avec l'impartialité
d'un philosophe, mais d'un philosophe qui ne
l'a pas toujours été. Il ne s'y ménage point, et n'y
ménage pas davantage les autres. On y trouve les
portraits de tous ceux qui jouèrent un rôle dans les
intrigues de la Fronde. « Portraits, dit le cardinal
« Maury, qui sont autant de chefs-d'œuvre, à l'ex-
« ception toutefois de celui d'Anne d'Autriche, que
« l'écrivain trace en homme de parti, aveuglé par
« la haine, et alors, selon l'usage, privé par sa pas-
« sion de toutes les forces de son esprit. » On a encore de lui la *Conjuration du comte de Fiesque*, ouvrage composé à l'âge de dix-sept ans, et traduit
en partie de l'italien de Mascardi. M. de Musset-
Patay a publié, en 1807, des *Recherches sur le cardinal de Retz*, in-8°.

Extrait du Dictionnaire historique de Feller.

JUGEMENTS.

(*Voyez* tom. XIX de notre *Répertoire* à l'article
MÉMOIRES, les jugements qu'ont portés sur le
cardinal de Retz et sur ses *Mémoires*, Marmontel et
La Harpe, p. 104-105 et 118-130.)

PORTRAIT DU CARDINAL DE RETZ.

Puis-je oublier celui que je vois partout dans le
récit de nos malheurs? cet homme si fidèle aux
particuliers, si redoutable à l'état, d'un caractère si

haut qu'on ne pouvait ni l'estimer, ni le craindre, ni l'aimer, ni le haïr à demi ; ferme génie, que nous avons vu, en ébranlant l'univers, s'attirer une dignité qu'à la fin il voulut quitter comme trop chèrement achetée, ainsi qu'il eut le courage de le reconnaître dans le lieu le plus éminent de la chrétienté, et, enfin, comme peu capable de contenter ses désirs; tant il connut son erreur et le vide des grandeurs humaines! Mais pendant qu'il voulait acquérir ce qu'il devait un jour mépriser, il remua tout par de secrets et puissants ressorts ; et, après que tous les partis furent abattus, il sembla encore se soutenir seul, et seul encore menacer le favori victorieux de ses tristes et intrépides regards.

Bossuet, *Oraisons funèbres.*

Même sujet.

Paul de Gondy, cardinal de Retz, a beaucoup d'élévation, d'étendue d'esprit, et plus d'ostentation que de vraie grandeur. Il a une mémoire extraordinaire, plus de force que de politesse dans ses paroles, l'humeur facile, de la docilité et de la faiblesse à souffrir les plaintes et les reproches de ses amis; peu de piété, quelques apparences de religion.

Il paraît ambitieux sans l'être ; la vanité et ceux qui l'ont conduit, lui ont fait entreprendre de grandes choses, presque toutes opposées à sa profession; il a suscité les plus grands désordres de l'état, sans avoir un dessein formé de s'en prévaloir ; et, bien loin de se déclarer ennemi du cardinal Mazarin pour occuper sa place, il n'a pensé qu'à lui paraître redoutable, et à se flatter de la fausse vanité de lui être opposé. Il a su néanmoins profiter avec habileté des malheurs publics pour se faire cardinal; il a souffert sa prison avec fermeté, et n'a dû sa liberté qu'à sa hardiesse. La paresse l'a soutenu avec gloire durant plusieurs années dans l'obscurité d'une vie errante et cachée. Il a conservé l'archevêché de Paris contre la puissance du cardinal Mazarin; mais, après la mort de ce ministre, il s'en est démis, sans connaître ce qu'il faisait, et sans prendre cette conjoncture pour ménager les intérêts de ses amis et les siens propres. Il est entré dans divers conclaves, et sa conduite a toujours augmenté sa réputation.

Sa pente naturelle est l'oisiveté; il travaille néanmoins avec activité dans les affaires qui le pressent, et il se repose avec nonchalance quand elles sont finies. Il a une grande présence d'esprit, et sait tellement tourner à son avantage les occasions que la fortune lui offre, qu'il semble qu'il les ait prévues et désirées. Il aime à raconter; il veut éblouir indifféremment tous ceux qui l'écoutent par des aventures extraordinaires, et souvent son imagination lui fournit plus que sa mémoire.

Il est faux dans la plupart de ses qualités; et ce qui a le plus contribué à sa réputation, est de savoir donner un beau jour à ses défauts. Il est insensible à la haine et à l'amitié, quelque soin qu'il ait pris de paraître occupé de l'une ou de l'autre. Il est incapable d'envie et d'avarice, soit par vertu, soit par inapplication. Il a plus emprunté de ses amis, qu'un particulier ne pouvait espérer de pouvoir leur rendre. Il a senti de la vanité à trouver tant de crédit, et à entreprendre de s'acquitter ; il n'a point de goût ni de délicatesse ; il s'amuse à tout et ne se plaît à rien ; il évite avec adresse de laisser pénétrer qu'il n'a qu'une légère connaissance de toutes choses. La retraite qu'il vient de faire est la plus éclatante et la plus fausse action de sa vie ; c'est un sacrifice qu'il fait à son orgueil, sous prétexte de dévotion : il quitte la cour où il ne peut s'attacher, et il s'éloigne du monde qui s'éloigne de lui.

La Rochefoucauld.

Même sujet.

On a de la peine à comprendre comment un homme qui passa sa vie à cabaler n'eut jamais de véritable objet. Il aimait l'intrigue pour intriguer : esprit hardi, délié, vaste et un peu romanesque, sachant tirer parti de l'autorité que son état lui donnait sur le peuple, et faisant servir la religion à sa politique ; cherchant quelquefois à se faire un mérite de ce qu'il ne devait qu'au hasard, et ajustant souvent après coup les moyens aux évènements.

Il fit la guerre au roi ; mais le personnage de rebelle était ce qui le flattait le plus dans sa rebellion : magnifique, bel esprit, turbulent, ayant plus de saillies que de suite, plus de chimères que de vues, déplacé dans une monarchie, et n'ayant pas ce qu'il fallait pour être républicain, parce qu'il n'était ni sujet fidèle, ni bon citoyen ; aussi vain, plus hardi et moins honnête homme que Cicéron, enfin plus d'esprit, moins grand et moins méchant que Catilina.

Ses *Mémoires* sont très agréables à lire ; mais conçoit-on qu'un homme ait le courage, ou plutôt la folie de dire de lui-même plus de mal que n'en eût pu dire son plus grand ennemi ? Ce qui est étonnant, c'est que ce même homme, sur la fin de sa vie, n'était plus rien de tout cela, et qu'il devint doux, paisible, sans intrigues, et l'amour de tous les honnêtes gens de son temps ; comme si toute son ambition d'autrefois n'avait été qu'une débauche d'esprit et des tours de jeunesse dont on se corrige avec l'âge ; ce qui prouve bien qu'en effet il n'y avait en lui aucune passion réelle. Après avoir vécu avec une magnificence extrême, et avoir fait pour plus de quatre millions de dettes, tout fut payé, soit de son vivant, soit après sa mort.

Le Président HÉNAULT.

MORCEAUX CHOISIS.

I. Portrait du cardinal de Richelieu*.

Le cardinal de Richelieu avait de la naissance : sa jeunesse jeta des étincelles de son mérite; il se distingua en Sorbonne. On remarqua de fort bonne heure qu'il avait de la force et de la vivacité dans l'esprit; il prenait d'ordinaire très bien son parti; il était homme de parole où un grand intérêt ne l'obligeait pas au contraire ; et, en ce cas, il n'oubliait rien pour sauver les apparences de la bonne foi. Il n'était pas libéral ; mais il donnait plus qu'il ne promettait, et assaisonnait admirablement ses

* Né en 1585, mort en 1642.

bienfaits. Il aimait la gloire beaucoup plus que l'exacte morale ne le permet : mais il faut avouer qu'il n'abusait, qu'à proportion de son mérite, de la dispense qu'il avait prise sur l'excès de son ambition. Il n'avait ni l'esprit, ni le cœur au dessus des périls; il n'avait ni l'un ni l'autre au dessous; et l'on peut dire qu'il en prévint davantage par sa capacité, qu'il n'en surmonta par sa fermeté. Il était bon ami, il eût même souhaité d'être aimé du peuple ; mais, quoiqu'il eût de la civilité à l'extérieur, et beaucoup d'autres parties propres à cet effet, il n'en eut jamais le je ne sais quoi, qui est encore plus nécessaire en cette matière qu'en toute autre. Il anéantissait, par son pouvoir et son faste royal, la majesté personnelle du roi; mais il remplissait avec tant de dignité les fonctions de la royauté, qu'il fallait n'être pas du vulgaire pour ne pas confondre le bien et le mal en ce fait. Il distinguait plus judicieusement qu'homme du monde entre le mal et le pis, entre le bien et le mieux; ce qui est une grande qualité pour un ministre. Il s'impatientait trop facilement dans les petites choses qui étaient préalables des grandes : mais ce défaut, qui vient de la sublimité de l'esprit, est toujours joint à des lumières qui le suppléent. Il avait assez de religion pour le monde : il allait au bien ou par inclination ou par bon sens, toutes les fois que son intérêt ne le portait point au mal, qu'il connaissait parfaitement quand il le faisait. Il ne considérait l'état que pour sa vie; mais jamais ministre n'a eu plus d'application à faire croire qu'il en ménageait l'avenir. Enfin, il faut convenir que tous ses vices ont été de ceux que la grande fortune rend aisément illustres, parce qu'ils ont été de ceux qui ne peuvent avoir pour instrument que de grandes vertus. Vous jugerez facilement qu'un homme qui a eu d'aussi grandes qualités, et autant d'apparences de celles mêmes qu'il n'avait pas, se conserve aisément dans le monde cette sorte de respect qui démêle le mépris de la haine, et qui, dans un état où il n'y a plus de lois, supplée, au moins pour quelque temps, à leur défaut.

Mémoires.

II. Portrait du cardinal de Mazarin [*].

Le cardinal de Mazarin était d'un caractère tout contraire à celui du cardinal de Richelieu. Sa naissance était basse, son éducation honteuse. Au sortir du collège, il apprit à tromper au jeu, ce qui lui attira des coups de bâton d'un orfèvre de Rome appelé Moretto. Il fut capitaine d'infanterie dans la Valteline, et Bagny, qui était son général, m'a dit qu'il ne passa dans la guerre, qui ne fut que de trois mois, que pour un escroc. Il eut la nonciature extraordinaire en France par la faveur du cardinal Antoine, qui ne s'acquérait pas en ce temps-là par de bons moyens. Il plut à Chavigny par les contes libertins d'Italie; et par Chavigny à Richelieu, qui le fit cardinal par le même esprit, à ce que l'on croit, qui obligea Auguste à laisser Tibère à la succession de l'empire. La pourpre ne l'empêcha pas de de-

[*] Né en 1602, mort en 1661.

meurer valet sous Richelieu. La reine l'ayant choisi, faute d'autre, ce qui est vrai quoi qu'on en dise, il parut d'abord l'original de *Trivelino principe*. La fortune l'ayant ébloui et tous les autres, il s'érigea et on l'érigea en Richelieu ; mais il n'en eut que l'impudence. Il se fit de la honte de tout ce que l'autre s'était fait de l'honneur ; il se moqua de la religion, et promit tout ce qu'il ne voulait pas tenir. Il ne fut ni doux, ni cruel, parce qu'il ne se ressouvenait ni des bienfaits, ni des injures. Il s'aimait trop, ce qui est le naturel des âmes lâches ; il se craignait trop peu, ce qui est le caractère de ceux qui n'ont pas le soin de leur réputation. Il prévoyait assez bien le mal, parce qu'il avait souvent peur ; mais il n'y remédiait pas à proportion, parce qu'il n'avait pas tant de prudence que de peur. Il avait de l'esprit, de l'insinuation, de l'enjouement, des manières, mais le vilain cœur paraissait toujours à travers, et au point que ses qualités eurent dans l'adversité tout l'air de ridicule, et ne perdirent pas dans la prospérité celui de la fourberie. Il porta le filoutage dans le ministère, ce qui n'est jamais arrivé qu'à lui ; et ce filoutage faisait que le ministère même heureux et absolu ne lui séait pas bien, et que le mépris s'y glissa, qui est la maladie la plus dangereuse d'un état, et dont la contagion se répand le plus aisément et le plus promptement du chef dans les membres.

Il n'est pas malaisé de concevoir, par ce que je viens de vous dire, qu'il peut et qu'il doit y avoir eu beaucoup de contre-temps fâcheux dans une administration qui a suivi d'aussi près celle du cardinal de Richelieu, et qui en était aussi différente.

Ibid.

III. Portrait du duc de La Rochefoucauld *.

M. de la Rochefoucauld a voulu se mêler d'intrigue dès son enfance, et en un temps où il ne sentait pas les petits intérêts, qui n'ont jamais été son faible, et où il ne connaissait pas les grands, qui d'un autre sens n'ont pas été son fort. Il n'a jamais été capable d'aucune affaire, et je ne sais pourquoi; car il avait des qualités qui eussent suppléé à toutes autres qu'à celles qu'il n'avait pas. Sa vue n'était pas assez étendue, et il ne voyait pas même tout ensemble ce qui était de sa portée; mais son sens qui était très bon dans la spéculation, joint à sa douceur, à son insinuation, et à sa facilité de mœurs qui était admirable, devait récompenser plus qu'il n'a fait le défaut de sa pénétration. Il a toujours eu une irrésolution habituelle; mais je ne sais à quoi attribuer même cette irrésolution. Elle n'a pu venir en lui de la fécondité de son imagination, qui n'est rien moins que vive : je ne la puis donner à la stérilité de son jugement; car quoiqu'il ne l'ait pas exquis dans l'action, il a un bon fonds de raison. Nous voyons les effets de cette irrésolution quoique nous n'en connaissions pas la cause. Il n'a jamais été guerrier, quoiqu'il fût très soldat. Il n'a jamais été par lui-même bon courtisan, quoiqu'il ait toujours eu bonne intention de l'être. Il n'a jamais été bon

* Né en 1613, mort en 1680.

homme de parti, quoiqu'il ait été toute sa vie engagé; cet air de honte et de timidité que vous lui voyez dans la vie civile, s'était tourné dans les affaires en air d'apologie. Il croyait toujours en avoir besoin; ce qui, joint à ses maximes, ne marque pas assez de foi à la vertu et à la pratique. Il est toujours sorti des affaires avec autant d'impatience qu'il y était entré. Ce qui me fait conclure qu'il eût beaucoup mieux fait de se connaître et de se réduire à passer comme il eût pu pour le courtisan le plus poli, et pour le plus honnête homme à l'égard de la vie commune, qui eût paru dans son siècle.

Ibid.

IV. Portrait de Turenne *.

M. de Turenne a eu dès sa jeunesse toutes les bonnes qualités, et il a acquis les grandes d'assez bonne heure. Il ne lui en a manqué aucunes que celles dont il ne s'est point avisé. Il avait presque toutes les vertus comme naturelles, et il n'a jamais eu le brillant d'aucune. On l'a cru plus capable d'être à la tête d'une armée que d'un parti; et je le crois aussi, parce qu'il n'était pas naturellement entreprenant; mais, toutefois, qui le sait ? Il a toujours eu en tout son parler de certaines obscurités qui ne se sont développées que dans les occasions, mais qui se sont toujours développées à sa gloire.

Ibid.

---

* Né en 1611, mort en 1675. (*Voyez* tome V, page 377 de notre *Répertoire*, le parallèle de Turenne et de Condé par Bossuet; et tome XXVII, page 409, les portraits de Richelieu, de Turenne et de Condé, par Thomas.)　　　　　　　　　　　　　　　　　　　　　　F.

V. Portrait du grand Condé*.

M. le prince, né capitaine, ce qui n'est jamais arrivé qu'à lui, à César, à Spinola, a égalé le premier et surpassé le second. L'intrépidité est l'un des moindres traits de son caractère. La nature lui a fait l'esprit aussi grand que le cœur. La fortune, en le donnant à un siècle de guerre, a laissé au second toute son étendue. La naissance, ou plutôt l'éducation dans une maison attachée et soumise au cabinet, a donné des bornes trop étroites au premier. On ne lui a pas inspiré d'assez bonne heure les grandes et générales maximes, qui sont celles qui font et qui forment ce qu'on appelle esprit de suite. Il n'a pas eu le temps de les prendre par lui-même, parce qu'il a été trop prévenu dès sa jeunesse par la chute imprévue des grandes affaires, et par l'habitude au bonheur. Ce défaut a fait qu'avec l'âme du monde la moins méchante, il a fait des injustices; qu'avec le cœur d'Alexandre, il n'a pas été exempt non plus que lui de faiblesses; qu'avec un esprit merveilleux, il est tombé dans des imprudences; ainsi avec toutes les qualités de François de Guise, il n'a pas servi l'état en de certaines occasions aussi bien qu'il le devait; et avec toutes celles de Henri du même nom, il n'a pas poussé la faction jusqu'où il le pouvait. Il n'a pu remplir son mérite, c'est un défaut; mais il est rare, mais il est beau.

Ibid.

---

* Né en 1621, mort en 1686.

RÉVOLUTION. Dans le poème épique ou dramatique, lorsque la fable est implexe, il arrive, sur la fin de l'action, un évènement qui change la face des choses, et qui fait passer le personnage intéressant du malheur à la prospérité, ou de la prospérité au malheur; c'est ce qu'on appelle révolution.

Que dans la tragédie la révolution soit heureuse ou malheureuse, elle ne doit jamais être prévue par l'acteur, et lorsqu'il est sur les bords de l'abyme, sa situation n'en est que plus touchante s'il a le bandeau sur les yeux.

Mais faut-il de même que la révolution soit inattendue pour le spectateur ? Non pas si elle est funeste; car en la prévoyant on frémit d'avance, et la terreur mène à la pitié. On prévoit dès l'exposition d'*OEdipe* que ce malheureux prince va se convaincre d'inceste et de parricide, éclairer l'abyme où il est tombé, et finir par être en horreur à la nature et à lui-même ; et à chaque nouvelle clarté qui lui vient, la terreur et la pitié redoublent. Il n'est donc pas toujours vrai, comme le croyait Aristote, que la terreur et la pitié naissent de la surprise que nous cause l'évènement.

C'est lorsque la révolution est heureuse qu'elle ne doit être pour les spectateurs que dans l'ordre des possibles, et des possibles éloignés, dont les moyens sont inconnus : car le personnage en péril cesse d'être à plaindre dès qu'on prévoit sa délivrance. Mais ne la prévoit-on pas, direz-vous, quand on a lu la tragédie ou qu'on l'a vu jouer une fois ? Le soin qu'aura le poète de cacher un dénouement heureux sera donc alors inutile. Non, si son intrigue est bien tissue. Quelque prévenu qu'on soit de la manière dont tout va se résoudre, la marche de l'action en écarte la réminiscence ; l'impression de ce que l'on voit empêche de réfléchir à ce que l'on sait, comme je l'ai fait observer ailleurs ; et c'est par ce prestige que les spectateurs qui se laissent toucher pleurent vingt fois au même spectacle : plaisir que ne goûtent jamais les vains raisonneurs et les froids critiques.

Ceux-ci portent à nos spectacles deux principes opposés, le sentiment qui veut être ému, et l'esprit qui ne veut pas qu'on le trompe. La prétention à juger de tout, fait qu'on ne jouit de rien : on veut en même temps prévoir les situations et en être surpris, combiner avec l'auteur et s'attendrir avec le peuple, être dans l'illusion et n'y être pas. Les nouveautés sur-tout ont ce désavantage qu'on y va moins en spectateur qu'en critique : là, chacun des connaisseurs est comme double, et son cœur a dans son esprit un incommode et fâcheux voisin. Ainsi le poète, qui ne devrait avoir que l'imagination à séduire, a de plus la réflexion à combattre et à repousser. C'est un malheur pour le public lui-même ; mais de son côté il est sans remède : ce n'est que du côté du poète qu'il est possible d'y remédier, et en voici les moyens.

Le premier et le plus facile est de rendre, par un dénouement funeste, le pathétique de l'évènement indépendant de la surprise ; le second, de faire naître le dénouement, s'il est heureux, du fonds des caractères passionnés et par là susceptibles des mouvements contraires.

Dans le premier cas, ce qui doit arriver étant pitoyable et terrible, lors même que la crainte cesse d'être mêlée d'espérance, l'âme du spectateur ne laisse pas d'être émue encore. Mais comme le pathétique dépend absolument de l'impression réfléchie qui, de l'âme de l'acteur intéressant, se communique à la nôtre, si l'impression n'était pas violente, le contre-coup serait faible et léger. Pourquoi la mort de Zopire, celle de Sémiramis, celle de Zaïre, celle d'Inès, est-elle pour nous si douloureuse ? parce qu'elle est douloureuse à l'excès pour les acteurs dont nous prenons la place. Pourquoi le dénouement de *Britannicus* est-il si froid, tout funeste qu'il est ? parce qu'il n'excite, ni dans l'âme de Néron, ni dans celle de Burrhus, ni dans celle d'Agrippine, une assez forte émotion. Junie demande vengeance au peuple et se retire parmi les vestales : sa douleur n'a rien de touchant. Mais Sémiramis égorgée tend les bras à son meurtrier, et son meurtrier est son fils ; mais Zopire se traîne vers ses enfants qui viennent de l'assassiner, et leur apprend qu'ils ont plongé le poignard dans le sein de leur père ; mais Orosmane, en retirant sa main sanglante du sein de Zaïre, apprend qu'elle était innocente et qu'elle n'a jamais aimé que lui ; mais Inès, entourée de ses enfants, sent les atteintes du poison mortel, et Pèdre, au moment qu'il se croit le plus heureux des époux et des pères, trouve sa femme, qu'il adore, empoisonnée et rendant les derniers soupirs : voilà de ces évènements qui, pour déchirer l'âme des spectateurs, n'ont pas besoin de la surprise, et qui sont même d'autant plus pathétiques qu'ils sont annoncés et prévus. Aussi les Anciens, lorsqu'ils préparaient une catastrophe funeste, ne prenaient-ils aucun soin de la cacher au spectateur ; et c'est, pour ce genre de tragédie, un avantage que je n'ai pas voulu dissimuler.

Mais où sera l'incertitude et ce mélange d'espérance et de crainte auquel j'ai dit ailleurs que l'intérêt tragique est attaché ? En voyant l'écueil ou l'abyme, on ne sera pas sûr encore que le malheureux qui est en butte à la tempête y périra. Et pour s'intéresser vivement à son sort, il suffit qu'à beaucoup de crainte se mêle encore une faible espérance, jusqu'au moment qu'il se brise ou qu'il s'engloutit. C'est ce qu'éprouvent dans la réalité ceux qui, du bord d'une mer en furie, ont le spectacle d'un naufrage.

Si au contraire le poète médite un dénouement heureux, il faut absolument qu'il le cache, et le plus sûr moyen est de le faire naître du tumulte et du choc des passions : leurs mouvements orageux et divers trompent à chaque intant la prévoyance du spectateur, et le laissent jusqu'à la fin dans le doute et dans l'inquiétude : le sort des personnages intéressants est encore alors comme un vaisseau dans la tourmente, mais battu par des vents contraires dont l'un peut le faire périr et l'autre le sauver. Fera-t-il naufrage ou gagnera-t-il le port ? C'est cette incertitude qui nous attache et qui nous presse de plus en plus jusqu'au dénouement.

« Par les mœurs, dit Aristote, on prévoit les révolutions. » Oui, par les mœurs habituelles d'une âme qui se possède et se maîtrise ; et voilà celles qu'on doit éviter si l'on veut cacher un dénouement qui naisse du fonds des caractères. Ne faut-il donc employer alors que des personnages sans mœurs, ou dont les mœurs soient indécises ? Non ; mais il faut que l'évènement dépende de la résolution d'une âme agitée par des forces qui se combattent comme le devoir et le penchant, ou deux passions opposées. Quoi de plus décidé que le caractère de Cléopâtre, et quoi de moins décidé que le parti qu'elle prendra quand Rodogune propose l'essai de la coupe ? quoi de plus surprenant et quoi de plus vraisemblable que de la voir se résoudre à boire la première, pour y engager par son exemple, Rodogune et Antiochus ? Voilà ce qui s'appelle un coup de génie. Il serait injuste, je le sais, d'en exiger de pareils ; mais toutes les fois qu'on aura pour moyen le contraste des passions, il sera facile de tromper l'attente des spectateurs sans s'éloigner de la vraisemblance, et de rendre l'évènement à la fois douteux et possible.

Pour cacher un dénouement heureux, les Anciens, au défaut des passions, n'avaient guère que la reconnaissance ; et tout l'intérêt portait alors sur l'incertitude où l'on était si les acteurs intéressants se reconnaîtraient à propos : tel est l'intérêt de l'*Iphigénie en Tauride* (*Voyez* RECONNAISSANCE). C'est un excellent moyen pour produire la révolution ; mais, comme l'observe Corneille, il n'a point la chaleur féconde des mouvements passionnés.

Il est impossible d'employer à produire la révolution un caractère équivoque et dissimulé qui se présente tour à tour sous deux faces, et laisse le spectateur incertain de sa dernière résolution. Le seul exemple que je connaisse de ce moyen employé dans la tragédie, c'est la conduite d'Exupère dans l'intrigue d'*Héraclius*.

La ressource la plus commune et la plus facile est celle d'un incident nouveau; mais cet incident ne produit son effet qu'autant que ce qui le précède le prépare sans l'annoncer. (*Voy.* DÉNOUEMENT.)

MARMONTEL, *Eléments de Littérature*.

RHÉTORIQUE. Théorie de l'art oratoire. L'éloquence est-elle un art que l'on doive enseigner? Ce fut un problème chez les Anciens. Socrate avait coutume de dire que tous les hommes étaient assez éloquents lorsqu'ils parlaient de ce qu'ils savaient bien. Socrate tenait ce langage, après que l'étude, la méditation, l'exercice, la connaissance de l'homme et des hommes, et tout ce que la culture peut ajouter à un beau naturel, avaient fait de lui nonseulement le plus subtil des dialecticiens, mais le plus éloquent des sages. « Socrates fuit is qui, om-
« nium eruditorum testimonio totiusque judicio
« Græciæ, cùm prudentiâ, et acumine, et venus-
« tate, et subtilitate, tum verò eloquentiâ, varie-
« tate, copiâ, quam se cumque in partem dedis-
« set, omnium fuit facilè princeps. » (*De Orat., lib. III.*) Bon Socrate, aurait-on pu lui dire, vous qui

méprisez l'art dans l'éloquence, croyez-vous ne devoir qu'à la simple nature les agréments, la variété, l'abondance qu'on admire dans vos discours? Vous êtes riche, laissez-nous travailler à le devenir.

L'école de Zénon pensait comme Socrate que toute espèce d'artifice était indigne de l'éloquence, et cette opinion coûta la vie aux deux hommes peut-être les plus vertueux de l'antiquité.

Le stoïcien Rutilius, par la sainteté de ses mœurs, était à Rome un autre Socrate; il fut calomnié comme lui, et comme lui se laissa condamner sans vouloir qu'on prît sa défense.

« Que n'avez-vous parlé (dit Antoine à Crassus,
« dans le livre de l'*Orateur*, que n'avez-vous parlé
« pour ce Rutilius si indignement accusé! que n'avez-
« vous parlé pour lui, non pas à la manière des
« philosophes, mais à la vôtre! Tout scélérats qu'eus-
« sent été ses juges, comme ils le furent en effet, ces
« citoyens pervers et dignes du dernier supplice,
« la force de votre éloquence leur aurait arraché
« du fond de l'âme toute cette perversité. »

On peut dire avec vraisemblance la même chose de Socrate. Ce n'était point un Lysias qui était digne de le défendre avec la mollesse de son langage; mais un Démosthène, avec la véhémence et la vigueur du sien, l'aurait sauvé; et cette éloquence pathétique, dont Socrate ne voulait point, en faisant horreur à ses juges de l'iniquité qu'ils allaient commettre, leur aurait épargné un crime irrémissible et un opprobre ineffaçable.

Des philosophes moins austères, en admettant

comme permis les artifices de l'éloquence, prétendaient que tout son manège nous était donné par la nature; que chacun de nous était né avec le don de caresser et de flatter d'un air timide et suppliant, de menacer son adversaire lorsqu'on voulait l'intimider, d'appuyer de raisons plausibles son opinion ou ses demandes, de réfuter les raisons d'autrui, de raconter les faits avec adresse et à son avantage, afin d'employer la plainte ou la prière pour obtenir justice ou grace.

Oui, ce don suffit aux enfants; il suffit même au commun des hommes dans les débats de la société. Mais pour fléchir César ou le peuple romain, pour réveiller l'indolence d'Athènes et la soulever contre Philippe, était-ce assez des petits moyens de cette éloquence vulgaire? et la nature nous a-t-elle appris à raisonner, à réfuter, à menacer comme Démosthène, à supplier, à caresser, à flatter comme Cicéron?

Il est assez vrai que tout homme passionné ou vivement ému est éloquent sur l'objet qui le touche, lorsque l'objet est simple et n'a rien de litigieux. Mais si la cause de la vérité, de l'innocence, de la justice, se présente, comme elle est souvent, hérissée de difficultés et obscurcie de nuages; si elle est aride, épineuse, sans attrait pour l'attention et pour la curiosité; si l'on parle devant un juge aliéné ou prévenu soit par des affections contraires, soit par de fausses apparences, soit par un adversaire adroit et armé de tous les moyens d'une éloquence artificieuse, sera-t-on prudent de se fier au don naturel et commun de parler de ce qu'on sait bien, ou de ce qu'on sent vivement?

Dans tous les genres de contention qui s'élèvent entre les hommes, si la force méprisait l'adresse, la faiblesse l'inventerait. Dès que l'homme s'est exercé à manier la massue ou la fronde, l'art de la guerre a pris naissance; dès que l'homme, avant de parler, a réfléchi à ce qu'il devait dire, la rhétorique a commencé. Ainsi, depuis que l'on s'est aperçu que, par la puissance de la parole, on dominait les esprits et les âmes, depuis qu'entre la vérité et le mensonge, entre le bon droit et la fraude, s'est élevée cette guerre dont l'éloquence est tour à tour l'arme offensive et défensive, chacun à l'envi s'exerçant au combat pour s'en procurer l'avantage, la rhétorique a dû former un art, ainsi que la lutte et l'escrime, ou, pour la comparer à un objet plus noble, ainsi que la guerre elle-même : « Nam quo
« indigniùs rem honestissimam et rectissimam vio-
« labat stultorum et improborum temeritas et au-
« dacia, summo cum reipublicæ detrimento, eò stu-
« diosiùs et illis resistendum fuit et reipublicæ con-
« sulendum. (*De Invent. Rhet.*) »

Si donc la rhétorique n'est que le résultat des observations faites par les meilleurs esprits sur les procédés les plus ingénieux et les moyens les plus puissants de l'éloquence naturelle, il en sera de l'éloquence comme de tous les arts inventés par l'instinct, éclairés par l'expérience et perfectionnés par l'usage. « Quæ suâ sponte homines eloquentes fece-
« runt, ea quosdam observasse atque id egisse: sic

« esse non eloquentiam ex artificio, sed artificium
« ex eloquentiâ natum. (*De Orat.*, *lib.* I.) »

Or, en effet, la réthorique n'est que la théorie de cet art de persuader, dont l'éloquence est la pratique. L'une trace la méthode et l'autre la suit ; l'une indique les sources et l'autre y va puiser ; l'une enseigne les moyens et l'autre les emploie ; l'une, pour me servir de l'expression de Cicéron, abat une forêt de matériaux, et l'autre en fait le choix et les met en œuvre avec intelligence. La rhétorique embrasse les possibles ; l'éloquence s'attache à l'objet qu'elle se propose, aux faits qui lui sont présentés ; et c'est ainsi que ce premier instinct de l'éloquence naturelle est devenu le plus savant et le plus profond de tous les arts.

Mais qu'elle en est la véritable école? La Grèce en avait deux, celle des philosophes et celle des rhéteurs. La première donna des hommes éloquents, tels que Périclès, Thémistocle, Alcibiade, Xénophon, Démosthène ; la seconde ne fit guere que des sophistes et que de vains déclamateurs.

L'étude de l'homme en général et de l'homme modifié par les diverses institutions, avec ses passions, ses vertus et ses vices, ses affections et ses penchants, semblait former exprès pour l'éloquence les disciples d'Anaxagore, de Socrate et de Théophraste ; et dans ce premier âge, où la philosophie était pour l'éloquence une mère adoptive, la prenait au berceau, l'allaitait, l'élevait, dirigeait ses pas chancelants, l'affermissait dans les sentiers du vrai, du juste et de l'honnête, et, saine et vigoureuse, la menait par la main au barreau ou dans la tribune; dans ce premier âge, dit Cicéron, l'on apprenait en même temps à bien vivre et à bien parler ; la vertu, la sagesse et l'éloquence ne faisaient qu'un; le même homme, à la même école, était exercé, comme Achille, à la parole et à l'action. « Orator verborum, actorque rerum. »

Il n'en était pas de même des rhétoriciens : les philosophes appelaient les orateurs formés à cette école, *des ouvriers de paroles à la langue légère*. Ils prétendaient qu'on y parlait beaucoup de *préambules* et d'*épilogues*, et de semblables niaiseries ; mais que de la constitution politique d'un état, de la législation, de la justice, de la bonne foi, des passions à réprimer, des mœurs publiques à former, on n'y en disait pas un seul mot. Ils ajoutaient que ces prétendus maîtres d'éloquence n'avaient pas l'idée de l'éloquence et de ses moyens ; que le point important pour l'orateur était d'abord de persuader à ses juges qu'il était bien sincèrement tel lui-même qu'il s'annonçait, ce qu'il ne pouvait obtenir que par la dignité d'une vie exemplaire, article absolument omis dans les préceptes de ces docteurs; que son affaire était ensuite d'affecter l'âme de ceux qui l'écoutaient, comme il voulait qu'elle fût affectée, ce qui n'était possible qu'autant qu'il saurait bien de quelle manière et par quels objets, et avec quel genre d'éloquence on faisait sur l'âme des hommes telles ou telles impressions. Or, disaient-ils, ces secrets-là sont profondément enfermés et scellés au sein de la philosophie, comme en un vase dont les lèvres des rhétoriciens n'ont pas même effleuré les bords.

Ainsi les véritables maîtres d'éloquence, chez les Anciens, furent les philosophes ; et c'est l'hommage que Cicéron rendait à la philosophie, en avouant que, s'il était orateur lui-même, il l'était devenu dans les promenades de l'Académie, non dans les ateliers des rhétoriciens. « Me oratorem, si modo sim non « ex rhetorum officinis, sed ex academiæ spatiis ex-« titisse (*Orat.*)..... Nam nec latiùs nec copiosiùs de « magnis variisque rebus sine philosophiâ potest « quisquam dicere. (*De Orat.*) »

A Rome, la philosophie se détacha de l'éloquence, en même temps que des affaires; et Cicéron compare ce divorce à celui des fleuves qui des sommets de l'Apennin vont se jeter, les uns dans cette heureuse mer de la Grèce, où l'on trouve partout des ports favorables et assurés ; les autres dans cette mer Étrusque, pleine d'orages et d'écueils. C'est dans le texte qu'il faut voir cette image de la tranquille sûreté que se ménageait la philosophie, et des travaux dangereux et pénibles auxquels se livrait l'éloquence. Il n'y a peut-être pas dans les écrits de l'antiquité une plus belle comparaison. « Ut ex Apennino, fluminum, sic ex communi sa-« pientium jugo sunt doctrinarum facta divortia, « ut philosophi, tanquam, in superum mare ionium « defluerent, græcum quoddam et portuosum, « oratores autem in inferum hoc, tuscum et bar-« barum, scopulosum atque infestum, laberentur, « in quo etiam ipse Ulysses errasset. (*De Orat., l.* III.)»

L'école de Zénon (je l'ai déjà dit) méprisa l'éloquence comme un artifice également indigne de la vérité et de la vertu : l'école d'Aristipe la rejeta comme impliquée dans les affaires. « Ne leur en fai-
« sons pas un reproche, dit Cicéron, car, après
« tout, ce sont des gens de bien, et des gens heu-
« reux, puisqu'ils croient l'être. Mais avertissons-les
« de garder leur opinion pour eux seuls, fût-elle la
« vérité même, et de tenir cachée comme un mys-
« tère cette maxime, que le sage ne doit point se
« mêler de la chose publique; car si nous tous,
« bons citoyens, nous en étions persuadés comme
« eux, il ne leur serait plus possible de conserver
« ce qu'ils chérissent tant, leur oisive tranquillité. »
« Istos sine contumeliâ dimittamus; sunt enim et boni
« viri, et, quoniam sibi ita videntur, beati : tan-
« tùmque eos admoneamus, ut illud, etiamsi est ve-
« rissimum, tacitum tamen tanquam mysterium te-
« neant : quod negent versari in republicâ esse sa-
« pientis. Nam si hoc nobis atque optimo cuique
« persuaserint, non poterunt, ipsi esse id quod
« maximè cupiunt otiosi. (*Ibid.*) »

Malgré ce divorce de la philosophie et de l'éloquence, qui fut réellement celui *de la langue et du cœur*, les Romains ne laissèrent pas de s'adonner à l'étude de l'éloquence avec une ardeur incroyable. « Posteaquàm, imperio omnium gentium
« constituto, diuturnitas pacis otium confirmavit,
« nemo ferè laudis cupidus adolescens non sibi ad
« dicendum studio omni enitendum putavit. (*De*
« *Orat.*, *lib.* I.) » Ils allaient entendre dans la Grèce ce

qu'il y restait d'orateurs; ils lisaient les écrits de ceux qui n'étaient plus; en les lisant ils s'enflammaient du désir d'égaler leurs maîtres. « Auditis « oratoribus græcis, cognitisque eorum litteris, adhi- « bitisque doctoribus, incredibili quodam nostri ho- « mines dicendi studio flagraverunt. (*Ibid.*) » Et, en dépit de la philosophie, c'était encore à ses écoles qu'ils allaient prendre les éléments de cette éloquence qu'elle désavouait, et qui, à vrai dire, n'eut bientôt plus assez de droiture et de bonne foi pour se vanter d'être son élève. (*Voyez* ORATEUR.)

On distingue dans Cicéron les études qu'il avait faites dans les écoles de rhétorique, et dont nous avons un extrait, d'avec les leçons bien plus profondes et plus substantielles qu'il avait prises des philosophes, et que lui-même il a fécondées dans ses livres de l'*Orateur*. Plus on les lit, ces livres que Cicéron lui seul au monde a été en état d'écrire, et sur-tout ce dialogue où il a mis en scène les deux plus grands orateurs du temps qui avait précédé le sien, chacun avec ses opinions, son caractère et son génie, plus on sent combien l'éloquence artificielle s'était rendue redoutable pour l'éloquence naturelle.

Quintilien en a parlé en homme instruit et judicieux, mais non pas en homme éloquent. Cicéron au contraire respire, même dans ses préceptes, cette éloquence dont il était plein : il la répand plutôt qu'il ne l'enseigne; il semble en exprimer le suc et la substance, pour en nourrir les jeunes orateurs. C'est là qu'on voit se développer cet art, qu'il possédait si éminemment, de manier l'arme de la parole, cet art d'ordonner un discours comme si l'on rangeait une armée en bataille; de rassembler, de distribuer ses forces, de les employer à propos après les avoir ménagées; de prendre un poste avantageux, de s'y tenir comme dans un fort; « Præ-« munitum atque ex omni parte causæ septum. «(*De Orat., lib.* III.)» de ne sortir de ses retranchements que pour attaquer l'ennemi, lorsqu'il présente un côté faible; de ne jamais s'engager trop avant dans un défilé périlleux, de se retirer en bon ordre de l'endroit qu'on ne peut défendre, pour tenir ferme dans l'endroit où l'on est mieux fortifié : « Adhibere quamdam in dicendo speciem atque « pompam, et pugnæ similem fugam; consistere verò « in meo præsidio, sic ut non fugiendi, sed capien-« di, loci causâ, cessisse videar (*De Orat., lib.* II.); » enfin de préférer l'attaque à la défense, ou bien la défense à l'attaque, selon que l'une ou l'autre promet plus d'avantage : « Si in refellendo adver-« sario firmior est oratio, quàm in confirmandis « nostris rebus, omnia in illum conferam tela; sin « nostra faciliùs probari quàm illa redargui pos-« sunt, abducere animos à contrariâ defensione et « ad nostram traducere. (*De Orat., lib.* III.)»

Et c'est cet art inventé, cultivé, élevé dans la Grèce à un si haut degré de gloire et de puissance, adopté, agrandi, et, à ce qui me semble, perfectionné chez les Romains; cet art qui faisait l'étude la plus assidue et la plus sérieuse des Périclès, des Démosthène, les plus sublimes entretiens des Crassus, des

Antoine, des Cicéron et des Brutus; c'est cet art que, dans nos collèges, nous croyons enseigner à des écoliers de douze ans.

Quand les rhéteurs se pressent d'initier leurs disciples dans les mystères de l'éloquence, ils témoignent qu'eux-mêmes ils n'en ont pas l'idée. La rhétorique est de toutes les parties de la littérature celle qui suppose le plus de connaissances et de lumières dans celui qui l'enseigne, le plus de discernement et d'application dans celui qui l'apprend : « Ceteræ enim artes seipsæ per se tuentur singulæ; « benè dicere autem, quod est scienter et peritè « et ornatè dicere, non habet definitam aliquam « regionem cujus terminis septa tueatur. (*De Orat.*, « *lib.* II.) » Et Quintilien, dont la doctrine est d'ailleurs si sage, n'a pas assez fidèlement suivi, dans sa méthode, les préceptes de Cicéron.

Non, rhéteurs, non, ce n'est pas dans un âge où la tête est vide, où la raison n'est point affermie en principes, où les éléments de nos pensées ne sont pas même rassemblés, où presque aucune de nos idées abstraites n'est distincte et complète, où les procédés de l'entendement, du composé au simple, du simple au composé, ne sont encore, si j'ose le dire, que le tâtonnement de l'ignorance et de l'incertitude, où l'on n'a guère que des notions vagues du juste, de l'honnête, de l'utile et de leurs contraires, des droits de l'homme et de ses devoirs, de ce qui, dans les différentes constitutions de la société, est ou doit être libre ou prescrit, licite ou illicite, honoré comme utile, négligé comme indif-

férent, approuvé comme juste, réprimé ou puni comme dangereux ou funeste; ce n'est pas dans cet âge qu'il faut exercer des enfants à discuter de grands objets de morale ou de politique. Pour obtenir des fruits précoces, on les abreuve d'une sève sans consistance et sans vertu; on les empêche d'acquérir les sucs et la saveur de la maturité. C'est de quoi se plaignait Pétrone, et il attribuait à ce vice d'institution la ruine de l'éloquence. « Cruda adhuc
« studia in forum propellunt; et eloquentiam, quâ
« nihil esse majus confitentur, pueris induunt ad-
« huc nascentibus. Quòd si paterentur laborum gra-
« dus fieri, ut studiosi juvenes lectione severâ miti-
« garentur, ut sapientiæ præceptis animos compo-
« nerent, ut verba atroci stylo effoderent, ut quod
« vellent imitari diù audirent..... Jam illa grandis
« oratio haberet majestatis suæ pondus. »

Que Quintilien donne à ses disciples à deviner « pourquoi les Lacédémoniens représentaient Vénus
« armée, ou pourquoi l'on dépeint l'Amour sous la
« figure d'un enfant; pourquoi on lui donne des
« ailes, des flèches, un flambeau; » avec un peu d'esprit et quelques légères connaissances, ils répondront passablement. Mais qu'il leur donne à examiner « si l'homme de guerre acquiert plus de
« gloire que le jurisconsulte; s'il est permis de bri-
« guer les charges; si une loi est digne d'éloge ou
« de censure; en quoi deux hommes illustres se
« ressemblent, et en quoi ils diffèrent, et lequel
« des deux est supérieur à l'autre en génie ou en
« vertu ; » comment Quintilien veut-il que des ques-

tions qui n'étaient pas au-dessous de Scévola, de Cicéron et de Plutarque, soient accessibles à un enfant?

Qu'on lui raconte une aventure qui l'intéresse, et qu'on l'oblige à la retracer, cet exercice peut lui être utile. Mais les grands procédés de l'éloquence, la délibération, la contestation, l'amplification des faits et des moyens, ce qui demande toute la force d'un raison mûre et solide, toutes les ressources d'un esprit cultivé, profondément instruit, peut-on le proposer à l'impéritie d'un écolier? Si on lui suggère ses raisonnements, ses définitions, ses preuves, ses figures et ses mouvements oratoires, il répétera en balbutiant ce qu'il en aura retenu; et si on le livre à lui-même, il flottera au gré d'une imagination sans idées, ne produira que des fantômes ou ne dira que des inepties. Quintilien approuve ces deux méthodes, Rollin les admet d'après lui; plein de respect pour l'un et pour l'autre, j'oserai cependant ne pas être de leur avis; car si la meilleure leçon d'éloquence est, comme disait Socrate, de ne parler que de ce qu'on sait bien, la plus dangereuse habitude est de parler de qu'on ne sait pas ou de ce qu'on sait mal; et cette institution, qui a mis l'art de parler éloquemment avant celui de penser juste, et qui nous fait abonder en paroles dans un âge où nous sommes si dépourvus d'idées, est peut-être l'une des causes qui ont peuplé le monde de raisonneurs à tête vide et de harangueurs importuns.

A quoi donc employer cet âge où l'étude de la

rhétorique et les exercices de l'éloquence seraient prématurés? Quintilien l'a dit, sans avoir dessein de le dire, lorsqu'il a comparé ses disciples aux petits des oiseaux : l'école est comme un nid où il faut les nourrir et leur laisser croître les ailes.

Je distinguerai donc trois temps pour les disciples de la rhétorique : le premier, où l'on ne fera guère que leur former l'entendement, et leur remplir l'esprit de ces idées élémentaires que je regarde comme les sources qui grossiront un jour le grand fleuve de l'éloquence; le second, où l'on commencera d'exercer leur talent par de légères tentatives, mais en suivant une méthode dont les Anciens nous ont donné l'exemple et dont je propose l'essai; le troisième enfin, où, dans l'art oratoire, on leur fera concevoir le plan d'un édifice régulier, dont les parties se correspondent et réunissent dans leur ensemble la grandeur, l'élégance et la solidité.

Après l'étude des langues savantes et singulièrement de sa propre langue; après l'habitude formée de la parler correctement et purement, avec clarté, facilité, noblesse, la première des facultés à développer et à fortifier dans un enfant, c'est la raison. « Nec verò « sine philosophorum disciplinâ, genus et speciem « cujusque rei cernere, neque eam definiendo expli- « care, nec tribuere in partes possumus; nec judicare « quæ vera, quæ falsa sint; neque cernere conse- « quentia, repugnantia videre, ambigua distinguere. «(*Orat.*)» C'est donc à la philosophie à commencer l'ouvrage de l'éloquence, et cette méthode est visiblement indiquée dans la *Rhétorique* d'Aristote; car sa manière de former l'orateur est de lui apprendre, avant toutes choses, l'art de bien raisonner et de bien définir, c'est-à-dire de lui apprendre à dessiner avant de peindre.

Je ne veux pas qu'on l'accoutume aux arguties de l'école, mais qu'on lui apprenne à manier le raisonnement avec force et même avec dextérité, et qu'il en connaisse les règles pour en mieux discerner les vices. Un esprit naturellement juste peut aller droit, sans le secours des règles, dans les sentiers battus de la raison, je le sais bien; mais toutes les routes n'en sont pas également frayées : il en est d'épineuses, d'obliques, d'incertaines; il est mille détours et mille défilés dans lesquels peut nous engager un adversaire adroit, un habile sophiste; et quand, pour soi-même, on n'aurait pas besoin du fil du labyrinthe, il serait encore nécessaire pour ramener l'opinion des autres, lorsqu'elle se laisse égarer.

La dialectique est, si j'ose le dire, le squelette de l'éloquence, et c'est avec ce mécanisme, ces articulations, ces leviers, ces ressorts, qu'il faut d'abord qu'un esprit jeune et vigoureux s'exerce et se familiarise. Viendra le temps où il apprendra, comme le peintre, à revêtir ces ossements des formes les plus régulières d'un corps vivant et animé, et ce sera l'ouvrage de l'amplification, ce grand talent de l'orateur, dont on a fait le jeu de notre enfance.

Mais à cette première organisation du talent oratoire, il faudra bientôt joindre une nourriture qui commence à donner à la raison de la force et de la couleur. Les bons livres en sont la source; et ce moyen est assez connu. Mais ce qui ne l'est pas de même, c'est le fruit que l'on peut tirer de ces lectures amusantes que l'on ferait à haute voix, et qui, bien dirigées, seraient pour les élèves comme les promenades du botaniste avec les siens, lorsqu'en parcourant les campagnes il leur fait distinguer et connaître les plantes, dont ils doivent un jour savoir appliquer les vertus.

A mesure donc que l'histoire, la poésie, la philosophie morale, et cette fleur de littérature qui forme l'éducation de tous les esprits cultivés, donneraient lieu d'analyser ces idées élémentaires qui doivent former insensiblement le magasin de l'orateur, on ferait aux jeunes élèves un objet d'émulation de les décomposer, de les développer : et ces études philosophiques seraient comme le vestibule du sanctuaire de l'éloquence.

Quoi! dira-t-on, des analyses métaphysiques à des enfants! Pourquoi non, si ces analyses n'ont rien de trop subtil, et ne font que leur expliquer, avec plus de précision, les mots qui sont à leur usage?

Je suis loin de vouloir fatiguer leur entendement de ces spéculations stériles où l'esprit de l'homme se perd dans le vague de ses pensées, et, après avoir parcouru un vide immense, retombe dans le doute, fatigué de ses vains efforts. La philosophie cherche la vérité dans l'essence des choses; l'histoire, dans les faits; la poésie demande un merveilleux vraisemblable ou un naturel rare, curieux et piquant; l'éloquence ne veut qu'une vraisemblance commune, elle rejette les paradoxes, et tire sa force des mœurs et de l'opinion générale : « In dicendo « autem vitium vel maximum est, à vulgari genere « orationis atque à consuetudine communis sensûs « abhorrere. (*De Orat.*, *l.* I.) » Ce n'est pas que ses idées et ses expressions ne soient souvent très élevées ; mais ses hauteurs sont accessibles, ses hardiesses n'ont rien d'étrange, sa route n'a rien d'escarpé ; et ce qu'elle dit de sublime ou d'inouï n'est étonnant que par la lumière imprévue et soudaine qu'elle jette dans les esprits. Ainsi le comble de l'éloquence est de dire ce que personne n'avait pensé avant que de l'entendre, et ce que tout le monde pense après l'avoir entendu.

Il ne s'agit donc que de se tenir (si je puis m'exprimer ainsi) dans la moyenne région des idées abstraites, de s'attacher à celles qui appartiennent à l'éloquence, et d'éviter ces questions frivoles, singulières et sophistiques, qui ne font qu'altérer dans les enfants la bonne foi du sens intime, rendre l'esprit pointilleux et faux, et tout au plus accoutumer leur langue à une brillante loquacité. « Malim equi« dem indisertam prudentiam quàm stultitiam lo« quacem. (*De Orat.*, *l.* III.) »

Alors que peut avoir de si effrayant pour eux la métaphysique de l'éloquence ? et, par exemple, quoi de plus clair, de plus sensible, de plus facile à concevoir, que le développement de l'idée de la vertu, tel que Cicéron nous le donne ; lorsqu'ils liront qu'elle est à la fois *prudence*, *justice*, *force* et *tempérance* ; que la *prudence* est le discernement des choses bonnes, mauvaises, indifférentes ; que la *justice* est l'état habituel d'une âme attentive et fidèle à rendre à chacun ce qui lui est dû, sans préjudice du bien public; que la *force* consiste à braver les périls et à supporter les travaux; qu'elle est composée de *grandeur d'âme*, de *confiance*, de *patience* et de *persévérance*; *que le propre de la grandeur d'âme* est de former de généreux desseins, et d'y porter une résolution qui leur donne encore plus de lustre; que le caractère de la *confiance* est de compter sur soi dans de louables entreprises, et de mettre en ses propres forces une espérance ferme d'en vaincre les obstacles et d'en surmonter les dangers; que la *patience* s'exerce à souffrir volontairement et long-temps, pour remplir des devoirs pénibles; que la *persévérance* est une stabilité perpétuelle dans des résolutions mûrement réfléchies, et qu'on n'a prises qu'après avoir tout prévu et tout consulté; que la *tempérance* est la domination d'une raison sévère sur tous les mouvements de l'âme et sur tous ses penchants impétueux et déréglés; que ses espèces sont la *continence*, la *clémence* et la *modestie*; que sous le frein de la *continence*, la fougue des désirs est réprimée par la raison; que la *clémence* adoucit les transports d'une colère aveugle ou d'un âpre ressentiment; que la *modestie* enfin répand une pudeur honnête dans toute la conduite d'un homme de bien, et ajoute un nouvel éclat à la dignité des actions louables?

Ainsi, après avoir commencé par définir en dialecticien, le jeune homme apprendra à définir en orateur, et peu à peu se rassemblera dans son entendement cette foule d'êtres intellectuels qui environnent l'éloquence, et qui, classés avec méthode, doivent un jour pouvoir se succéder rapidement et sans confusion dans la pensée de l'orateur.

Ce sera sur-tout dans les faits que lui présentera l'histoire, que l'élève retrouvera sa métaphysique en exemple et sa morale en action, mais modifiée par les circonstances, qui quelquefois changent l'objet, au point de rendre digne de louange ce qui est en soi digne de blâme, et de rendre digne de blâme ce qui de sa nature est digne de louange. Ici la tâche que le rhéteur imposera à son disciple sera de démêler, dans le caractère de l'action, ce qui la rend problématique, ou ce qui la distingue ou l'excepte de la loi générale et de l'ordre commun.

De ces études on verra se former non pas un système de philosophie subtile et transcendante, mais un cours de philosophie naturelle et sensible, accommodée à la vie et aux mœurs; ce qui fut toujours, dit Cicéron, le partage de l'éloquence : « Quod semper oratoris fuit. » Et sans prétendre, comme lui, que l'orateur, pour être accompli, doive être en état de parler de tout avec connaissance de cause, et autant d'abondance que de variété, au moins dirai-je qu'en laissant à la philosophie ses subtilités et ses profondeurs, l'éloquence doit être prémunie de toutes les idées morales qui caractérisent les hommes et distinguent leurs actions. « Oratori quæ sunt in hominum vitâ (quandoqui- « dem in eâ versatur orator atque ea est ei sub- « jecta materies), omnia quæsita, audita, lecta, dis-

« putata, tractata, agitata esse debent. (*De Orat.*, *lib.* III.) »

Mais il est temps que l'éloquence elle-même reçoive ses disciples des mains de la philosophie ; et je propose pour eux encore un exercice qui convient à leur âge, et dont l'exemple de Crassus et l'autorité de Cicéron garantissent l'utilité.

« Pour me former à l'éloquence (dit Crassus dans
« le dialogue de l'*Orateur*), j'avais d'abord adopté
« la méthode des exercices de Carbon. Je répétais
« de souvenir, je commentais, j'amplifiais quel-
« que morceau de poésie ou d'éloquence, que je ve-
« nais de lire en notre langue ; mais je m'aperçus
« que cette méthode était mauvaise, en ce que mon
« auteur s'étant saisi d'abord, pour rendre sa pen-
« sée, des termes les plus convenables, les plus forts,
« les plus élégants, si je me servais de ces mots, je
« ne faisais rien de moi-même ; si j'en employais
« d'autres, je faisais plus mal. Je préférai d'expli-
« quer de mémoire les oraisons des plus célèbres
« orateurs grecs ; et alors j'eus le choix de tous les
« termes de ma langue, pour exprimer en liberté
« les pensées de mon auteur. »

Voilà, je crois, le genre d'exercice le plus propre à former les disciples de l'éloquence ; et c'est celui que je substituerais à ces compositions futiles dont on fatigue les enfants.

Cet exercice commencerait, dans l'école assemblée, par la lecture, à haute voix, d'un morceau pris d'un historien, d'un orateur ou d'un poète : car on sait bien que l'éloquence est répandue dans toute la sphère de la littérature : « *Vagam et liberam et latè patentem*, » mais dans tel climat plus brûlante, dans tel autre plus tempérée ; et qu'en passant sur différents sujets, comme par différentes plumes, elle change de caractère, de mouvements et de couleur. « Nam cùm est oratio mollis, et tenera, et ita « flexibilis ut sequatur quocumque torqueas ; tum « et naturæ variæ, et voluntates, multùm inter « se distantia effecerunt genera dicendi. (*Orat.*) » Ainsi tous les exemples en seraient variés, et tantôt la raison y dominerait, tantôt le sentiment, ou quelque passion violente. Dans les uns, la justesse, la précision, l'énergie ; dans les autres, le coloris, la hardiesse des pensées, la vivacité des images ; dans les autres enfin, le ton, le style propre aux mouvements passionnés, se présenteraient pour modèles ; et après la lecture, qui serait sobrement accompagnée de réflexions, on laisserait chacun exercer sa mémoire, son esprit, son talent, à reproduire dans une autre langue ce qu'il en aurait retenu.

Le jeune élève ne serait dans ce travail, ni absolument livré à lui-même, ni absolument privé du plaisir de la production ; il aurait, comme en traduisant, le mérite et l'attrait de l'invention du style, et de plus le mérite, encore plus attrayant, de l'invention des idées, pour suppléer à ses oublis. J'y crois voir sur-tout l'avantage de lui faire donner toute son attention aux figures, aux mouvements, aux tours du style de l'écrivain qu'on lui aurait donné pour modèle ; et combien plus vive et plus profonde serait l'impression de l'exemple, lorsqu'au moment de la correction on lui ferait apercevoir qu'il aurait mal saisi le caractère de son auteur, mal répondu, je le suppose, à l'énergie de Tacite, à la précision de Salluste, à l'élocution pleine, harmonieuse et oratoire de Tite-Live !

C'est en l'exerçant à travailler ainsi d'après de grands modèles sur des sujets intéressants, qu'on lui élèverait l'esprit, l'âme et le style, et qu'on lui donnerait cet ardent amour de son art, sans lequel, dans la vie, et singulièrement dans la carrière de l'éloquence, on ne fait rien de grand. « Studium,
« et ardorem quemdam amoris, sine quo, cùm in
« vitâ nihil quidquam egregium, tum certè hoc
« quod tu expetis, nemo unquàm assequetur ». (*De
« Orat.*, *l*. I.)

Dans ces premières études de l'éloquence, Pétrone, le grand ennemi de la déclamation, voulait qu'on fût nourri de la lecture des poètes, et sur-tout de celle d'Homère :

. . . . « Det primos versibus annos,
« Mœoniumque bibat felici pectore fontem. »

Théophraste reconnaissait que la lecture des poètes était infiniment utile aux orateurs ; Longin la recommande à ceux qui veulent s'élever au ton de la haute éloquence. Quintilien pense comme eux :
« C'est dans les poètes, dit-il, qu'on doit chercher
« le feu des pensées, le sublime de l'expression, la
« force et la vérité des sentiments, la justesse et la
« bienséance des caractères. »

Il ne laisse pas d'y avoir quelques précautions à

prendre, pour empêcher que les jeunes gens ne confondent l'éloquence du poète avec celle de l'orateur ; et le maître aurait attention de leur faire bien distinguer, dans les tours, les figures et les images du style poétique, ce qui excède les hardiesses qui sont permises au langage oratoire. Mais la distance de l'un à l'autre n'est pas aussi grande qu'on l'imagine : « Est finitimus oratori poeta numeris adstric- « tior paulò, verborum autem licentiâ liberior, mul- « tis verò ornandi generibus socius ac pene par. « (*De Orat.*, *lib.* I.) » Aussi le Sophocle latin, Pacuvius, était-il la lecture la plus habituelle de Crassus et de Cicéron ; et je suis bien persuadé que de tous les modèles celui que Massillon avait le plus étudié, c'était Racine.

J'oserai cependant n'être pas de l'avis de Cicéron, lorsqu'il assure que la sphère de l'orateur est aussi étendue que celle du poète : « In hoc certè propè « idem, nullis ut terminis circumscribat aut defi- « niat jus suum. *(Ibid.)* » Et dans le choix des sujets qu'on propose, ou des exemples qu'on présente aux disciples de l'éloquence, on doit se souvenir que tout ce qui convient à un art dont le but n'est que de séduire et de plaire, ne convient pas à un art dont la fin est d'instruire et de persuader. Ainsi les écarts, les épisodes, les détails de pur agrément, qui sont permis à la poésie, ne le sont pas à l'éloquence. Dans celle-ci rien de superflu ; tout doit tendre à la persuasion ; plaire, émouvoir, n'en sont que les moyens. En deux mots, le luxe, qui n'est que luxe, est interdit à l'éloquence ; l'agréable y doit être utile ; les ornements de son édifice en doivent être les appuis.

Quant à l'étendue de leur domaine, celui de la poésie embrasse, non-seulement dans la nature, mais au-delà, dans les possibles, dans les espaces du merveilleux, tous les objets, réels ou fantastiques, dont la peinture peut nous plaire : la vérité connue, la feinte, le mensonge, tout est de son ressort. L'éloquence au contraire n'a pour objet que ce qui intéresse sérieusement les hommes, le juste, l'honnête, l'utile et le vrai dans ces trois rapports, mais le vrai qui n'est pas connu ou qui n'est pas assez senti ; sans quoi l'éloquence serait sans objet et n'aurait plus aucune force. Elle aurait beau couler, comme un fleuve rapide, dans un lit vaste et libre, elle paraîtrait calme et semblable à une eau dormante. C'est aux écueils qu'elle rencontre, qu'elle heurte et qu'elle franchit, c'est au détroit où ses flots se resserrent et redoublent de force et d'impétuosité, c'est là qu'elle se fait connaître, et perd le nom d'élocution, pour prendre celui d'éloquence.

Celsus avait donc quelque raison de dire que l'éloquence ne s'exerçait que sur des choses contestées; mais la résistance est encore plus souvent dans la volonté que dans l'entendement ; et c'est la plus difficile à vaincre.

La poésie n'a que la vraisemblance à se donner, et que l'illusion à répandre ; l'histoire n'a communément que l'ignorance à éclairer ; la philosophie a de plus l'erreur et le préjugé à combattre ; l'éloquence a non-seulement l'opinion, mais les affections, les passions à subjuguer, à dominer : ce sont là ses triomphes ; et cette différence fera seule sentir aux jeunes gens pourquoi le caractère de la poésie est une séduction perpétuelle ; celui de l'histoire, une sincérité noble et calme ; celui de la philosophie, une discussion sagement animée ; celui de l'éloquence, une action pleine de chaleur, et plus ou moins véhémente, selon la force des obstacles que son sujet lui donne à renverser. De ces obstacles, le moindre, c'est le doute ; et avec tout le charme du langage, celui qui, n'ayant aucune résistance d'opinion, d'inclination, de doute à vaincre dans son auditoire, ne ferait que lui exposer des vérités connues, serait un beau parleur, et, si l'on veut, un homme dissert, mais non pas un homme éloquent. C'est donc toujours un objet sérieux, intéressant, problématique, et relatif à l'un de ses trois points, le juste, l'honnête et l'utile, qu'il faut choisir, même dans les poètes, pour y exercer les enfants.

Enfin ce qui me semble décider en faveur de cette espèce de leçons que je propose pour la seconde classe, c'est qu'en devenant tous les jours un peu plus difficiles et un peu plus savantes, elles amènent les disciples à ce troisième degré d'études, où ils auront à saisir d'un coup d'œil l'ordonnance et la contexture de la harangue et du plaidoyer.

Et sans cette méthode, comment leur faire en même temps observer l'ordre, l'enchaînement, l'accord et la diversité des parties dont cet ensemble est composé ? Une simple lecture ne les captive point, et ne laisse presque jamais dans de jeunes esprits que de légères traces ; la traduction est pénible et lente, et l'attention y est absorbée par les détails de l'expression ; le travail d'apprendre par cœur est mécanique, dès qu'il est commandé, et se réduit à retenir des mots ; l'extrait n'excite aucune ardeur, aucune émulation dans l'âme ; enfin la composition en grand est insensée, avant l'étude des modèles. Quel moyen reste-t-il pour en graver l'empreinte dans l'esprit des élèves, que la méthode de Crassus, une lecture à haute voix, et après la lecture une rédaction, une traduction de mémoire?

Ici l'on n'aura point à craindre l'inapplication des élèves : émus jusqu'à l'enthousiasme par cette lecture enivrante, pleins des beautés qu'ils auront admirées dans les mouvements, les pensées, le langage de l'orateur ; en se frappant de ses raisons, ils auront été encore plus saisis des passions qui l'animaient ; fatigués de cette foule d'idées et de sentiments qu'il leur aura transmis, ils brûleront de les répandre ; et s'ils ont en eux quelque germe d'éloquence naturelle, on verra ces germes éclore à la chaleur vive et profonde dont il les aura pénétrés.

Je ne sais si ce grand exemple de Crassus me fait illusion ; mais je crois voir le jeune élève sortir de cette école avec une force d'appréhension, une vigueur de jugement, une habitude à saisir l'ensemble d'un sujet ou l'état d'une cause, son point de vue favorable, ses vrais moyens, et en même temps son côté faible et périlleux ; une promptitude à s'affecter des passions dont elle est susceptible ; une facilité à changer de ton, de mouvements et de langage; une impétuosité dans l'attaque, une adresse dans la défense, une souplesse et une agilité à parer tour à tour et à porter des coups rapides ; enfin une richesse, une abondance d'élocution, que nul autre genre d'étude et d'exercice ne peut donner.

Cependant, comme après avoir exercé long-temps les jeunes peintres à dessiner d'après de grands modèles, on leur permet de composer, on pourrait de même permettre aux élèves de l'éloquence de s'essayer en liberté, lorsqu'ils auraient acquis des forces. Ce serait même, dans les deux classes, une récompense honorable que l'on proposerait à leur émulation.

Mais je persiste à demander 1° que le sujet soit pris d'un écrivain du premier ordre, afin d'avoir plus sûrement à leur donner pour correctif, après la composition, le meilleur modèle possible ; 2° que ce soit une question douteuse et sujette à discussion, soit d'une partie avec l'autre, soit de l'orateur avec lui-même ; car ce qui serait évident et incontestable ne donnerait plus lieu ni à la preuve ni à la réfutation, le vrai combat de l'orateur : l'élève doit savoir qu'il a toujours un adversaire dans l'opinion opposée à la sienne ; et quand cet adversaire est muet, c'est à lui de prendre sa place et de parler contre lui-même avec autant de force et de chaleur que ferait un homme éloquent (*Voyez* CHAIRE); 3° que pour ces essais on préfère les causes dont le principe est contesté, non-seulement parce qu'elles donnent plus d'espace et d'essor à de jeunes esprits, mais parce qu'elles prêtent au développement de ces idées élémentaires que l'élève a déjà reçues, et qu'elles sont les seules où il soit en état de faire quelques pas sans être mené par la main : car d'examiner, comme on le fait dans une cause particulière, si une chose est telle ou telle ; ou si le fait dont il s'agit est arrivé de telle ou de telle façon, par malice, par imprudence, involontairement ou par nécessité ; si l'accusé a fait ce qu'on lui impute, et s'il l'a fait selon la loi, hors de la loi, contre la loi, seul, de son propre mouvement, ou par l'impulsion d'un autre, etc. ; tout cela tient à des circonstances dont il est impossible que les écoliers soient instruits.

Toutefois en donnant la préférence aux causes générales, non-seulement comme plus simples, mais comme plus propres à faire connaître les grandes régions de l'éloquence, et comme un moyen d'accoutumer l'esprit à voir les conséquences dans leur principe ; je ne laisserai pas d'observer qu'un grand nombre des plus belles causes sont des causes particulières, dont le principe est reconnu, et c'est pour celles-ci que la méthode des rhéteurs serait nécessaire aux élèves.

Ces rhéteurs avaient pris la peine de classer toutes les causes oratoires, et d'assigner à chaque espèce les moyens qui lui convenaient : c'est ce qu'on appelait *loca*, arsenal oratoire, où il faut avouer que les armes étaient rangées avec beaucoup d'ordre et de soin.

Cette méthode avait l'avantage de tracer des routes, d'y poser des signaux, d'avertir l'orateur de celle qu'il aurait à suivre ; Cicéron lui-même en convient : « Habet enim quædam ad commonendum « oratorem. » Mais l'élève qui, après les premières études, aurait besoin d'aller chercher dans ces lieux oratoires les moyens propres à sa cause, serait un esprit lent, timide et sans essor : « Quod etiamsi « ad instituendos adolescentulos magis aptum est, « ut, simùl ac posita sit causa, habeant quò se re- « ferant, undè statim expedita possint argumenta « depromere : tamen et tardi ingenii est rivulos con- « sectari, fontem rerum non videre. (*De Orat.*, *l.* II.) »

« Qu'on me donne, disait Antoine, dans ce même « dialogue, un jeune homme qui ait bien fait ses « études ; si, avec un peu d'usage de l'art oratoire, « il a dans le génie quelque vigueur, je le porterai « en un lieu où il trouvera, non pas un filet d'eau « enfermée et captive dans des canaux étroits, mais « un fleuve entier qui s'élance impétueusement de « sa source. » « Si sit is, qui et doctrinâ liberaliter « mihi institutus, et aliquo jam imbutus usu, et « satis acri ingenio esse videatur ; illùc eum rapiam, « ubi non seclusa aliqua aquula teneatur, sed undè « universum flumen erumpat. (*De Orat.*, *l.* II.) »

Quelle était donc cette source abondante, auprès de laquelle tous les lieux communs des rhéteurs ne lui semblaient que des filets d'eau ? C'était le cause elle-même ; et sa méthode, à lui, consistait à la méditer profondément, à bien savoir quelle en était la nature, « quæ numquàm latet, » disait-il, et à tirer de cette connaissance ses procédés et ses moyens.

La pratique de l'orateur que je viens de citer, pour s'instruire à fond d'une affaire, était d'engager sa partie à plaider sa cause elle-même devant lui, sans témoin, afin qu'elle eût plus d'assurance, et de plaider contre elle, afin de l'obliger à mettre au jour tous ses moyens. « Après avoir renvoyé mon « client, je faisais, dit-il, à moi seul, trois person- « nages différents, le mien, celui de mon adversai- « re et celui de nos juges; ainsi je plaidais les deux « causes, et le mieux qu'il m'était possible; après « cela je prononçais avec la plus rigoureuse équité. »

Voilà une grande leçon et en même temps un moyen assez simple de rendre les causes particulières accessibles aux jeunes gens ; car si le rhéteur veut se mettre à la place de la partie et se laisser interroger, l'élève fera de son côté le personnage de l'avocat; et la justesse, la sagacité, la promptitude de son discernement percera dans cet exercice par le soin qu'on lui verra prendre de démêler, de dénouer les difficultés véritables, par l'attention qu'il donnera aux points essentiels de la cause, par le choix qu'il fera des moyens décisifs; car rien ne distingue plus sûrement une bonne et une mauvaise tête, qu'une curiosité judicieuse qui va au but, et une curiosité vague qui se dissipe et s'égare en chemin.

Il ne faut pas oublier cependant que l'exercice apprend à voir aux jeunes orateurs, comme il apprend à voir aux jeunes peintres, et qu'on prend quelquefois pour manque d'intelligence et d'aptitude ce qui n'est que légèreté, dissipation, distraction. L'avocat, parce qu'il est instruit, voit d'un coup d'œil, parmi les circonstances et les moyens qu'on lui expose, ce qui lui est bon et ce qui lui manque : ses recherches sont éclairées ; celles de l'écolier peuvent être d'abord inquiètes et indécises. Il faut donc se donner la peine de lui apprendre à examiner, à développer une cause, à la voir sous toutes ses faces, à prévenir dans tous les points ce qu'on pourra lui opposer, et à se tenir préparé pour l'attaque et pour la défense. Or c'est ce qu'on n'a jamais fait.

Le premier tort des rhéteurs a été, comme je l'ai dit, de croire enseigner l'art de l'éloquence à des enfants, et pour cela ils l'ont réduit aux miettes : « Qui omnes tenuissimas particulas... ut nutrices in-« fantibus pueris, in os inserant; (*De Orat.*, *lib.* II.) » et au contraire, le moyen de simplifier l'art, de le faciliter, aurait été de l'enseigner en masses : un petit nombre de grands principes, appuyés sur de grands exemples, aurait suffi, et n'aurait ni troublé ni fatigué de jeunes têtes.

La même erreur a fait assujettir à des règles minutieuses et à des méthodes serviles ce qu'il y a de plus capricieux, de plus impérieux au monde, l'occasion et la nécessité. La rhétorique, ainsi que la tactique, ne peut rouler que sur des hypothèses : dans l'un et l'autre genre de combat il y a deux grands ordonnateurs, le jugement et le génie ; mais ils sont tous les deux soumis à des hasards qui déconcertent toutes les méthodes et font fléchir toutes les règles.

Il fallait donc simplifier l'art le plus qu'il eût été possible, ne pas ériger en principe ce qui n'est juste et vrai que sous certains rapports, n'enseigner que le difficile, ne prescrire que l'indispensable, en un mot laisser au talent, comme les lois doivent laisser à l'homme, autant de sa liberté naturelle qu'il en peut avoir sans danger. Les règles prescrites par les rhéteurs sont presque toutes de bons conseils et de mauvais préceptes.

Tout se réduit, dans l'art oratoire, à instruire, à plaire, à émouvoir ; encore, des trois, un seul doit-il paraître en évidence; et lors même que l'orateur emploie tous les moyens de se concilier le juge ou l'auditeur, de le flatter, de le fléchir, de l'irriter ou de l'apaiser, le comble de l'art serait encore de ne sembler occupé qu'à l'instruire. « Una, ex tribus « his rebus, res præ nobis est ferenda, ut nihil aliud, « nisi docere, velle videamur. Reliquæ duæ, sicut « sanguis in corporibus, sic illæ in perpetuis ora- « tionibus fusæ esse debebunt. » Cette règle en renferme mille, et si on l'a bien saisie, ni les lieux oratoires, ni les figures, ni les ornements, ni aucune des formules de rhétorique, ne s'introduiront qu'à propos, et comme sans étude et sans dessein, dans l'éloquence. Je sais que les figures en sont l'âme et la vie; et il n'en est aucune qui, naturellement employée et mise à sa place, ne donne de la grace ou de la force à l'élocution. Mais il faut que l'élève apprenne à les connaître et non pas à les employer. Celles qui, dans la chaleur de la composition, ne se présentent pas d'elles-mêmes décèleraient trop l'artifice : la nature les a inventées, la nature doit les placer.

A l'égard de l'économie et de l'ordonnance de

l'ouvrage oratoire, on le divisera, si l'on veut, en six, en cinq ou en trois parties. Mais quoiqu'on puisse donner pour modèle un discours dans lequel ces parties, distribuées selon l'usage, tendent au but commun de la persuasion : l'exorde, par sa modestie et sa douceur insinuante ; l'exposition, par la clarté d'une division régulière et complète ; la narration, par son adresse et son air d'ingénuité ; la preuve, par sa solidité, sa vigueur et sa rapidité pressante ; la réfutation, par la dextérité des tours, la force des répliques et la chaleur des mouvements ; la confirmation, par un accroissement de force et d'énergie ; la conclusion, par cet éclat qui part des moyens rassemblés ; la péroraison, par des mouvements d'indignation et de douleur, quand la cause en est susceptible, ou par la séduction d'un pathétique doux et pénétrant sans violence, quand la cause ne donne lieu qu'à la commisération ; le rhéteur ne laissera pas d'avertir son disciple que c'est au sujet à prescrire l'économie du discours, à décider du nombre, de la distribution, du caractère de ses parties ; et que non-seulement sous différentes formes un discours peut être éloquent, mais que, pour l'être autant qu'il est possible, il ne doit jamais affecter que la forme qui lui convient.

Savoir de quoi, dans quel dessein, à qui, ou devant qui l'on parle ; et, dans tous ses rapports, dire ce qui convient, et le dire comme il convient : c'est l'abrégé de l'art oratoire.

Ainsi l'importante leçon, la seule même dont l'élève aurait besoin, si elle était bien développée, serait de lui apprendre à viser à son but, à se demander à lui-même quel est l'effet qu'il veut produire; s'il lui suffit d'instruire, ou s'il veut émouvoir; s'il est en état de convaincre, ou s'il aura besoin d'intéresser et de fléchir; s'il se propose d'exciter l'admiration ou l'indulgence, l'indignation ou la pitié. Alors il sentira si son exorde doit être véhément ou timide; si son exposition ou sa narration exige la simplicité, la modestie ou la magnificence; si, dans la preuve, il lui faut insister sur le principe ou sur les conséquences; si, dans la réfutation, il doit agir de vive force, ou ruiner insensiblement les moyens de son adversaire, employer l'artifice de l'insinuation, ou le tranchant du syllogisme, ou les entraves du dilemme, ou le piège de l'induction; si le caractère de sa péroraison doit être la véhémence et l'énergie, ou la douceur de la séduction, un pathétique violent et brûlant, ou cette sensibilité modérée qui fait couler de douces larmes, ou cette douleur déchirante qui pénètre dans tous les cœurs.

Enfin la conclusion de ce long cours d'étude sera d'avertir les élèves les mieux instruits, que ce n'est encore rien que ce qu'ils ont appris : car sans compter, pour l'avocat, cette immense étude des lois; sans compter, pour l'homme d'état, la connaissance de la chose publique dans ses détails et dans tous ses rapports; sans compter, pour l'orateur chrétien, la lecture et la méditation des livres sacrés, dont il doit être plein comme de sa propre substance, leur grande étude à tous, l'étude de toute leur vie, sera celle des hommes qu'ils auront à persuader, à dominer par la parole; et pour cette étude, la véritable, la seule école, c'est le monde : nulle spéculation ne peut y suppléer, nulle hypothèse n'y peut suffire. L'homme est un être si mobile, si changeant, si divers, qu'il est impossible d'enseigner quels seront les hommes de tel lieu, de tel temps, de telle conjoncture; quel sera tel jour, à telle heure, l'esprit dominant de la nation, de la cité, des tribunaux, de l'auditoire. C'est là cependant ce que l'orateur doit savoir; et il ne le saura bien que sur le lieu, sur le temps, en *subodorant*, comme Cicéron, les sentiments et les pensées, en mettant le doigt sur les cœurs. Sans cela l'éloquence est vague, et manque des deux propriétés qui en font toute la force, la convenance et l'à-propos.

Que les jeunes gens sachent donc que l'école n'a été pour eux qu'une lice obscure et paisible, dont les combats étaient des jeux, et que maintenant il s'agit de se porter sur le champ de bataille. « Educenda deindè dictio est ex hâc domesticâ « exercitatione et umbratili, medium in agmen, in « pulverem, in clamorem, in castra, atque aciem « forensem.... periclitandæ vires ingenii, et illa « commentatio inclusa in veritatis lucem proferen- « da est. (*De Orat.*, *lib.* I.) »

Selon la méthode que je viens de tracer, d'après les plus grands maîtres de l'art, on voit que les études de la rhétorique ont trois degrés : que celles de la première classe sont communes à tous les hommes dont on veut former la raison, cultiver l'esprit et polir le langage, et que jusque là l'homme du monde et l'orateur ont besoin des mêmes leçons ; que celles de la seconde classe deviennent plus propres à l'éloquence, mais conviennent également à l'orateur, au philosophe, à l'historien et au poète ; enfin que les études de la troisième classe, où l'on enseigne expressément les procédés de l'éloquence, semblent ne convenir qu'aux jeunes gens qui se destinent ou à la chaire, ou au barreau, ou à quelque fonction publique qui demande un homme éloquent. Mais comme, pour développer le corps et lui donner plus de force et plus de souplesse, on exerçait les jeunes Romains au combat de la lutte, sans vouloir en faire des athlètes ; de même, si l'on veut m'en croire, on exercera l'esprit de la jeunesse destinée aux fonctions qui demandent le don de la parole, on l'exercera long-temps dans la lice du plaidoyer : car il n'est point de genre d'éloquence qui ne se réduise aux règles de la plaidoirie. Instruire, prouver, réfuter, émouvoir, et persuader, c'est, dans toutes les situations de la vie, l'art de dominer les esprits.

On peut me demander quel temps je veux que l'on donne à ces études. Le temps qu'elles exigeront. Dans les beaux jours de l'éloquence, les Anciens ne le comptaient pas, et le croyaient bien employé : aussi le sénateur, le consul, le censeur, l'homme de lois, l'homme d'état, s'y formaient-ils en même temps ; et chaque citoyen, destiné aux fonctions publiques, en sortait propre à les remplir. C'est un beau rêve, me dira-t-on ; et s'il a quelque réalité, ce n'est plus nous qu'elle intéresse. Au milieu d'un peuple à la fois légistateur et juge, devant qui l'on plaidait non-seulement pour la fortune et la vie du citoyen, mais pour l'utilité, la gloire et le salut de la république, dans un état où chacun aspirait à dominer par la parole, que des hommes sans cesse en guerre dans la lice de l'éloquence, pour leurs amis ou pour eux-mêmes, et qui venaient y décider, comme des gladiateurs, de leur perte ou de leur salut, aient attaché à ce grand art tout l'intérêt de leur sûreté, de leur fortune et de leur gloire, rien de plus naturel. Mais quel serait pour nous le fruit, l'emploi de ces longues études? Où serait la place de ces talents cultivés avec tant de soin? Sommes-nous dans Rome ou dans Athènes? et avons-nous une tribune où l'orateur, homme d'état, puisse parler en liberté?

Fasse le ciel qu'il s'en élève, et en grand nombre, de ces citoyens éloquents! On demande où serait leur place! Partout où la voix de la sagesse, de la vérité, de la vertu, de l'intérêt public, de l'amour de l'humanité, a le droit de se faire entendre; et sous ce règne où ne l'a-t-elle pas? L'éloquence n'a plus de tribune! Mais la chaire en est une encore pour cette morale sublime, que rend plus pure encore et plus touchante la sainteté de ses motifs. Mais les Académies sont des tribunes, où, la palme à la main, on demande aujourd'hui, comme autrefois dans la place d'Athènes: *Qui veut parler pour le bien public?* Dans Athènes, ce n'était qu'au moment où la république était menacée, dans les jours de crise et de danger, que la voix du héraut se fai-

sait entendre: ici, dans le sein de la paix, et lorsque l'indolence de la sécurité, de la tranquillité publique, semblerait pouvoir refroidir l'intérêt général; ici, tous les jours, et du centre et des extrémités du royaume, la voix s'élève et dit aux orateurs :
« Tel abus règne, tel préjugé domine; pour le com-
« battre et le détruire, *qui veut parler? Qui veut*
« *parler* contre la servitude, contre la rigueur inu-
« tile de nos anciennes lois pénales, contre l'ini-
« quité des peines infamantes; sur les moyens
« de conserver cette multitude innombrable d'en-
« fants qui vont périr dans les asyles de l'indigence,
« ou sur les moyens de détruire ce vieux fléau de
« la mendicité, sans manquer au respect que l'on
« doit au malheur, *qui veut parler?*

« L'exemple des hautes vertus, des sublimes
« talents, des travaux héroïques, s'efface dans l'é-
« loignement, et ne jette plus qu'une pâle et froide
« lumière; pour en ranimer l'émulation avec le sou-
« venir, *qui veut parler?* Le génie et l'ambition des
« souverains se tourne vers la solide gloire, vers cel-
« le qui ne coûtera ni larmes ni sang à leurs peu-
« ples, et qui sera le prix du bien qu'on aura fait.
« Les peuples eux-mêmes commencent à sentir
« qu'une politique funeste les a trompés, en les
« rendant jaloux et rivaux l'un de l'autre, et que
« la nature les avait faits pour être amis. *Qui veut*
« *parler* pour applaudir à cette grande révolution,
« pour y encourager et les rois et les peuples? »

Un jeune prince (de Brunswick) se dévoue pour secourir des malheureux qui vont périr, et à l'ins-

tant une voix chère à la nation s'élève et demande :
« *Qui veut parler* avec l'enthousiasme d'une poésie
« éloquente, pour rendre, à la mémoire de ce héros
« de l'humanité, l'hommage, les vœux, les regrets
« de la reconnaissance universelle ? Qu'il acquitte le
« genre humain de ce devoir, et la couronne d'or,
« qu'on refusait à Démosthène, l'attend et lui est
« assurée. »

Qu'on ne dise donc plus que les grands objets manquent à l'éloquence ; mais bien plutôt que l'éloquence manque le plus souvent aux grands objets qui la demandent, qui l'appellent, qui l'invoquent de toutes parts. Son domaine aura ses limites : elle ne sera plus séditieuse et turbulente ; elle ne sera plus délatrice et calomnieuse ; mais si elle n'a pas toute la liberté de l'éloquence républicaine, aussi n'en aura-t-elle pas la licence et les vices. Elle fera moins de bien peut-être ; mais elle ne fera que du bien, et fera de grands biens encore. Je ne parle point du barreau, où la justice et l'innocence auront toujours besoin de son organe ; mais partout où le bien moral et politique, l'utile, l'honnête et le juste sont mis en délibération, dans les conseils, dans les tribunaux, dans les députations et dans les assemblées, elle aura lieu de se montrer ; elle aura lieu de parler aux peuples au nom du souverain, au souverain au nom des peuples ; consolante et sensible en émanant du trône, respectueuse et sage en y portant les vœux, les gémissements des sujets. Elle ne fera point de révolution violente ; mais elle amènera des réformes utiles, des changements inespérés ; elle rendra du moins l'autorité plus douce, l'obéissance plus facile, le souverain plus cher encore, les peuples plus intéressants.

Mais il est pour elle un empire plus étendu et plus durable. Cet art précieux, que les Anciens ne possédaient pas, l'art de l'imprimerie, donne des ailes et cent voix à l'éloquence, comme à la renommée ; les livres sont pour elle des ministres rapides, qui, d'une extrémité du monde à l'autre, vont porter la lumière et la persuasion ; et n'eût-elle que ces organes, de quel prix ne seraient pas encore le talent, le génie et l'âme d'un homme vertueux et sage, à qui, pour rendre sa sagesse et sa vertu fécondes, le ciel aurait donné le don d'écrire éloquemment ! Un livre où les principes d'une saine philosophie, d'une politique morale, d'une sage législation, d'une administration salutaire, seront développés avec une éloquence lumineuse et sensible, sera lui seul pour le monde un bienfait qu'on ne saurait apprécier. La raison sans doute aurait droit de persuader par elle-même ; mais combien de vérités utiles, froidement et négligemment énoncées dans des écrits judicieux, y seraient restées ensevelies, si l'éloquence n'était venue les retirer comme du tombeau et les rendre à la vie, en leur communiquant tout son charme et tout son pouvoir ?

Marmontel, Éléments de Littérature.

RICCOBONI (Marie LABORAS de MÉZIÈRE), l'une des femmes qui, parmi nous, se sont le plus distinguées en suivant la carrière des lettres, naquit à Paris en 1714. Actrice elle-même, elle épousa Antoine-François Riccoboni, acteur au Théâtre-Italien, qui avait donné plusieurs comédies et un livre intitulé *Art du théâtre*. Mais ce n'étaient ni les succès de la scène, ni les ouvrages du mari qui devaient rendre un jour leur nom célèbre ; au milieu des travaux que lui commandait sa profession, madame Riccoboni avait déjà pu consacrer une partie de son temps à la composition de ces romans qui lui ont acquis une si juste réputation. En 1761 elle se retira du théâtre, et jouissant d'une fortune honnête qu'elle avait amassée, elle se livra entièrement aux études vers lesquelles la portait son talent et la sensibilité de son âme. La révolution lui fut funeste comme à tant d'autres, et elle mourut à Paris, presque dans l'indigence, le 6 décembre 1792, âgée de 78 ans.

Madame Riccoboni a joui de son vivant d'une brillante réputation, que lui a confirmée la postérité ; elle a même été plus juste à son égard. Aujourd'hui que le préjugé qui s'élevait contre les femmes auteurs est en partie tombé, on ne lui conteste plus ses ouvrages. Elle n'a pas toujours eu le même bonheur ; « et on la soupçonna, dit Dus-
« sault, de n'en être point l'auteur, comme on avait
« soupçonné madame de La Fayette, d'avoir pru-
« demment consulté Segrais, pour la composition
« de *Zaïde*, et de *la Princesse de Clèves* ; rien n'était
« plus injuste : les hommes ne sont jamais assez
« désintéressés pour fournir aux dames des ouvrages
« de quelque valeur, ni assez discrets pour taire

« long-temps ces faveurs de leur génie. Palissot eut
« donc très grand tort de rimer, dans sa *Dun-*
« *ciade*, une supposition si peu vraisemblable et si
« peu agréable pour madame Riccoboni ; mais il
« était plus facile de lui contester ses ouvrages que
« de les faire trouver mauvais, il était plus aisé de
« dire :

. . . .
Elle y viendra cette Riccoboni,
Qui n'a point fait *Le Marquis de Cressy*,
Qui n'a point fait les *Lettres de Fanny*,
Qui n'a point fait *Juliette de Katesby*, etc.

« Il était, dis-je, plus facile d'assembler ces rimes
« en *i*, qui font tout le sel de cette petite diatribe,
« que de prouver l'assertion qu'elle contient. Le
« satirique a mis dans ses vers les *Lettres de Fanny*,
« uniquement à cause de la rime ; car ces lettres
« sont un des ouvrages les moins remarquables de
« madame de Riccoboni ; elles offrent pourtant en-
« core de fort jolis détails. » *(Annales littéraires).*
Les autres romans de madame Riccoboni sont :
Amélie, traduit de Fielding ; *Miss Jenny* ; *Lettres
de la comtesse de Sancerre* ; *Ernestine* ; *Lettres de
milord Rivers*. Après la mort de l'auteur on a recueilli ses *OEuvres*, à Neuchâtel, en 10 vol. in-12 ;
et à Paris, en 9 et en 14 vol.

JUGEMENTS.

I.

Celle qui, dans ce siècle, partage avec madame
de Tencin la gloire de disputer la palme à nos meil-

leurs romanciers, est sans contredit madame Riccoboni.

Les romans sont, de tous les ouvrages d'esprit, celui dont les femmes sont le plus capables. L'amour, qui en est toujours le sujet principal, est le sentiment qu'elles connaissent le mieux. Il y a dans la passion une foule de nuances délicates et imperceptibles, qu'en général elles saisissent mieux que nous, soit parce que l'amour a plus d'importance pour elles, soit parce que, plus intéressées à en tirer parti, elles en observent mieux les caractères et les effets. Ce n'est pas qu'elles sachent peindre, mieux que les hommes, l'énergie et la violence des passions extrêmes : au contraire, elles n'ont rien fait en ce genre qui approche, même de loin, de nos bons tragiques; et le pinceau qui a tracé Hermione et Orosmane, n'a jamais été sous la main d'une femme. Il n'en faudrait pas conclure qu'elles ont moins de sensibilité que nous, car rien n'est supérieur à l'éloquence d'une femme passionnée; mais c'est que la sensibilité ne suffit pas pour exceller dans les ouvrages de poésie et de théâtre; c'est que la réunion des convenances dramatiques avec les mouvements du cœur, et l'art de resserrer dans l'espace d'un moment les grands effets des caractères et des passions, comme on rassemble des rayons qui s'embrasent dans le même foyer, demandent une force de conception réfléchie et de travail suivi, qui semble au dessus de ce sexe, dont l'imagination n'est si vive qu'aux dépens de la réflexion. Tout est compensé dans la nature. La grace et la force s'excluent nécessairement l'une l'autre, et des mains faites pour arranger des fleurs ne soutiennent pas la massue d'Hercule. Dans le drame, on ne peut saisir que les grands traits. Le roman se nourrit de petits détails. C'est cette prodigieuse disproportion du roman au drame, que n'ont pas sentie ceux qui ont mal à propos rapproché ces deux genres. Tout est permis au romancier. Le monde entier est à lui. Il dispose des temps et des lieux. Le dramatiste n'a qu'un moment; et s'il l'a mal choisi, tout est perdu.

Les *Lettres de Katesby* et *Le Marquis de Cressy* furent les premiers essais de madame Riccoboni, et ce sont ses chefs-d'œuvre. Le premier eut un grand succès, quoique le principal ressort parût peut-être un peu forcé. Le roman est d'ailleurs conduit avec art, et très attachant. Il règne dans *Le Marquis de Cressy* un grand intérêt d'action et de style. On y trouve sur-tout cette unité d'objet si précieuse dans tous les genres. On y remarque des expressions heureuses et faites pour être retenues par le cœur; celle-ci, par exemple : *Les âmes tendres tournent tout contre elles-mêmes*. J'avoue que, de tout ce qu'a fait madame Riccoboni, *Le Marquis de Cressy* est ce que je préférerais.

Les *Lettres de Fanny* n'offrent rien que les détails d'un amour heureux et partagé, toujours intéressants entre deux amants, mais qui peuvent quelquefois paraître petits aux lecteurs. La dernière de ces lettres est d'un ton noble et pathétique. C'est un morceau remarquable.

Amélie, imité en partie du roman de Fielding, *Jenny*, les *Lettres de madame de Sancerre, de Sophie de Vallière, de milord Rivers*, ne sont pas des ouvrages aussi parfaits que *Le Marquis de Cressy* et les *Lettres de Katesby;* mais il n'y en a pas un qu'on ne lise avec plaisir, et qui n'offre des morceaux très bien faits et très intéressants. Ce qui distingue l'auteur dans tout ce qu'il a composé, c'est l'agrément de son style. Peu de femmes, peu d'hommes même, ont pensé avec autant de finesse et écrit avec autant d'esprit.

A l'égard d'*Ernestine*, quoique ce soit la moindre production de l'auteur pour l'étendue, c'est peut-être la première pour l'intérêt et les graces. C'est un morceau fini qui suffirait seul à un écrivain. On pourrait appeler *Ernestine* le diamant de madame Riccoboni.

La Harpe, *Cours de Littérature.*

II.

Quelle est la plus jolie des jolies bagatelles nées de l'esprit fécond et délicat de madame Riccoboni? Celles de ses productions qui se disputent la palme, sont, comme les Graces, au nombre de trois : le goût des amateurs flotte incertain entre *Ernestine, Juliette Katesby* et *Le Marquis de Cressy*. Ces charmants ouvrages, qui se distinguent par un attrait particulier, dans la foule des caprices heureux de cette plume élégante et facile, ont chacun assez de mérite pour justifier l'embarras du choix. *Juliette Katesby* commença la réputation de l'auteur, et semble être en possession d'une supériorité qu'elle doit moins, je pense, à des titres réels et positifs, qu'à un certain droit d'aînesse. Ce n'est pas que *Juliette* ne soit très digne de balancer les suffrages; mais il existe en sa faveur une prévention qui s'attache toujours aux premiers débuts d'un écrivain, quand ces débuts annoncent un talent rare : l'enthousiasme du public s'épuise sur un premier essai, lorsque cette aurore nouvelle brille d'un grand éclat. Une justice moins vive attend les productions suivantes; la couronne est donnée d'avance; et l'impression, une fois faite, ne s'efface point. *Ernestine* a pour elle une autorité bien imposante : aux yeux de M. de La Harpe, elle est le chef-d'œuvre, le bijou, le *diamant* de madame de Riccoboni : tels sont les termes de ce grand critique. J'avoue que je ne suis ni de l'avis de M. de La Harpe, ni de celui du public; ce sont deux bonnes raisons pour me défier du mien : je préfère à *Juliette*, à *Ernestine*, *Le Marquis de Cressy*, quoique ce titre n'ait rien de féminin. Pour l'intérêt des aventures, le développement des caractères, l'enchaînement des idées et de la narration, *Le Marquis de Cressy* me paraît supérieur aux deux autres romans : voilà, suivant moi, et sauf erreur, le véritable *diamant* de madame Riccoboni.

Cette dame a deux grandes qualités : elle écrit très bien, et elle fait des romans très courts; son style est soigné sans affectation, correct, pur, élégant, plein de grace et de délicatesse; il règne dans ses écrits un sentiment exquis des convenances, qui suppose le goût le plus fin et le plus exercé; sa diction est d'une mélodie charmante. Madame Riccoboni fuit ces dissertations approfondies et ces réflexions alongées qui font languir l'intérêt, et qu'on prodigue dans les romans du jour : elle ne s'érige point en moraliste, elle ne prêche point, elle n'analyse point les passions avec subtilité, ne les gourmande point avec hauteur, ne cherche point à sanctifier les pages d'un roman par des tirades dignes de Massillon ou de Bourdaloue; elle ne cherche pas non plus à justifier, avec le ton de l'inspiration et de l'enthousiasme, les écarts et les faiblesses du cœur; elle n'a l'air ni d'une bacchante qui partage l'ivresse et l'extravagance des personnages qu'elle met en scène, ni d'une pénitente qui ne retrace les erreurs et les péchés du monde que pour avoir le plaisir de le morigéner; elle a toujours un ton excellent sans afficher jamais cette prétention aux mystères du bon ton, laquelle est le pédantisme de quelques gens qui se disent de bonne compagnie; elle ne souligne pas précieusement les mots fins qu'elle veut faire remarquer; elle ne sourit point à ses propres pensées; elle dévoile, d'une main légère, les secrets du cœur, sans donner ses aperçus pour des découvertes; elle évite le jargon inintelligible de la métaphysique sentimentale; elle est simple dans son style, sans jamais être plate : elle ne court pas après le naturel avec un effort qui l'exclut; elle est élégante sans être bizarre ni tendue; elle ne prétend point aux conceptions transcendantes, au génie; elle se contente de développer un talent très heureux, un esprit fort aimable, et un goût parfait : elle gardera donc toujours une place éminente parmi les femmes auteurs qui l'ont précédée ; et je doute que celles qui l'ont suivie aient même le droit d'être jalouses du rang élevé qu'elle occupe.

Dussault, *Annales littéraires*.

RICHARDSON (Samuel), célèbre romancier anglais, né en 1689 dans le comté de Derby, était fils d'un pauvre menuisier, qui ne put lui faire donner qu'une instruction très ordinaire, et l'envoya ensuite en apprentissage chez un imprimeur, où le jeune Samuel resta pendant sept années dans les fonctions les plus obscures. Son application à remplir ses devoirs, son amour pour l'étude, la régularité de ses mœurs, enfin, l'intelligence dont il était doué, le firent triompher de tous les obstacles. Il devint le gendre de son maître, obtint ses lettres de citoyen de Londres, et se vit bientôt à la tête d'une imprimerie considérable.

Parvenu à la fortune par les voies les plus honorables, Richardson se montra digne de sa prospérité par le noble usage qu'il en sut faire, et ses vertus lui valurent autant d'admirateurs que ses ouvrages.

Il mourut le 4 juillet 1761, à l'âge de soixante-douze ans. On a de lui : *Paméla* ou *La vertu récompensée* ; *Lettres de miss Clarisse Harlowe* et *l'Histoire de sir Charles Grandisson*. Ces trois ouvrages ont été traduits en français par l'abbé Prevost.

JUGEMENTS.

I

Diderot a fait de grands compliments à Richardson sur la prodigieuse variété de ses tableaux et sur la multitude de ses personnages. Richardson a, en effet, le mérite de les avoir tous bien caractérisés ; mais, quant à leur nombre, il a cela de commun avec les plus insipides romanciers, qui suppléent à la stérilité de leurs idées, à force de personnages et d'aventures. Il est aisé de réveiller l'attention, en présentant incessamment et des évènements inouis et de nouveaux visages, qui passent comme les figures de la lanterne magique ; mais de soutenir toujours cette attention sur les mêmes objets, et sans aventures merveilleuses, cela, certainement, est plus difficile ; et si, toutes choses égales, la simplicité du sujet ajoute à la beauté de l'ouvrage, les romans de Richardson, supérieurs en tant d'autres choses, ne sauraient, sur cet article, entrer en parallèle avec le mien. Il est mort, cependant, je le sais et j'en sais la cause ; mais il ressuscitera.

J.-J. Rousseau, Confessions.

II.

C'est à l'auteur de *Cléveland* qu'il convenait d'être le traducteur de Richardson. L'abbé Prevost fut le premier qui transplanta parmi nous, et y naturalisa, pour ainsi dire, cette branche si riche de la littérature anglaise. Nous ne connaissions guère auparavant que *Robinson*, ouvrage que J.-J. Rousseau conseille de mettre entre les mains des jeunes gens, parce que, conformément au plan d'éducation tracé dans l'*Émile*, *Robinson* fait voir tout ce que l'homme abandonné à lui-même peut trouver de ressources dans son industrie, dans son courage et dans le sentiment réfléchi de ses besoins. L'homme civil a trop de secours autour de lui pour sentir toutes ses forces et connaître tous ses moyens. Réduit à lui seul, comme Robinson, c'est au malheur qu'il est redevable de l'éducation que, dans l'état sauvage, il eût reçue de la nature; et ce qui n'eût été qu'un effet de l'habitude et de l'instinct devient un effort d'intelligence. Voilà ce qui fait de la première partie de *Robinson* un ouvrage vraiment original, dont l'auteur, s'éloignant des routes ordinaires où l'on mène les lecteurs, nous attache avec un seul personnage au milieu d'un désert, et ne nous montre d'autre tableau que celui de l'homme seul avec la nature. La seconde partie est très inférieure. Rien n'est plus commun que les aventures de Robinson quand il a quitté son île; et c'était là que devait finir le roman. Mais le défaut des Anglais est de rarement connaître la mesure.

C'est aussi le défaut essentiel des romans de Richardson. Le plus faible de tous, celui qui offre le plus de détails prolixes avec le moins d'action, c'est *Paméla*. On n'y voit autre chose qu'un maître qui tente tous les moyens pour séduire sa servante, et qui finit par l'épouser. Quatre volumes conduisent bien lentement à ce dénouement prévu, et l'on s'impatiente plus d'une fois en chemin. Le plan était bon, très moral, mais réduit à un volume, il serait infiniment meilleur et beaucoup plus intéressant.

Grandisson est beaucoup plus compliqué. Des épisodes se joignent à l'action principale; mais il y a ici un autre inconvénient. Les épisodes l'emportent sur le fond. Les amours graves et sensés de miss Byron et de Charles sont un peu froids; et sans l'intéressante Clémentine, sans les caractères aimables de Charlotte et d'Émilie, on aurait peine à supporter l'ennui qu'inspire la monotone perfection de Grandisson, qui, pour le lecteur, a le grand tort d'avoir toujours raison. En général, c'est un roman de beaucoup de mérite et de peu d'effet.

On n'en peut pas dire autant de *Clarisse*. L'effet des dernières parties est aussi grand qu'il puisse être, et l'intérêt d'un roman ne peut pas aller plus loin. Clarisse, depuis le moment où elle a quitté ses parents, est un être vraiment céleste. Jamais la vertu n'eut un plus beau caractère; jamais l'innocence ne fut plus auguste, ni l'infortune plus touchante. Que Clarisse paraît respectable dans le séjour de l'infamie! Qu'elle est grande dans sa prison! On est tenté de tomber à ses pieds avec Belford, et de ne lui parler qu'à genoux. Comme sa vertu est sans fard, sa patience sans ostentation, et ses plaintes sans emportement! Que les sentiments religieux qui soutiennent une conscience pure contre le malheur et l'oppression; que le calme de ses derniers moments, les apprêts de sa mort, le pardon et les vœux qu'elle envoie pour adieux à son persécuteur ; que toutes ces scènes de douleur et de grandeur sont attendrissantes, et laissent une profonde impression !

Voilà sans doute assez de beautés pour justifier le grand succès que ce livre eut parmi nous lorsque l'abbé Prevost le traduisit, et l'enthousiasme de ses partisans, qui vont jusqu'à se passionner pour les longueurs et les défauts de l'ouvrage. J'excuse volontiers cet enthousiasme; je l'admire même dans l'éloquence qu'il a inspirée au célèbre panégyrique de Richardson. Mais comme je n'exige pas qu'on y renonce, il est juste aussi qu'on n'exige pas que je le partage. Au contraire, plus je suis transporté dans les beautés de *Clarisse* dans ses dernières parties, plus je suis affligé des vices essentiels et de la révoltante prolixité qui rendent si difficile la lecture de ce roman dans les trois quarts de son étendue.

D'abord j'en trouve le héros absolument hors de nature. Lovelace m'a toujours paru un être de raison; ce n'est pas parce qu'il allie les contraires, rien n'est moins rare dans l'homme, mais parce qu'il allie dans un même moment des sentiments qui s'excluent, à moins qu'on ne soit insensé, et parce que sa conduite est trop souvent en contradiction avec son caractère. Par exemple, il est donné, il se donne lui-même pour l'homme le plus superbe qu'il y ait au monde. Il y a dans ses sentiments pour Clarisse infiniment plus d'orgueil que d'amour. Il a mis sa vanité à subjuguer un ange, comme il l'appelle. Il ne renonce pas à l'épouser, malgré son goût pour le célibat, mais il veut voir auparavant si la vertu de Clarisse est au dessus de toutes les épreuves ; jusque-là je le conçois. Qu'il conduise Clarisse par toutes sortes d'artifices jusqu'à se remettre entre ses mains en fuyant la maison paternelle, l'intérêt de son amour, sa haine pour les Harlowe, doivent lui dicter ce projet. Mais que cet homme, qui a le cœur si haut, mette sa maîtresse dans un lieu d'infamie, qu'il l'entoure de prostituées, et avilisse ce qu'il veut épouser ; que cet homme, qui met tant d'amour-propre dans la conquête d'une femme, n'imagine pas d'autre moyen, pour y parvenir, que de l'assoupir avec un narcotique, et d'exposer la vie de sa maîtresse pour lui ravir l'honneur ; que cette bassesse lui paraisse un triomphe, et cette brutalité une jouissance, je dis aussitôt : Ou cet homme n'est pas tel que vous le peignez, ou il n'a pas tenu cette conduite.

On objecte que ces contradictions sont dans la nature ; qu'un homme hautain fait une action basse ; qu'un homme passionné ne choisit pas toujours les moyens. Je réponds : Oui ; mais il y a toujours un fond de caractère qui ne se dément point, du moins dans les choses essentielles ; et quand vous l'avez établi, je veux le retrouver, ou je ne sais plus où j'en suis. Vous ne pouvez sans doute m'attacher qu'en me présentant un personnage vraisemblable : je veux voir un rapport entre ses principes et ses actions, entre ses intérêts et ses démarches ; en un mot, qu'il tende à un but, et je le suis. S'il y tourne le dos en me disant toujours qu'il y va, je ne vois plus qu'une créature fantastique, une sorte de monstre qui ne me rappelle rien, ne me peint rien ; et quand même cet excès d'inconséquence serait dans quelques individus, ce ne serait pas là ce que les ouvrages de fiction devraient peindre, parce que leur objet n'est pas de représenter des exceptions. Comment puis-je supporter, par exemple, que Lovelace, livré, après la mort de Clarisse, à un désespoir qui fait craindre pour sa vie, et qui oblige ses amis de veiller sur lui, revienne tout de suite après à ses ridicules bouffonneries et à son insultante gaieté ? Cet inconcevable contraste est-il dans la nature ? Que Lovelace soit tour à tour amoureux et libertin, sensible et gai, raisonnable et impertinent, soit ; mais il y a un terme à tout, et l'on ne passe pas de la frénésie la plus douloureuse à une légèreté cruelle et bouffonne. Ce passage immédiat est aussi impossible que celui de la fièvre chaude à l'état de la meilleure santé. On ne peut excuser Lovelace qu'en disant qu'il est fou. Je suis porté à le croire ; mais quel intérêt puis-je prendre à un fou méchant ? J'ai entendu quelquefois admirer les ressources de son esprit, la variété de ses artifices. Lui-même donne l'exemple de cette admiration, et se regarde sans cesse comme une créature supérieure. La belle supériorité, en effet, que celle d'un homme qui emploie plus de moyens, plus de machines, plus d'argent, pour égarer une jeune fille sans expérience, qu'il n'en faudrait pour séduire vingt coquettes des plus savantes, ou vingt prudes des plus rebelles, et qui finit par être obligé de l'assoupir avec un breuvage, après l'avoir menée dans un lieu de prostitution! L'importance qu'il met à toutes ses inventions fait rire de pitié, et le plaisir qu'il prend à nuire soulève de dégoût. Je suis tenté à tout moment de lui dire : Eh ! mon ami, il n'y a pas tant de quoi te vanter : un espion de police en sait plus que toi.

Ce n'est pas qu'il n'ait réellement beaucoup d'esprit : ses conversations avec M. Hickman et le capitaine Morden en sont la preuve : mais le pitoyable usage qu'il en fait rend encore plus ridicule l'excès de sa vanité, et il tombe à tout moment dans le jargon, le galimatias et la déraison.

On sait gré à Richardson de la multitude de ses personnages. Pourquoi, si la plupart sont inutiles ou indifférents ? Que me fait à moi cette foule d'agents subalternes, hommes et femmes, mis en œuvre par Lovelace ? Ce sont des fripons gagés, des femmes perdues : ne voilà-t-il pas des objets bien intéressants pour m'en occuper si long-temps ? Ne donner à chaque personnage que la place qu'il doit tenir est un art du romancier, et certes Richardson ne l'a pas connu.

Mais ce qu'il a connu moins que tout le reste, c'est la mesure des détails. Quoi ! l'on arrive à la moitié de son ouvrage, et l'action n'a pas encore fait un pas ! Quoi ! les persécutions de la famille Harlowe et la résistance de Clarisse occupent trois gros volumes sans qu'il y ait un fait, un évènement, une révolution ! Tout cet immense espace est rempli par des lettres de trente personnages, qui répètent cent fois la même chose, chacun suivant sa manière de voir et de penser ; et cet énorme verbiage, cet intolérable babil passera pour la fécondité du génie ! J'en demande pardon encore une fois à ceux qui admirent ces longueurs ; mais je ne puis ni partager leur plaisir, ni goûter leurs raisons. Ils prétendent que cette multitude de détails établit la vérité et ajoute à l'intérêt. Ni l'un ni l'autre. Quand je sais, quand j'ai vu que tous les Harlowe sont ou barbares ou stupides, ai-je besoin que leur bêtise ou leur dureté soit tracée dans deux ou trois cents lettres ? Pour m'intéresser à Clarisse, faut-il que j'aie vécu avec sa famille à toutes les heures du jour, et qu'on m'ait redit mille fois les mêmes choses ? Cela est si peu vrai, que personne, j'ose le dire, n'est plus ému que moi des dernières parties de *Clarisse* ; et cependant jamais, non jamais je n'ai pu, malgré mes efforts et mes résolutions, lire la dixième partie des trois premiers volumes. A quelque endroit que j'ouvrisse le livre ; je me retrouvais au même point, et je revoyais les mêmes acteurs faisant et disant les mêmes choses. *O mes amis!* s'écrie le panégyriste de Richardson, *Paméla, Clarisse et Grandisson sont trois grands drames.* Non sans doute, ce ne sont pas là des drames. Est-ce donc à un ecrivain, tel que M. Diderot, à confondre ainsi les limites des arts ? Comment excuserait-il les romans de son auteur, s'il fallait les juger sur les procédés dramatiques ? Le romancier me fait habiter des années avec les gens pour lesquels il veut m'intéresser. Le poète me transporte sur-le-champ au milieu d'eux, et un quart d'heure après mes larmes coulent, et je partage leurs infortunes, comme si je les aimais depuis long-temps. O mes amis ! tel est l'art du poète. Ne lui comparez rien, car il n'y a rien qui en approche.

Il a donc manqué à Richardson une condition essentielle et indispensable pour bien écrire et pour faire un bon livre, de savoir s'arrêter*. Il aurait dû simplifier son action, retrancher la moitié de ses personnages et la moitié de son ouvrage. Les Anglais, quoique leur goût ne soit pas si sévère et aussi épuré que le nôtre, ont senti les défauts de Richardson. Ils admirent les belles situations de *Clarisse*, et la vérité du langage qu'il met alors dans la bouche de ses acteurs; mais en général ils lui préfèrent Fielding, et j'avoue que, pour cette fois, je suis de leur avis.

La Harpe, *Cours de Littérature*.

III.

Richardson a été peut-être, dans le genre de composition qu'il a choisi, le premier romancier qui ait banni les ornements étrangers à la nature, pour peindre les passions.

Il avait les qualités nécessaires pour créer un nouveau genre d'écrire : il observait le cœur humain avec réflexion et sans se hâter de conclure : il nous semble voir Cook ou Parry, sondant toutes les baies, tous les passages des mers qu'ils parcourent,

---

* Le plus moral de nos romanciers, c'est Richardson, l'auteur de *Clarisse*, écrivain animé des meilleures intentions, doué de beaucoup d'esprit, mais qui, par malheur, eut le talent de donner une étendue prodigieuse à des ouvrages de pur agrément.

Blair, *Cours de Rhétorique*.

marquant sur leurs cartes tous les récifs, les détroits et les bas-fonds. Voilà sans doute ce qui a fait accorder par Johnson une grande supériorité, peut-être difficile à prouver, à Richardson sur Fielding, contre lequel il paraît avoir eu des préventions. « Il « y a plus de connaissance du cœur humain, dit-il, « dans une lettre de Richardson, que dans tout « *Tom Jones.* »

Johnson explique dans un autre endroit cette assertion. « Il y a une différence totale entre les « caractères de la nature et ceux de la société ; or, « c'est cette différence qui existe entre les caractères « tracés par Richardson et ceux de Fielding. Les ca-« ractères de la société peuvent amuser ; mais un « observateur superficiel peut les saisir, tandis que « ceux de la nature ont besoin d'être approfondis, « et ne sauraient être tracés que par un homme qui « puisse pénétrer jusque dans les replis les plus « cachés du cœur humain. »

Johnson dit encore, en comparant ces deux célèbres écrivains : « Il y a entre eux autant de diffé-« rence qu'il y en a entre un homme qui sait com-« ment se fait une montre et celui qui peut dire « l'heure qu'il est en regardant le cadran. »

Nous sommes loin d'admettre la conclusion naturelle de cette comparaison du docteur Johnson, et nous la modifierons en disant que les deux auteurs sont deux excellents mécaniciens ; si les pendules de Richardson montrent une grande partie de l'ouvrage intérieur qui fait aller l'aiguille, celles de Fielding indiquent l'heure exactement, et c'est là tout ce que la plupart des hommes veulent savoir. Ou, pour nous servir d'une comparaison plus simple, l'analogie entre les écrits de Fielding et ceux de Richardson ressemble à celle qu'il y a entre des esquisses hardies, faciles et vraies et des peintures finies avec soin, mais qui laissent apercevoir le travail qu'il en a coûté pour arriver à ce fini.

Malgré tous les avantages de la forme épistolaire, qui s'adaptait merveilleusement au génie de Richardson, cette forme a aussi ses défauts. Afin que tout ce qui tient à la partie narrative du roman soit connu, les personnages sont souvent obligés d'écrire quand il serait plus naturel qu'ils agissent : ils sont souvent forcés d'écrire ce qui n'est pas naturel qu'ils écrivent; et il faut toujours qu'ils écrivent beaucoup plus souvent, et beaucoup plus, qu'on ne peut supposer qu'on a le temps d'écrire dans la vie. Ces objections n'eurent pas probablement un grand poids dans l'esprit de Richardson, accoutumé comme il l'était dès son enfance à écrire des lettres, pour qui c'était un goût d'habitude, et qui était certainement un correspondant aussi infatigable (nous avons presque dit formidable) qu'aucun des personnages de ses romans.

Richardson lui-même connaissait l'excessive abondance de son imagination : il savait qu'il excédait quelquefois la patience de ses lecteurs. Il se livrait à sa facilité, écrivait sans plan arrêté, et longuement, puis il retranchait, resserrait ; en sorte que, tout étrange que cela puisse paraître, ses productions étaient réduites de moitié avant d'être livrées à la presse. Dans ses deux premiers romans, il fit plus d'attention au plan; et, quoique diffus et prolixe, dans le récit, on ne peut dire qu'il s'égare en digressions. Les personnages qu'il met sur la scène ne paraissent que pour faire marcher l'action, et l'on trouve dans *Paméla* et *Clarisse* peu de ces hors-d'œuvre en dialogue, ou de ces dissertations dont *Sir Charles Grandisson* abonde. L'histoire ne quitte pas la ligne droite, quoiqu'elle marche lentement. Mais, dans son dernier ouvrage, l'auteur se permet trop d'excursions. Il y a, à la vérité, dans le plan bien peu de choses qui puissent fixer l'attention du lecteur, les divers évènements qui sont successivement racontés n'étant liés entre eux que parce qu'ils présentent le caractère du héros sous quelque nouveau point de vue particulier. On peut dire la même chose de ces nombreuses et longues conversations sur des sujets de morale et de religion qui forment une si grande partie de l'ouvrage, qu'une vieille dame de notre connaissance, étant devenue sujette à des assoupissements, se faisait lire *Sir Charles Grandisson* quand elle était dans son fauteuil, de préférence à tout autre roman, « parce que, « disait-elle, si je m'endors pendant la lecture, je « suis sûre, à mon réveil, que je n'aurai rien perdu « de l'histoire, et que je retrouverai toute la so- « ciété où je l'ai laissée, conversant *dans le parloir* « *de cèdre* *. »

Probablement, après tout, cette prolixité que,

---

* Expression de Richardson.

dans notre manière de vivre moins grave, nous reprochons à Richardson comme un grand défaut, ne déplut pas autant à ses contemporains. Ceux qui étaient obligés d'étudier le phébus et le galimatias des in-folio de Scudery ne pouvaient pas être fatigués de l'esprit, du naturel et du génie des in-octavo de Richardson. Mais un lecteur de notre temps peut bien désirer quelques retranchements dans les premiers volumes de *Clarisse* et dans les derniers de *Sir Charles*. Il lui est permis de dire que les deux derniers volumes de *Paméla* n'auraient jamais dû être publiés, et que le second pourrait être abrégé. On pourrait souhaiter que beaucoup de détails d'habillements et de parures qui, à dire la vérité, se ressentent un peu des boutiques de couturières, où Richardson fit ses premiers essais de composition, fussent supprimés, sur-tout ceux qui se trouvent dans des lettres écrites par des personnes d'esprit, ou quand on nous les communique au moment d'une scène intéressante. Il faut se ressouvenir du grand talent de Richardson, pour lui pardonner de faire faire par Lovelace, au milieu de son triomphe et de la fuite de Clarisse, une description de son habillement de la tête aux pieds, avec toute l'exactitude d'une marchande de modes. Mais il y aurait de la mauvaise grace à s'arrêter sur des défauts rachetés par tant de beautés.

Le style de Richardson était facile et flexible, et celui qui, avec peu de variété, était le plus convenable à ses divers caractères. Lorsqu'il fait parler des personnages élevés, le style est abondant, expressif, et approprié à leur rang, mais quelquefois il manque d'élégance et d'exactitude, défauts qui tiennent à l'éducation imparfaite que l'auteur avait reçue. De son vivant, on a dit de lui, selon l'usage, qu'il se faisait aider ; chose à laquelle nous ne croyons pas qu'un homme d'un talent distingué voulût consentir ; car ce serait faire l'aveu qu'il a entrepris une tâche au dessus de ses forces. Il est bien reconnu qu'il a composé seul tous ses ouvrages sans aucun secours étranger, excepté l'*Ode à la sagesse*, qui est de Mistress Carter, et quelques citations latines que lui fournit un ami pour orner l'*Épître à Élias Brand*.

Le talent de Richardson dans ses scènes les plus tragiques n'a jamais été et probablement ne sera jamais surpassé. Celles où il nous montre l'innocence malheureuse, comme dans l'histoire de Clarisse et de Clémentine, sont déchirantes : les hommes jaloux de paraître capables de surmonter tout attendrissement ne doivent pas s'exposer à les lire pour la première fois en présence de témoins. Dans les scènes où ces deux héroïnes, et Clarisse sur-tout, déploient une noble élévation d'âme, où elles s'élèvent au dessus des considérations terrestres et de l'oppression des hommes, le lecteur est entraîné à un amour pur de la vertu et de la religion, comme par une voix inspirée. Les scènes faites pour exciter l'horreur, comme la mort de Belton et celle de l'infâme Sainclair sont aussi effrayantes que les premières sont propres à exalter l'âme : elles sont tracées dans le noble dessein d'entretenir notre crainte et notre haine du vice, comme les premières dans le but d'accroître notre amour de la vertu et de la religion.

Richardson ne possédait pas au même degré les autres qualités du romancier : il était moins propre au style comique qu'au tragique. Cependant, il ne manquait pas d'une certaine légèreté, et dans ce genre ses écrits décèlent la même étude du cœur humain que l'on remarque dans un genre plus relevé. La partie comique de ses ouvrages n'est jamais forcée, et ne va jamais au-delà des bornes de la nature; il ne sacrifie jamais le vrai et le vraisemblable à l'effet. Sans avoir précisément ce que l'on peut appeler de l'esprit, l'auteur de *Paméla* avait assez de gaieté pour colorier ses scènes; sans être jamais, comme son rival Fielding, extrêmement comique, il y a dans ses esquisses de ce genre un fond de plaisanterie fine qui les rend très agréables.

Il est possible que les vicissitudes de la mode et du goût aient, d'après les causes que nous avons franchement exposées, obscurci pour un temps la réputation de Richardson. Peut-être aussi la génération présente lui fait-elle, par cette espèce d'oubli, payer la haute réputation dont il a joui autrefois. Car, si l'on accorde aux auteurs l'immortalité, ou quelque chose qui en approche, il semble que ce n'est, comme dans le beau conte oriental de *Nourjahaad*, qu'à la condition qu'ils seront exposés à des intervalles de sommeil et d'oubli. Malgré tous ces désavantages, il faudra dans tous les temps reconnaître que le génie de Richardson a fait honneur à la langue dans laquelle il a écrit; il faudra encore convenir qu'il a constamment consacré ses grands talents à la morale et au perfectionnement de la nature humaine en général.

Walter Scott, *Biographie littéraire des Romanciers célèbres.*

RIME. La rime est la consonnance des finales des vers. Cette consonnance doit être sensible à l'oreille : il faut donc qu'elle tombe sur des syllabes sonores; mais ce n'est point assez : on veut aussi qu'elle frappe les yeux. Pourquoi ? pour la rendre plus difficile, et pour ajouter au plaisir que fait la solution de ce petit problème. Je n'en vois pas d'autre raison. C'est un défi donné aux versificateurs. Afin donc que les vers riment aux yeux en même temps qu'à l'oreille, on veut que les deux finales présentent les mêmes caractères, ou des caractères équivalents : par exemple, *sultan* ne rime point avec *instant*; *instant* et *attend* riment ensemble.

On appelle rime masculine, celle des mots dont la finale est une syllabe sonore, et rime féminine celle des mots dont la finale est une syllabe muette. Dans la première, il suffit que les finales soient consonnantes; dans la seconde, la consonnance doit commencer à la pénultième : *revers* et *pervers* riment ensemble; *source* et *force* ne riment pas, quoique la finale muette soit la même; mais bien *source* et *course*, *exerce* et *diverse*.

On appelle rime pleine celle où non-seulement le son, mais l'articulation est la même, comme *vertu* et *abattu*, *étude* et *solitude*. On appelle rime suffisante celle qui n'est que dans le son, et non dans l'articulation, comme *vertu* et *vaincu*, *timide* et *rapide*. Quand la rime qu'on emploie est trop abondante, comme celle des mots en *ant*, on regarde comme une négligence, la rime qui n'est que dans le son, et qui n'est pas dans la consonne : aussi voit-on peu d'exemples, dans les bons poètes du temps de Boileau et de Racine, de rimes aussi négligées que celle d'*amant* et *constant*. Si toutefois il y a deux consonnes qui précèdent la voyelle, comme dans la finale de *surprend*, c'est assez pour l'oreille que la seconde de ces consonnes soit la même ; ainsi ce mot *surprend* rimera très bien avec *grand*. La rime masculine est double, lorsque non-seulement la finale sonore, mais la pénultième a le même son, comme *attirer*, *respirer*. La rime est simple, lorsqu'elle n'est que dans la finale, comme *différer*, *respirer*. Elle est en même temps pleine et double, lorsque l'articulation et le son de deux syllabes sont les mêmes, comme *préférer*, *différer*. Dans les vers féminins l'articulation doit être la même dans les deux mots : *escorte* et *discorde* ne riment point, parce que l'articulation de la muette est différente.

Deux syllabes ont le même son et la même articulation, quoiqu'elles ne s'écrivent pas de même : c'est ainsi que *rivaux* et *nouveaux*, *essais* et *succès*, riment très bien ensemble. Mais on exige que les dernières syllabes se terminent par les mêmes lettres ou par leur équivalent, comme je l'ait dit, quoique dans la prononciation on ne les fasse pas entendre. Si l'un des deux mots, par exemple, est terminé par un *t* ou par une *s*, le second mot finira de même ou par l'équivalent, ainsi, *prétend* rimera très bien avec *instant*, *accord* avec *ressort*, *choix* avec *bois*, *glacés* avec *assez*.

A plus forte raison lorsque la consonne finale se fait entendre, doit-elle être, à la fin des mots, sinon la même pour les yeux, du moins la même pour les oreilles : *sang* ne rimera point avec *innocent*, mais avec *flanc*, dont le *c* final a le même son que le *g*.

On s'est permis quelquefois des rimes que l'œil ou l'oreille désavoue : par exemple, celle d'*encor* avec *sort*, celle de *mer* avec *aimer*, de *remords* avec *mort*, celle de *toucher* avec *cher*, celle de *fiers* avec *foyers*, etc. Parmi ces licences, les plus usitées sont les rimes de *guerre* avec *vulgaire*, de *couronne* et de *trône*, de *travaux* et de *repos*. La dissonance des deux premières est cependant très sensible ; et quant à la dernière, une oreille un peu délicate s'aperçoit aisément de la différence du son de l'*o* clair et bref de *repos*, et du son de l'*o* plus grave, plus sourd et plus long de *travaux*. Il n'y a point de voyelle qui ne soit de même tantôt plus claire et plus brève, tantôt plus grave et plus longue; mais dans les sons de l'*a*, de l'*i*, de l'*u*, de l'*ou*, etc., cette différence n'est pas aussi frappante que dans les sons de l'*e* et dans les sons de l'*o*, aussi ne fait-on pas de difficulté sur la rime d'*âge* et de *sage*, d'*île* et de *fertile*, de *gîte* et d'*agite*, de *flûte* et d'*exécute*, de *coûte* et de *redoute*, etc. Il n'en est pas de même de *trompette* et de *tempête*, de *terre* et de *mystère*, d'*homme* et de *symptôme*, de *pôle* et de *boussole* dont la rime ne sera jamais qu'une licence.

Peut-on ne pas regarder le travail bizarre de rimer, nous dit l'abbé Dubos, *comme la plus basse des fonctions de la mécanique de la poésie?* Que n'a-t-il dit la même chose de la mesure et du rhythme du vers d'Homère et de Virgile, et de ces constructions si soigneusement travaillées qui occupaient Démosthène, Platon, Thucydide et Xénophon, chez les Grecs; Cicéron, Tite-Live et Salluste, chez les Latins; et qui les occupaient aussi sérieusement que la recherche et l'enchaînement des pensées? Ce mécanisme de la parole doit paraître bas et puéril à un observateur austère qui ne compte pour rien le charme de l'expression; mais pour l'homme doué d'un organe sensible et d'un goût délicat, cette mécanique a son prix.

Entre le travail qu'exige la rime et celui qu'exige la construction du vers mesuré ou de la période harmonieuse, la différence ne peut être que dans le plus ou le moins de plaisir qui en résulte. Il fallait donc examiner d'abord si la rime faisait plaisir, et un plaisir assez sensible pour mériter la peine qu'elle donne.

La rime peut causer trois sortes de plaisir. L'un est relatif à l'organe, c'est le sentiment de la consonnance; et ce plaisir, je l'avoue, est factice : il ressemble à l'usage de certaines odeurs qui ne plaisent pas, qui déplaisent même à ceux qui n'y sont pas accoutumés, et qui deviennent une jouissance et un besoin par l'habitude. Il y aurait peu de bon sens à raisonner cette espèce de plaisir et à le disputer à ceux qui en jouissent : il s'agit seulement de savoir s'il est réel et s'il est sensible; dès-lors, naturel ou factice, c'est un plaisir de plus, et il ne saurait trop y en avoir dans la nature et dans les arts.

La rime n'intéresse pas seulement l'oreille, elle soulage, elle aide la mémoire; et si c'est un plaisir pour l'esprit de se retracer fidèlement et sans peine les idées qui lui sont chères, tout ce qui rend léger et facile ce travail de la réminiscence doit être un agrément de plus. Or il est certain que la rime donne à la mémoire des signaux plus marqués pour retrouver la trace des idées. Par ce rapport de consonnances, un mot en rappelle un autre; et tel vers nous aurait échappé qui, par cette extrémité que l'on tient encore, sera retiré de l'oubli.

La rime est enfin un plaisir pour l'esprit par la surprise qu'elle cause : et lorsque la difficulté, heureusement vaincue, n'a fait que donner plus de saillie et de vivacité, plus de grace ou d'énergie à l'expression et à la pensée, soit par la singularité ingénieuse du mot que la rime a fait naître, soit par le tour adroit, et pourtant naturel, qu'elle a fait prendre à l'expression, soit par l'image nouvelle et juste qu'elle a présentée à l'esprit, la surprise qui naît de ces hasards réservés au talent, où la recherche est déguisée sous l'apparence de la rencontre, cette surprise mêlée de joie est un plaisir à chaque instant nouveau pour qui connaît l'indocilité de la langue et les difficultés de l'art.

Ce plaisir est d'autant plus vif, que la rime paraît à la fois plus rare et plus heureusement trouvée.

Dans la langue italienne, où les consonnances ne sont que trop fréquentes, la rime doit causer peu de surprise; elle est si commune qu'en improvisant on la rencontre à chaque pas; et dans la contexture du vers, comme dans celle de la prose, les Italiens ont plus de peine à fuir la rime qu'à la chercher.

Elle est plus clair-semée dans la langue française, grace à la variété de nos désinences : aussi y a-t-il, s'il m'est permis de comparer le poëte au chasseur, plus de bonheur à la découvrir, et plus d'adresse à l'attraper. Ce plaisir est réellement, pour le spectateur, semblable à celui de la chasse; et en suivant la comparaison, on verra que dans l'une et l'autre la sagacité dans la recherche, l'inquiétude dans l'attente, la surprise dans la rencontre, l'adresse et la célérité à tirer juste et comme à la course, sont une suite continuelle et rapide d'agréables émotions.

Un autre avantage que la même comparaison fera sentir en faveur de la rime, c'est de donner à l'esprit, à l'imagination et au sentiment plus d'ardeur et d'activité, par l'aiguillon de la difficulté qui à chaque instant les presse et les anime. L'esprit humain est naturellement porté à l'indolence; et en écrivant en prose, rien de plus difficile que de ne pas se laisser aller à une indulgence paresseuse et aux négligences qu'elle autorise : au lieu du moins qu'en écrivant en vers, et en vers rimés, la difficulté renaissante réveille à tout moment l'attention prête à se ralentir, et la tient, si j'ose le dire, en haleine. Tout le monde connaît les vers de La Faye, où la gêne du vers est comparée à ces canaux qui rendent les eaux jaillissantes; serait-il permis d'ajouter que la rime, à la fin d'un vers, est comme l'extrémité plus étroite encore du tuyau d'où les eaux jaillissent? C'est une attention curieuse à donner à la lecture des bons poètes, que de voir combien d'images nouvelles, de tours originaux, d'expressions de génie, de pensées qu'ils n'auraient pas eues sans la contrainte de la rime, leur ont été données par elle; et combien d'heureuses rencontres ils ont faites en la cherchant.

Mais comme c'est en même temps à la difficulté de la rime et à l'aisance avec laquelle on a vaincu cette difficulté, que le plaisir de la surprise est attaché, il suit de là que si la rime est trop commune, si les mots consonnants ont trop d'analogie et sont trop voisins l'un de l'autre dans la pensée, comme le simple et le composé, comme deux épithètes à peu près synonymes, la rime n'a plus son effet. De même si elle est trop singulière, tirée de trop loin, trop péniblement recherchée, l'effort s'y fait sentir, et l'idée de bonheur et d'adresse s'évanouit. Boileau appelait *rime de bouts rimés* celle de *sphinx* et de *sirinx*, et la reprochait à La Mothe. L'esclave qui traîne sa chaîne ne nous cause aucune surprise; mais s'il joue avec ses liens, il nous étonne; et encore plus si, par la grace et la dextérité avec laquelle il en déguise et la gêne et le poids, il s'en fait comme un ornement.

On regarde comme un tour de force d'employer des rimes bizarres, et cela est permis dans des poèmes badins comme le conte et l'épigramme ; mais dans le vrai, rien n'est plus facile, et rien ne serait de plus mauvais goût dans un poème sérieux. De cent personnes qui remplissent passablement des bouts rimés hétéroclites, il n'y en a quelquefois pas une en état de faire quatre vers élégants. L'extrême difficulté dans l'emploi de la rime est de la rendre à la fois heureuse et naturelle, maniable et docile, au point qu'elle paraisse avoir obéi au poète comme le cheval d'Alexandre, que lui seul avait pu dompter. On sent que ce mérite exclut également la rime triviale et la rime forcée : Racine est en cela le premier modèle de l'art.

Observons cependant qu'à mesure qu'un poème a, par son caractère, plus de beautés supérieures, plus de grandeur et d'intérêt, le faible mérite de la rime y devient plus frivole et moins digne d'attention. Il est encore de quelque conséquence dans la partie descriptive de l'épopée, où la tranquille majesté du récit laisse apercevoir à loisir tous les agrémens accessoires du style; mais dès que la passion s'empare de la scène soit dramatique, soit épique, l'harmonie elle-même est à peine sensible; le vers se brise, les nombres se confondent, la rime frappe en vain l'oreille; l'esprit n'en est plus occupé. De là vient que, dans plusieurs de nos belles tragédies, c'est la partie la plus négligée, et personne encore ne s'est avisé, en sanglottant et en versant des larmes, de critiquer deux vers sublimes pour être rimés faiblement.

Mais dans des poésies d'un genre moins animé,

moins entraînant, dans celles qui, faibles de pensées, et dénuées de passions, tirent presque tout leur mérite de l'ingénieuse industrie de la parole, l'écrivain qui néglige la rime, renonce à l'un de ses grands avantages. Et que restera-t-il de curieux et de piquant dans la construction de ces vers froids s'ils ne sont pas rimés.

Les versificateurs vulgaires qui négligent la rime pour ressembler en quelque chose à un grand poète, qui dans la rapidité de ses compositions l'aura quelquefois négligée, sont loin d'avoir les mêmes droits que lui de se dispenser de la règle. On les entend parler avec dédain de cette attention à bien rimer qu'ils appellent minutieuse. Mais que n'ont-ils, comme Voltaire, vingt mille beaux vers bien rimés à produire pour faire voir que, s'ils le voulaient bien, ils rimeraient encore de même ? En s'épargnant la peine d'être corrects, les grands écrivains se donnent des licences, les petits se donnent des airs, et l'affectation de mépriser le talent qu'on n'a pas fut toujours la ressource de la vanité impuissante.

MARMONTEL, *Éléments de Littérature.*

RIVAROL (ANTOINE), écrivain, de beaucoup d'esprit, mais d'un goût très suspect, naquit le 7 avril 1757, à Bagnols en Languedoc. Né d'une famille pauvre, il eut le mérite de s'élever par lui-même à un rang assez distingué, mais il eut le tort impardonnable de renoncer à sa famille comme trop ignoble pour lui ; il se faisait appeler l'abbé de Parcieux, pour se faire croire l'allié de ce célèbre savant: et il fallut les poursuites d'un neveu de celui-ci pour le forcer à reprendre son véritable nom. Rivarol était éminemment satirique et maniait fort habilement l'épigramme : on conçoit alors facilement d'où lui est venue la vogue dont il a joui dans notre capitale ; mais aussi on ne doit pas s'étonner que ces satires aient valu quelque disgrace à leur auteur. Elles ne furent pas toujours bien dirigées. Il était injuste, non pas de critiquer, mais de ridiculiser le poème des *Jardins* de Delille; aussi la vogue qu'obtint le libelle de Rivarol intitulé : *Dialogue du Choux et du Navet* est loin d'être pour lui un titre de gloire.

A l'époque de la révolution il employa son talent en faveur de la monarchie, et travailla avec Reltier et plusieurs autres au journal intitulé les *Actes des apôtres*. Il fut obligé de fuir ; mais au moment où il allait émigrer, il fut arrêté à Abbeville par la garde nationale. Quoiqu'en danger, il ne se contraignit pas davantage, et publia une *Relation de son voyage* dans laquelle il n'épargnait pas la révolution ; et les différents personnages qui y figuraient. Heureusement pour lui, on ne prodiguait pas encore à cette époque le sang des citoyens ; et lorsqu'en 1792 il se vit menacé, il put arriver jusqu'à Hambourg, où il vécut quelque temps aux gages d'un libraire. De là il passa à Berlin, où il fut bien accueilli du monarque et du prince Henri. Il y vivait dans une honnête aisance, mais regrettant toujours sa patrie, lorsqu'il mourut sans avoir pu la revoir, le 11 avril 1801.

Sa réputation pendant sa vie surpassa beaucoup son mérite, et il eut plus d'éclat dans la conversasion, qu'il ne doit avoir d'autorité par ses écrits. Ses mots sont devenus célèbres et figurent très bien dans des recueils; mais ses ouvrages sont presque oubliés. « Il est verbeux, obscur et superficiel, dit
« Chénier, du reste il écrit avec agrément. Si l'on
« trouve souvent de la recherche dans son style, on
« y trouve aussi le mouvement, la couleur et le ton
« d'une conversation animée. Mais quand il déve-
« loppe avec une longueur pénible, la série des
« sensations, des idées et du langage, on sent un
« homme de beaucoup d'esprit, qui, par malheur,
« veut enseigner ce qu'il aurait besoin d'apprendre. »
On peut sur-tout appliquer ce jugement au *Discours sur l'universalité de la langue française*, et au *Prospectus d'un nouveau Dictionnaire de notre langue*, Hambourg, 1797, in-8°. On a encore de lui : *l'Enfer*, imité du Dante, Londres (Paris), 1785, in-8°; *Chefs-d'œuvre littéraires et politiques de la fin du XVIIIe siècle*, 1788, 3 vol. in-8°; *Petit Almanach des grands hommes*, 1788, in-12; *Parodie du songe d'Athalie*, 1787, in-8°; des *Poésies*. Ces différents ouvrages on été recueillis en 4 vol. in-8°; on a imprimé en outre une *Correspondance* qu'il entretenait avec Louis XVI. La lecture de tous ces écrit fait porter sur l'auteur le même jugement qu'a émis Dussault dans ses *Annales littéraires* : « Rivarol
« n'eut peut-être un vrai talent dans aucun genre ;
« mais son esprit actif et flexible se pliait à tous les
« genres. »

ROBERTSON (Joseph), théologien et littérateur anglais, né à Knipe, dans le comté de Westmoreland, en 1726, devint, en 1779, vicaire de Horn-Castle, dans le comté de Lincoln, où il mourut en 1802. Il s'est fait remarquer dans la littérature par l'étendue de ses connaissances et par la pureté de son style. On lui doit plusieurs ouvrages dont les principaux sont une *Introduction à l'étude de la belle littérature*, 1782, in-12; un *Essai sur l'éducation*, 1788; une *Dissertation sur la chronique de Paras*, 1788, in-8°; une traduction du *Télémaque* avec des notes et une vie de Fénelon, 1795; et un *Essai sur la nature de la poésie anglaise*, 1799, où il se montra littérateur profond et sage critique. Robertson fut un des collaborateurs du *Critical Review*.

ROBERTSON (Williams), célèbre historien anglais, et historiographe de sa majesté britannique pour l'Écosse, docteur en théologie, naquit à Berwick, en 1721, et s'adonna, dès sa jeunesse, avec une extrême ardeur à l'étude. Il avait pris pour devise ces mots qu'il mettait en tête de tous ses cahiers : *Vita sine litteris mors est*. « La vie sans la culture des lettres n'est qu'une mort. » Devenu recteur d'une église anglicane, il se livra à la prédication, et ses sermons ont été publiés. Mais c'est sur-tout dans l'histoire qu'il rendit son nom célèbre. « Les historiens anglais, dit Blair, ne furent long-« temps que de tristes compilateurs, jusqu'à ce « que, de nos jours, les noms brillants de Hume,

« de Robertson et de Gibbon vinrent dans notre « patrie élever ce genre de composition au plus « haut point de gloire et de dignité. »

On doit à Robertson : une *Histoire de Charles-Quint*, Londres, 1769, 3 vol. in-4°, ouvrage très estimé, dont Suart a donné une excellente traduction, Paris, 1771, 2 vol. in-4° et 1778, 6 vol. in-12 ; une *Histoire d'Écosse sous les règnes de Marie Stuart et de Jacques VI, jusqu'à l'avènement de ce prince à la couronne d'Angleterre*, Londres, 1771, 2 vol. in-4 ; cette histoire, plus recherchée en Angleterre, qu'en France, eut la plus grande célébrité dès sa naissance : elle a été souvent réimprimée en 2 vol. in-8°, et traduite en français par Bosset La Chapelle, en 3 et 4 vol. in-12, sous la date de 1772 et 1784. On a encore de Robertson : *Histoire d'Amérique*, Londres, 1777, 2 vol. grand in-4°, très souvent réimprimée en Angleterre, soit en 4 vol. in-8°, soit en 4 vol. in-12 ; l'édition de Londres de 1800, en 4 vol. in-8°, est recherchée parce quelle renferme les 9e et 10e livres qui avaient été réimprimés séparément, en 1798 et qu'il faut joindre aux éditions précédentes. Eidons en a donné une traduction française, Maëstricht, 1777, 4 vol. in-12 ; elle a encore été traduite par Suard et Jansen, Paris, 1778, 2 vol. in-4°. La même traduction a été revue sur la seconde édition anglaise par M. Gomicour de Derival, Rotterdam, 1779, 4 vol. in-12 ; et des *Recherches historiques sur l'Inde*, Londres, 1790, grand in-4°, et 1799. Elles ont été aussi traduites en français, Paris, 1792, in-8°.

Les *Œuvres* de Robertson ont été recueillies en 8 vol. in-4°, ou 10 vol. in-8°, Londres, 1794. On en a publié une nouvelle édit. en 1813, 6 vol. in-8°.

Cet historien mourut principal de l'université d'Edimbourg, au mois de juin 1793. M. Ymbert a publié, en 1806, un *Essai historique sur la vie et les ouvrages de Robertson*, traduit de l'anglais.

MORCEAUX CHOISIS.

I. Exécution de Marie Stuart.

Le mardi, sept février, les deux comtes arrivèrent à Fotheringay : ils demandèrent à voir la reine, lurent devant elle sa sentence, et l'invitèrent à se préparer à la mort pour le lendemain matin. Marie les écouta jusqu'à la fin sans émotion ; et faisant le signe de croix, au nom du Père, du Fils et du Saint-Esprit, « Cette âme, dit-elle, n'est pas digne « des faveurs du ciel, qui s'afflige de ce que le corps « doit tomber sous le glaive du bourreau, et quoi- « que je ne m'attendisse pas que la reine d'Angle- « terre donnerait le premier exemple de violer la « personne sacrée d'une souveraine, je me soumets « volontiers au sort que la Providence m'a réservé. » Elle posa alors la main sur une Bible qui se trouvait près d'elle, et protesta solennellement qu'elle était innocente de la conspiration que Babington avait tramée contre la vie d'Élisabeth. Elle rappela ensuite la prière contenue dans sa lettre à Élisabeth, mais elle n'obtint aucune réponse satisfaisante. Elle demanda avec de vives instances que du moins dans ses derniers moments on permît à son aumônier de l'accompagner, afin qu'elle pût jouir de la consolation des pieuses cérémonies prescrites par sa religion. Cette faveur même, qu'on accorde ordinairement aux plus vils criminels, lui fut positivement refusée.

Durant cette conversation, ses domestiques étaient baignés de larmes, et, quoique intimidés par la présence des deux comtes, étouffaient avec peine leurs plaintes ; mais aussitôt que Kent et Shrewsbury furent partis, ils coururent à leur maîtresse, et laissèrent éclater les plus touchants témoignages de tendresse et d'affliction. Néanmoins, Marie, non-seulement conserva une parfaite tranquillité d'âme, mais elle s'efforça de calmer l'excès de leur douleur. Elle tomba à genoux avec tous ses domestiques autour d'elle, remercia le ciel de ce que ses souffrances étaient enfin si près de leur terme, et demanda la grace de pouvoir endurer ce qui lui restait à souffrir avec dignité et avec courage. Elle employa la plus grande partie du soir à régler ses affaires temporelles. Elle écrivit son testament de sa propre main ; elle distribua son argent, ses joyaux et ses habits à ses domestiques, selon leur rang ou leurs services. Elle écrivit une courte lettre au roi de France et une autre au duc de Guise, pleines de sentiments tendres mais magnanimes ; elle recommanda son âme à leurs prières et ses serviteurs affligés à leur protection. Au souper, elle mangea sobrement suivant sa coutume, et s'entretint, non-seulement avec aisance, mais avec gaieté ; elle but à la santé de chacun de ses domestiques, et les pria

de lui pardonner, si jamais elle avait manqué à quelqu'un de ses devoirs à leur égard. Elle se mit au lit comme à l'ordinaire, et dormit paisiblement quelques heures. Le matin elle se retira de bonne heure dans son cabinet, et employa un temps considérable à des exercices de dévotion. A huit heures, le schérif et ses officiers entrèrent dans sa chambre, et la trouvèrent encore agenouillée au pied de l'autel. Elle se leva aussitôt, et d'un air majestueux, avec un visage plutôt joyeux qu'abattu, elle s'avança vers le lieu de l'exécution, appuyée sur deux domestiques de Paulet. Elle était vêtue d'un habit de deuil, mais avec une élégance et un éclat auquel elle avait renoncé depuis long-temps, excepté dans un petit nombre de jours de fête. Un *Agnus Dei* était suspendu à son cou par une chaîne de pommes de senteur; elle portait à sa ceinture un rosaire et à sa main un crucifix d'ivoire. Au bas de l'escalier, les deux comtes, suivis de plusieurs gentilshommes du voisinage, vinrent la recevoir; et là, sir André Melvil, grand-maître de sa maison, qui depuis plusieurs semaines était séparé d'elle, eut la permission de lui faire ses derniers adieux. A la vue d'une maîtresse qu'il aimait tendrement, dans une pareille situation, il fondit en larmes; comme il se plaignait de son sort et accusait la rigueur du destin qui le condamnait à porter en Écosse la nouvelle de ce triste évènement, Marie répondit : « Ne pleure pas, bon Melvil; tu as bien plutôt
« maintenant des motifs de te réjouir. Tu verras au-
« jourd'hui Marie Stuart délivrée de tous ses chagrins,

« et affranchie de ses pénibles souffrances par une
« fin qu'elle attendait depuis long-temps. Sois témoin
« que je meurs constante dans ma religion, ferme
« dans ma fidélité envers l'Écosse, et inébranlable
« dans mon affection pour la France. Recommande
« ma mémoire à mon fils; dis-lui que je n'ai rien fait
« de préjudiciable à son royaume, à son honneur, ou
« à ses droits; et Dieu veuille pardonner à tous ceux
« qui, sans aucune raison, ont eu soif de mon
« sang! »

Elle obtint des deux comtes, avec beaucoup de peine et après des sollicitations réitérées, la permission pour Melvil, ainsi que pour trois de ses serviteurs et deux de ses suivantes, de l'accompagner à l'échafaud. Il était dressé dans la même salle où elle avait été jugée, un peu au-dessus du parquet, et couvert, aussi-bien qu'un fauteuil, un coussin et le billot, d'un voile noir. Marie monta les degrés d'un pas ferme, contempla tout cet appareil de mort avec une contenance assurée, et faisant le signe de la croix, s'assit dans le fauteuil. Beale lut à haute voix sa sentence de mort; elle l'écouta d'un air indifférent et comme ocuppée d'autres réflexions. Alors le doyen de Peterborough commença un discours religieux convenable à sa situation présente, et adressa pour elle des prières au ciel; mais elle déclara qu'elle ne pouvait en conscience écouter l'un ni se joindre aux autres; et, se mettant à genoux, elle répéta une prière latine. Quand le doyen eut achevé son exhortation, Marie prenant la parole en anglais, d'une voix claire et intelligible, recommanda à Dieu l'état déplorable de l'Église, pria pour la prospérité de son fils, et souhaita une longue vie et un règne paisible à Élisabeth. Elle déclara qu'elle espérait en la compassion divine, seulement par la mort du Christ, aux pieds duquel elle versait son sang avec joie; puis levant au ciel et baisant le crucifix, elle lui adressa ces mots : « Comme tes bras, ô Jésus, ont été étendus sur la « croix, ainsi daigne me recevoir en m'ouvrant les « bras de ta miséricorde, et pardonne-moi mes « fautes ! »

Elle se prépara ensuite à poser sa tête sur le billot, en ôtant son voile et ses autres ornements. Comme un des exécuteurs s'empressait brutalement de l'aider, elle le repoussa avec douceur, et dit en souriant qu'elle n'avait pas été accoutumée à se déshabiller devant un si grand nombre de spectateurs, ni à recevoir les soins de pareils serviteurs. Elle mit son cou sur le billot avec un courage calme et intrépide; et, tandis qu'un des exécuteurs lui tenait les mains, l'autre, au second coup, lui trancha la tête, qui, en tombant de la coiffure, laissa voir ses cheveux, déjà blanchis par les inquiétudes et par les chagrins. L'exécuteur leva cette tête encore sanglante, et le doyen s'étant écrié : « Ainsi périssent tous les ennemis de la reine Élisabeth ! » le comte de Kent répondit seul *Amen*. Les autres spectateurs gardèrent le silence : tous fondaient en larmes, incapables, dans ce moment, d'aucun autre sentiment que la pitié ou l'admiration.

Histoire d'Ecosse, liv. VII.

II. Réception de Christophe Colomb, après son premier voyage.

Le premier soin de Colomb fut d'informer le roi et la reine, qui étaient à Barcelonne, de son arrivée et de son succès. Ferdinand et Isabelle, non moins surpris que charmés de cette évènement inattendu, répondirent dans les termes les plus flatteurs et les plus honorables pour Colomb, le priant de se rendre immédiatement à la cour, pour leur faire de sa propre bouche le récit de ses découvertes et de ses services extraordinaires. Pendant son voyage à Barcelonne, le peuple accourut en foule des environs, et le suivit partout avec surprise et admiration. Son entrée dans la ville se fit, selon l'ordre de Ferdinand et d'Isabelle, avec la pompe convenable à ce grand évènement, qui répandait tant d'éclat sur leur règne. Les étrangers qu'il amenait avec lui des pays qu'il avait découverts marchaient à la tête du cortège: leur teint singulier, leurs traits extraordinaires et leur parure sauvage, les faisaient paraître des hommes d'une autre espèce. Après eux, on portait les ornements d'or façonnés par l'art encore grossier de ces nations, les grains d'or trouvés dans les montagnes, et la poudre du même métal recueillie dans les fleuves. Ensuite paraissaient les divers ouvrages d'industrie de ces contrées nouvellement découvertes, avec leurs différentes productions. Colomb lui-même fermait la marche, et attirait les yeux de tous les spectateurs, qui contemplaient avec admiration cet homme extraordinaire, dont la sagacité et le courage supérieur avaient conduit leurs compatriotes à la connaissance d'un nouveau monde par une route inconnue aux siècles passés. Ferdinand et Isabelle, vêtus de leurs habits royaux, et assis sur leur trône, le reçurent sous un dais magnifique. Ils se tinrent debout à son arrivée, le relevèrent lorsqu'il se mit à genoux pour leur baiser la main, et l'invitèrent à s'asseoir sur un siège préparé pour lui, puis à leur faire un récit détaillé de son expédition. Il obéit avec un calme et une gravité également conformes au caractère de la nation espagnole et à la dignité de l'auditoire devant lequel il parlait, et avec cette modeste simplicité qui caractérise les hommes d'un génie supérieur, qui, satisfaits d'avoir exécuté de grandes choses, ne recherchent pas de vains applaudissements, par un pompeux étalage de leurs exploits. Quand il eut terminé son récit, Ferdinand et Isabelle se mirent à genoux, et offrirent à l'Éternel de solennelles actions de grace pour la découverte de ces nouvelles contrées, dont ils attendaient tant d'avantages pour les royaumes soumis à leur gouvernement. Toutes les marques d'honneur que la reconnaissance et l'admiration peuvent inventer furent prodiguées à Colomb. Des lettres patentes confirmèrent pour lui et pour ses héritiers tous les privilèges contenus dans la capitulation conclue à Santa-Fé; sa famille fut anoblie; le roi et la reine, et à leur exemple les courtisans, le traitèrent, en toute occasion, avec les égards respectueux dus aux personnes du rang le plus élevé. Mais la faveur qui lui plut davantage, parce qu'elle satisfaisait l'entreprenante activité de son âme, toujours occupée de grands objets, ce fut l'ordre de préparer sans délai un armement capable de le rendre maître des contrées qu'il avait déjà découvertes, et d'aller à la recherche des pays plus opulents qu'il avait l'espoir et la ferme confiance de découvrir encore.

Histoire d'Amérique, liv. II.

III. Abdication de l'empereur Charles V.

Charles résolut d'abdiquer la couronne en faveur de son fils avec une solennité conforme à l'importance d'un tel évènement, et d'accomplir ce dernier acte de souveraineté avec une pompe assez imposante pour laisser une impression ineffaçable dans l'âme non-seulement de ses sujets, mais encore de son successeur. Dans ce dessein il rappela Philippe de l'Angleterre, où l'humeur acariâtre de la reine son épouse, encore aigrie par le regret de ne pas avoir de postérité, le rendait extrêmement malheureux, et où la défiance des Anglais ne lui laissait aucun espoir d'obtenir la direction de leurs affaires. Après avoir assemblé les états de Flandre à Bruxelles, le 25 octobre 1555, Charles s'assit pour la dernière fois sur le fauteuil royal ; d'un côté se tenait son fils, de l'autre sa sœur, la reine de Hongrie, régente des Pays-Bas, avec un cortège brillant de grands d'Espagne et de princes de l'Empire, debout derrière lui. Par son ordre le président du conseil de Flandre exposa en peu de mots ses intentions en convoquant cette réunion extraordinaire. Il lut ensuite l'acte d'abdication par lequel Charles cédait à son fils Philippe tous ses domaines, sa juridiction et son autorité dans les Pays-Bas; déliait ses sujets dans ce royaume de leur serment de fidélité envers lui; et les priait de conserver les mêmes sentiments pour Philippe, son légitime héritier, et de le servir avec cette loyauté et ce zèle qu'ils avaient manifestés durant un si long cours d'années, pour maintenir son gouvernement.

Charles se leva alors de son siège en s'appuyant sur l'épaule du prince d'Orange, parce qu'il était incapable de se tenir debout sans soutien; il s'adressa lui-même aux auditeurs, et se servant d'un papier qu'il avait à la main pour aider sa mémoire, il rappela avec dignité, mais sans ostentation, toutes les grandes choses qu'il avait entreprises et achevées depuis le commencement de son administration. Il observa que, dès l'âge de dix-sept ans, il avait consacré tous ses soins et toute son attention aux affaires publiques, ne réservant aucune portion de son temps pour se livrer au repos, et en réservant fort peu pour jouir des plaisirs de la vie privée; que, dans un appareil pacifique ou menaçant, il avait visité neuf fois l'Allemagne, l'Espagne six fois, la France quatre fois, l'Italie sept fois, les Pays-Bas dix fois, l'Angleterre deux fois, l'Afrique autant, et qu'il avait fait onze voyages sur mer; que, tant que sa santé lui avait permis de remplir ses devoirs, et que la vigueur de son tempérament avait à peu près répondu à la tâche difficile de gouverner un si vaste empire, il ne s'était jamais affranchi du travail, ni plaint de la fatigue ; que, maintenant que sa santé était détruite sans retour, et sa force abattue par les souffrances d'une maladie incurable, ses infirmités croissantes l'avertissaient de songer à la retraite, et qu'il n'était pas assez jaloux de régner pour retenir le sceptre d'une main impuissante, et désormais incapable de protéger ses sujets ou de les rendre heureux ; qu'au lieu d'un souverain usé par les maux, et jouissant à peine d'un reste de vie, il leur en donnait un à la fleur de ses ans, accoutumé déjà à gouverner, et qui joignait à la vigueur de la jeunesse toute l'attention et la sagacité d'un âge plus mûr ; que si, durant le cours d'une longue administration, il avait commis quelque grave erreur dans le gouvernement, ou si, sous le fardeau de tant d'affaires importantes et au milieu des soins qu'il s'était vu contraint de leur donner, il avait négligé son devoir ou s'était rendu coupable d'une offense envers quelqu'un de ses sujets, il implorait maintenant leur pardon ; que pour lui, il conserverait toujours un sentiment de reconnaissance pour leur fidélité et leur attachement, et qu'il emporterait ce souvenir avec lui dans le lieu de sa retraite, comme la plus chère consolation et la plus douce récompense de ses travaux ; enfin que dans ses dernières prières au Dieu tout-puissant il ferait des vœux ardents pour leur prospérité.

Se tournant ensuite vers Philippe, qui tomba à genoux et baisa la main de son père : « Si à ma mort, « dit-il, je vous avais laissé ce riche héritage que « j'ai tant agrandi, sans doute vous devriez pour

« ce bienfait quelque affection à ma mémoire, mais
« aujourd'hui que je vous cède volontairement ce
« que je pouvais encore conserver, j'ai droit d'at-
« tendre de vous les plus vives expressions de gra-
« titude. Je vous en dispense néanmoins, et je re-
« garderai votre zèle pour le bonheur de vos sujets
« et votre amour pour eux comme le meilleur et
« le plus agréable témoignage de reconnaissance
« que vous puissiez m'offrir. Il est en votre pouvoir
« par une sage et vertueuse administration de jus-
« tifier la preuve extraordinaire de tendresse pater-
« nelle que je vous donne en ce jour, et de mon-
« trer que vous êtes digne de la confiance que je
« place en vous. Conservez un inviolable attache-
« ment à la religion; maintenez la foi catholique
« dans sa pureté; que les lois de votre pays soient
« sacrées à vos yeux; n'empiétez point sur les
« droits et les privilèges de vos peuples, et s'il vient
« jamais un temps où vous souhaitiez de jouir du
« calme de la vie privée, puissiez-vous avoir un fils
« orné d'assez de vertus pour que vous lui remet-
« tiez votre sceptre avec autant de satisfaction que
« je vous remets le mien! »

Aussitôt que Charles eut achevé cette longue exhortation à ses sujets et à leur nouveau souverain, il se jeta sur son fauteuil, épuisé de lassitude et près de tomber en défaillance par la fatigue d'un si pénible effort. Durant son discours tous les auditeurs fondaient en larmes, quelques-uns par admiration pour sa grandeur d'âme, les autres attendris par l'expression de son amour pour son fils et de son affection pour son peuple ; et tous étaient émus de la plus vive douleur en perdant un souverain qui avait distingué la Flandre, son pays natal, par des marques particulières de bienveillance et d'attachement.

Quelques semaines après, Charles, dans une assemblée non moins brillante et avec un cérémonial aussi pompeux, céda à son fils la couronne d'Espagne avec toutes les possessions qui en dépendaient dans l'ancien et le nouveau monde. Il ne se réserva à lui-même d'un si vaste empire qu'une pension annuelle de cent mille couronnes, pour défrayer les charges de sa maison et disposer d'une faible somme, destinée à des actes de bienfaisance et de charité.

Le lieu qu'il avait choisi pour sa retraite était le monastère de Saint-Just, dans la province d'Estramadure. Il était situé dans un vallon peu étendu, arrosé par un petit ruisseau, et environné de collines couvertes d'arbres élevés. Pour la nature du sol et la température du climat, on le regardait comme l'endroit le plus sain et le plus délicieux de l'Espagne. Quelques mois avant son abdication, il avait envoyé un architecte, chargé d'ajouter un nouvel appartement au monastère pour sa demeure ; mais il avait donné des ordres formels pour que le style de l'architecture fût conforme à sa situation présente plutôt qu'à son ancienne dignité. Cet appartement ne consistait qu'en six pièces, dont quatre dans la forme des cellules des frères, avec des murs nus : les deux autres, chacune de vingt pieds carrés, étaient tendues de drap brun, et meublées de la manière la plus simple. Elles étaient toutes au rez-de-chaussée, avec une porte sur un côté d'un jardin, dont Charles avait lui-même tracé le plan, et qu'il avait rempli de diverses plantes, dans l'intention de les cultiver de ses propres mains : de l'autre côté les appartements communiquaient à la chapelle du monastère, où il devait remplir ses devoirs de religion. Dans cette humble retraite, à peine suffisante pour offrir une habitation commode à un simple particulier, Charles s'établit avec douze domestiques seulement. C'est là qu'il ensevelit dans le silence et la solitude, sa grandeur, son ambition, avec tous ces vastes projets qui, durant un demi-siècle, avaient alarmé et troublé l'Europe en remplissant tour à tour chaque royaume de la terreur de ses armes et de la crainte d'être asservi à son pouvoir.

Histoire du Règne de Charles V, liv II.

ROCHON DE CHABANNES (Marc-Antoine-Jacques), mort à Paris en 1800, à l'âge de 70 ans, a donné à la comédie italienne, à l'opéra-comique, et à la comédie française plusieurs pièces qui obtinrent du succès malgré leurs nombreux défauts.

Le *Théâtre* de Rochon forme 2 vol. in-8°, publiés en 1786. On a encore de lui, *La Noblesse oisive*, 1756, in-8°; *Observations sur la nécessité d'un second Théâtre-Français*, 1780, in-12; une *Satire* sur les hommes; un *Discours philosophique* imité de Juvénal; et diverses *Pièces fugitives*, qui ont paru dans l'*Almanach des Muses* et dans divers journaux.

JUGEMENT.

Rochon aussi ne laissa pas d'être fort loué comme versificateur, quoiqu'il fût encore bien plus médiocre que de Bièvre, et qu'il soit resté dans la dernière classe de ceux à qui les acteurs ont fait au théâtre une petite fortune sans conséquence, et qui ne donne point de rang dans l'opinion. Il fit l'acte intitulé *Heureusement* avec deux contes de Marmontel, dont il mit la prose en vers (la prose est loin d'y gagner), et ne sut pas même tirer de deux contes l'intrigue d'un acte. Il fit *Hylas et Sylvie* avec toutes les pastorales connues, et avec un amour déguisé en nymphe, qui apprend à celles de Diane que les hommes ne sont pas des bêtes sauvages. Cette prodigieuse ignorance peut se supposer dans une jeune personne élevée solitairement, comme dans l'*Ile déserte* de Collé, joli acte imité de Métastase (c'est là que Rochon l'a prise); mais il est ridicule d'attribuer cette puérilité à des nymphes, qui sont des divinités du second ordre; et la Fable n'est point complice de cette sottise. Il fit les *Amants généreux* avec un drame de Lessing, très faible d'intrigue, mais dialogué quelquefois avec un naturel de caractère qui distingue cet écrivain parmi ses compatriotes. Rochon, qui écrit aussi médiocrement en prose qu'en vers, n'a pas même imaginé de nouer un peu plus fortement la pièce allemande, que quelques traits heureux de Lessing soutinrent un moment dans la nouveauté, mais qui est trop vide d'action pour rester en possession de la scène.

Il est impossible d'être plus pauvre d'invention que ce Rochon; il n'a su faire qu'une petite pièce à tiroir, *la Manie des Arts*, d'un sujet très susceptible de fournir une comédie, *le Connaisseur* ou *le Protecteur;* mais il a du moins mis en action assez plaisamment l'historiette connue d'un placet chanté et dansé; c'est tout ce qu'il y a de comique dans la pièce. La première représentation de son *Jaloux* fut marquée par un incident qui, je crois, est unique dans les annales du théâtre, et qui prouve quel ascendant peut avoir sur le public un acteur justement aimé, et quelles ressources peut trouver un auteur qui ne saurait avoir d'ennemis. Jusqu'au troisième acte, la pièce avait été si maltraitée, et l'impatience du public se manifestait si violemment que l'on était près de baisser la toile, lorsque l'acteur * chargé du principal rôle, prit le parti de s'adresser au parterre, et sollicita son indulgence avec une espèce de douleur suppliante et de fort bonne grace, en protestant qu'*on allait faire les derniers efforts pour lui plaire.* Il comptait sans doute sur une scène du quatrième acte qui prêtait beaucoup aux moyens de son talent, et il ne se trompait pas. Sa prière fut accueillie avec faveur par le gros des spectateurs, et avec de longues acclamations par les amis de l'auteur, toujours en force ces jours-là. Ils reprirent courage, et couvrirent d'applaudissements redoublés la scène où la pantomime de l'acteur fut véritablement assez belle pour faire regretter aux bons juges que la pièce ne fût pas meilleure.

* Molé.

Ce sujet usé du *Jaloux*, qui a fourni aux grands comiques tant de scènes charmantes, n'offrait pas ici une seule situation nouvelle; car le déguisement d'une femme en homme, qui est le seul ressort de l'intrigue, était tout aussi trivial que le reste, à dater du *Dépit amoureux* de Molière, et de plus, manquait de vraisemblance. Il n'est guère possible qu'une jeune et jolie femme en uniforme de dragon ne soit pas reconnue pour ce qu'elle est pendant une journée, au milieu d'une société nombreuse, et lorsque ce déguisement même, mis en problème, dans cette société, appelle l'attention et l'examen. On a beau être fou de jalousie, on a des yeux, et il n'en faut pas davantage pour qu'un habit de dragon, non-seulement ne cache pas le sexe, mais le trahisse, au moins dans une femme qui en a les beautés. Le dénouement du *Jaloux* ne vaut rien; et les scènes, presque toutes sans action, ne rachètent pas ce défaut à la lecture par une versification flasque et un dialogue diffus et entortillé, qui n'a guère de sens et d'effet que ce que l'acteur peut lui en donner.

Ce n'est pas la peine de parler de la farce des *Valets maîtres*, faite pour le carnaval; ni de l'*Amour français*, où il ne s'agit que de savoir si un jeune officier épousera une jeune veuve avant d'aller en garnison pour six mois, ou au retour de cette garnison. Ce n'était pas là le cas d'épuiser tous les lieux communs de l'honneur et de l'amour. L'opéra du *Seigneur bienfaisant* est comme tant d'autres où les paroles sont de trop : les fêtes en font tout le mérite, et celui-ci avait de plus un incendie qui en fit le succès. Il y a long-temps que, dans tous les genres de drame, on a pris le parti de mettre le feu sur le théâtre; ce qui est plus aisé que de mettre du feu dans la pièce.

C'est pourtant cet auteur qui trouvait très mauvais qu'on mît quelque différence entre sa pastorale d'*Hylas* et celle d'*Issé*, et qui disait naïvement : *On sait comme j'écris*. Oui, ceux qui savent ce que c'est que d'écrire, savent aussi qu'il n'y a peut-être pas une page de son théâtre où l'on ne rencontre des fautes grossières, des fautes de sens, d'expression, de convenance, tout ce qui prouve à la fois le défaut d'esprit et de talent. Voyez le portrait que madame de Liban croit faire en beau de son petit cousin Lindor :

Marton, l'aimable enfant!
Toujours dansant, chantant, sautant, gesticulant;
Rêvant, imaginant cent tours d'espièglerie;
Riant, riant sans cesse à vous en faire envie;
Parlant sans raisonner, mais *déraisonnant* bien;
Disant avec esprit *une fadaise*, un rien.

Le fond de ce portrait est dans le conte; mais la couleur en est un peu différente. On n'y voit pas, parmi les agréments de l'âge de Lindor, celui de *rêver*; on ne dit pas qu'il *déraisonne bien*, pour dire qu'il a grace à déraisonner, ni qu'il sait *dire avec esprit une fadaise*. L'auteur a voulu dire *une bagatelle*, et a cru que c'était la même chose. Le mot de *fadaise* ne s'est jamais présenté à l'idée d'une femme qui veut peindre les gentillesses et les étourderies qu'elle aime dans un jeune officier de seize ans. C'est dans cinq ou six vers que l'on découvre, au premier coup d'œil, tant d'inepties; jugez du reste, si la critique pouvait ou devait s'en occuper. Et voilà les réputations de journaux! Heureusement on sait ce qu'elles valent; mais dans tous les temps ce sera l'ambition de ceux qui ne peuvent pas en avoir une autre.

La Harpe, *Cours de Littérature.*

ROLLIN (Charles), recteur de l'Université de Paris, professeur d'éloquence latine au Collège-Royal de France, né à Paris le 30 janvier 1661, mort le 14 septembre 1741. Fils d'un père artisan, dans un temps où la plupart des hommes de cette classe ne faisaient guère apprendre à leurs enfants que leur métier, Charles Rollin se serait probablement occupé toute sa vie d'un travail mécanique, et aurait été comme son père, un maître coutelier, si l'un de ces hasards qui décident plus souvent qu'on ne croit des destinées humaines, ne lui eût ouvert la carrière des études littéraires.

Un religieux blanc-manteau, dont il servait quelquefois la messe dans ses premières années, trouva chez cet enfant un babil spirituel, et mit dans la tête de sa mère, restée veuve, de le faire entrer au collège; on obtint une bourse pour lui; il se distingua dans les classes par son travail et par d'heureuses dispositions; il eut pour condisciples, au collège du Plessis, les fils de Claude Le Pelletier, qui succéda, en

1683, au grand Colbert dans la place de contrôleur général des finances.

Ce ministre, qui avait été d'abord président au parlement et prévôt des marchands, et qui était un homme instruit, écrivant le latin avec élégance et facilité, rechercha pour ses enfants la société et l'amitié du jeune Rollin; il voulut que leurs relations fussent réglées sur le pied de l'égalité, ou plutôt d'après la supériorité du mérite; et lorsqu'ils allaient ensemble dans la voiture du magistrat, l'ordre des places y était le même que dans la classe. Rollin était souvent le premier, et prenait son rang.

Il fut bientôt distingué par ses maîtres, et particulièrement par le vénérable Hersan qui l'adopta, pour ainsi dire, comme un fils, et voulut qu'il fût son successeur, d'abord dans la chaire de seconde, et ensuite dans celle de rhétorique. Enfin il remplaça encore M. Hersan comme professeur d'éloquence latine au Collège-Royal de France.

Rollin était parvenu à toutes ces places, et n'était encore âgé que de vingt-sept ans (1688). Il ne put pas professer long-temps au collège du Plessis, sa santé l'obligea de quitter la chaire de rhétorique en 1692; il n'y avait que neuf ans qu'il exerçait.

Ce fut vers cette époque qu'il obtint l'estime et de l'amitié deux grands poètes, Despréaux et Racine.

Il eut parmi ses élèves le fils aîné de l'auteur d'*Athalie*; et l'on voit dans les lettres de Racine, et dans les mémoires que Louis Racine a écrit sur la vie de son père, combien l'illustre poète estimait le jugement, la capacité et toutes les excellentes qualités du jeune professeur.

Il traduisit en une ode latine, celle de Despréaux sur la prise de Namur, et il fit hommage de sa traduction à l'auteur par une jolie pièce de vers phaleuques.

Nommé recteur de l'Université (quoiqu'il ne professât plus), en octobre 1694, il fut continué dans cette dignité deux années de suite.

Ces fonctions lui imposèrent l'obligation de prononcer des discours latins d'usage et d'apparat; il fit entr'autres l'éloge du Dauphin, et deux années de suite l'éloge du roi.

Il eut, pendant son rectorat, le malheur de perdre sa mère; et en fils pieux, il paya un tribut à la mémoire de cette personne respectable et chérie, dans le discours qu'il prononça pour la clôture de sa première année de ses fonctions de recteur.

Depuis qu'il avait quitté les travaux pénibles du professorat, jouissant de quelques loisirs, il s'était remis à lire avec délices les auteurs les plus célèbres des deux langues, grecque et latine; il fit une étude particulière des historiens grecs, d'Hérodote, de Thucydide, de Xénophon, de Plutarque, etc.; ce qui n'a pas empêché des critiques injustes et malveillants d'imprimer que Rollin ne savait pas le grec.

Il eut au contraire l'avantage et la gloire de remettre l'étude de cette langue en honneur dans l'Université, où elle était un peu négligée avant lui; il recommanda aussi d'appliquer les élèves, plus qu'on ne le faisait, à l'étude de la langue française; il voulait qu'on commençât d'abord par enseigner aux enfants les règles de la langue maternelle, et qu'on leur donnât, en français, de premières notions de grammaire générale; qu'on leur apprît à distinguer ce que c'est que substantif, adjectif, verbe, etc. Ces principes seraient plus clairs pour eux, et leur paraîtraient moins rebutants dans leur langue usuelle et natale; et ces notions acquises s'appliqueraient ensuite sans peine au latin et au grec dont elles leur faciliteraient l'étude et l'intelligence.

Il donna, étant recteur, un mandement pour la suppression des représentations théâtrales qui avaient lieu à la fin de l'année dans les collèges, et qui accompagnaient les distributions des prix; les jésuites avaient obtenu des succès brillants dans ce genre; les PP. Porée, Du Cerceau, etc., et autres, avaient composé des pièces dont la renommée s'était répandue dans le monde; l'Université avait voulu les imiter, mais elle avait moins bien réussi qu'eux; le professeur de rhétorique était obligé, qu'il en eût ou non le talent, de composer chaque année une tragédie ou une comédie; c'était du temps pris sur celui qu'il devait à l'instruction de ses élèves; Rollin lui-même regrettait d'en avoir perdu à ce genre de composition dont il s'était trouvé incapable; n'osant pas cependant supprimer tout d'un coup un usage ancien, il recommanda au moins de ne jouer que des tragédies et des tragédies sans amour; il conseilla d'en puiser les sujets dans l'Écriture-Sainte : « Ce qui
« se peut faire, dit-il, avec bonheur et avec gloire,

« comme un illustre exemple nous l'a récemment
« prouvé. » On voit bien quel est cet exemple qu'il
propose, et qu'il s'agit de Racine lui-même. *Esther*
et *Athalie* avaient paru en 1688 et 1690.

Mais il contribua, autant qu'il fut en lui, à faire
substituer aux représentions de pièces de théâtre,
des exercices publics, sur des auteurs grecs et latins, c'est-à-dire, que des jeunes gens répondaient
en public sur ces auteurs, en donnaient des explications, y ajoutaient des réflexions morales et littéraires, s'accoutumaient ainsi à paraître et à parler
devant un auditoire nombreux, et montraient qu'ils
avaient profité de leurs études. Ces exercices ont
été depuis abandonnés, et peut-être ferait-on bien
de les rétablir. Il serait facile de les rendre intéressants; et l'on prouverait ainsi que les élèves sont
réellement familiarisés avec les langues anciennes et
avec les auteurs classiques.

Après son rectorat, il jouit encore de quelques
années d'un studieux loisir; il n'avait conservé que
la chaire du Collège-Royal; aux honoraires de cette
chaire, qui étaient de cinq cents francs, il joignait
sept à huit cents livres de rentes, et il se croyait riche; il possédait un petit jardin dont il fait lui-même
la description dans une lettre à M. Le Pelletier,
l'ancien ministre, qui avait publié, sur l'agriculture,
un ouvrage intitulé : *Comes rusticus*. Il y avait dans
ce jardin : « deux petites allées et un espalier couvert
« de cinq abricotiers et de six pêchers pour lesquels
« il avait beaucoup de tendresse, ainsi que pour ses
« œillets, et il craignait pour eux le froid de la nuit

« qu'il n'aurait point senti sans cela. » On ne peut ilre ces lignes naïves sans être touché de la simplicité de mœurs, de la bonté et de la paix de l'âme de celui qui les a écrites.

On vint l'arracher à sa retraite. L'abbé Vittement, recteur de l'Université, et coadjuteur du collège de Beauvais, fut nommé, vers la fin de 1697, sous-précepteur des petits-fils du roi; il choisit pour le remplacer dans la coadjutorerie, Rollin, qui fit d'abord difficulté d'accepter cet emploi; l'abbé Duguet, son intime ami, l'y détermina par la vue des services qu'il pourrait rendre.

Ce fut peu d'années après, en 1701, qu'il fut nommé à une place de l'Académie des inscriptions et belles-lettres : il était alors âgé de quarante ans.

Rollin remplit réellement les fonctions de principal, celui qui en avait le titre ne les exerçant point; il a montré depuis, dans son *Traité des Études*, qu'il connaissait les devoirs des principaux des collèges; il n'a fait, en les traçant, qu'exposer la manière dont il s'était conduit lui-même. Le collège de Beauvais prospéra au point de donner de la jalousie et de l'ombrage aux jésuites pour leur collège de Clermont; ils avaient la protection du P. Lachaise, leur confrère, confesseur du roi, et Rollin passait pour être ce qu'on appelait alors janséniste. Il fut inquiété, tourmenté à plusieurs reprises, et enfin, en 1712, après quinze ans de services rendus au collège de Beauvais, à l'éducation, à la jeunesse, à la patrie, il reçut l'ordre de quitter ses fonctions de principal.

Il était tellement aimé dans le collège, que la nouvelle de sa destitution, si elle eût été publiée trop brusquement, aurait pu produire quelque désordre par la démonstration trop vive des regrets de ses jeunes élèves ; il le sentit, et alla au-devant de cet inconvénient. Le dimanche 5 juin 1712, il fit, selon son usage, une instruction chrétienne aux jeunes gens ; il ne put s'empêcher d'y être plus tendre et plus affectueux que de coutume ; mais il sut se commander assez à lui-même, pour qu'on ne devinât point le fatal secret ; après avoir fait cette espèce d'adieu à ses enfants chéris, il quitta sans bruit et pour toujours cette maison où il avait fait tant de bien, et où sa perte laissait un vide irréparable.

A cette époque de sa sortie du collège de Beauvais, le premier président de Mesmes voulut le dédommager de la diminution qu'il éprouvait dans son revenu ; ce magistrat en parla au cardinal de Bissy, qui avait alors du crédit à la cour ; et celui-ci crut pouvoir promettre qu'il obtiendrait pour Rollin un bénéfice ou une pension sur un bénéfice ; mais le premier président ayant fait part de ce projet à l'ancien principal, fut bien surpris de recevoir un remercîment accompagné d'un refus formel : « Je ne me reconnais, dit Rollin, aucun droit « à des revenus ecclésiastiques. » Et M. de Mesmes ayant insisté, et lui remontrant doucement qu'il n'était pas riche : « *Moi, Monsieur ! reprit vivement* « *Rollin, je suis plus riche que le roi.* » Il pouvait avoir alors, tant de son patrimoine et de la succession de son frère aîné que de ses propres économies, environ quinze cents livres de rente; c'était plus qu'il ne lui en fallait, et une grande partie de ce revenu était employée par lui en bienfaits.

Rentré encore une fois dans la retraite, il ne voulut pas cesser d'être utile; ce fut alors qu'il donna une édition nouvelle de Quintilien, qu'il destinait à l'enseignement de la réthorique dans les collèges.

Il avait remarqué que ce rhéteur mêle toujours des leçons de morale à celles qu'il donne sur l'art oratoire; qu'il pose en principe que nul ne peut être vraiment éloquent sans être un homme de bien; c'est pourquoi prenant son élève dès le berceau, Quintilien n'est pas moins occupé de lui faire apprendre l'art de bien agir que l'art de bien dire. Ces idées étaient celles de Rollin; il retrancha seulement de son auteur ou des longueurs inutiles, ou des subtilités qui sentent trop l'école des anciens rhéteurs, ou enfin des préceptes qui convenaient plus particulièrement au temps où Quintilien écrivait; il mit le tout dans le meilleur ordre, fit précéder l'ouvrage d'une excellente préface latine, et publia cette édition en 1715.

L'Université n'avait garde de perdre de vue son ancien recteur; elle savait le retrouver et l'employer au besoin.

En 1719, le régent fonda l'instruction gratuite dans l'Université de Paris; une portion des revenus des postes fut consacrée à donner aux professeurs une existence honnête, et à leur assurer des retraites après vingt ans d'exercice.

Rollin fut chargé de faire, au nom du corps académique, un discours de remercîment. Sa harangue eut un très grand succès ; et comme, dans la première partie, il avait donné un aperçu et un abrégé du plan que suivait l'Université pour l'instruction de la jeunesse, on pria l'orateur de vouloir bien étendre cette partie de son discours, et d'en faire un ouvrage qui ne pourrait manquer d'être utile aux élèves et aux maîtres. Cette délibération prise par la compagnie, le 13 janvier 1720, fut la cause et l'origine du *Traité des Études.*

Vers la fin de cette même année, au mois d'octobre 1720, l'Université crut devoir l'appeler aux fonctions de recteur ; mais on était alors dans une crise relative aux affaires du jansénisme ; le parlement avait été exilé à Pontoise ; Rollin, toujours incapable de trahir sa pensée, lorsqu'il se croyait obligé de la manifester, fit, au mois de décembre 1720, lors de la procession de l'Université, un discours, à la suite duquel arriva une défense positive de le continuer dans les fonctions de recteur, et un ordre de nommer à sa place un sujet plus modéré.

L'autorité pouvait le priver du titre de recteur, mais ne pouvait lui ôter ni son talent, ni ses connaissances acquises, ni son zèle pour l'instruction des jeunes gens ; il continua donc à s'occuper de l'ouvrage que lui avait demandé sa compagnie ; et les deux premiers volumes du *Traité des Études* parurent en 1726, les deux derniers en 1728.

Il avait hésité d'abord s'il l'écrirait en latin ou

en français ; il se décida pour cette dernière langue, afin que l'ouvrage fût plus répandu, plus usuel, et en quelque sorte plus populaire : il avait alors plus de soixante ans, et n'avait encore publié aucun ouvrage en français ; mais il écrivit bien dans sa langue maternelle, dès qu'il le voulut, et cela parce qu'il sentait et pensait bien, parce qu'il y avait en lui un fonds de philosophie, de morale et de littérature, qui lui fournissait une heureuse abondance d'expressions justes et élégantes.

Le chancelier d'Aguesseau, à qui Rollin avait envoyé les deux premiers volumes de l'ouvrage, lui répondit : « Vous parlez le français comme si « c'était votre langue naturelle (il semblait que « le latin dût être la langue naturelle d'un recteur « de l'Université de Paris); et vous faites voir, ce « que j'ai souvent pensé, qu'il y a une beauté de « style qui est de toutes les langues, et à laquelle « elles ne fournissent que des mots, parce que le « tour, l'arrangement et la grace du discours sont « dans l'esprit de celui qui écrit, beaucoup plus « que dans la langue qu'il met en œuvre. »

L'étude des historiens anciens, et particulièrement des Grecs, avait toujours été l'objet favori des travaux de Rollin ; il y trouvait de hautes leçons de morale, des sentiments qui répondaient à ceux de son âme pure et élevée ; il pensa qu'en écrivant l'histoire ancienne, d'après ces grands modèles, il trouverait de fréquentes occasions de donner aux jeunes gens des préceptes et des exemples admirables de sagesse et de vertu.

Il se décida donc à l'âge de soixante-sept ans, à écrire l'*Histoire Ancienne des Égyptiens, des Mèdes et des Perses, des Grecs, etc.* etc. Dès 1730, il en publia les deux premiers volumes; et en 1738 l'ouvrage était achevé; les treize volumes avaient paru.

Il se mit aussitôt à composer l'*Histoire Romaine*; presque octogénaire, il travaillait avec une ardeur de jeune homme; ne perdant pas un moment, et ne se laissant aller à aucune distraction, en trois années il fit paraître huit volumes, et il en était au neuvième lorsque la mort le surprit.

Tous ses ouvrages étaient accueillis du public avec empressement; ils avaient le plus grand succès; et malgré les imperfections qu'on est obligé d'y reconnaître, ils ont le grand mérite d'être écrits de bonne foi par un homme de bien, et de faire respirer à la jeunesse à laquelle ils sont principalement destinés, comme un parfum de vertu et de bonté. Il y règne une douce chaleur, une onction touchante qui va au cœur parce qu'elle en vient; en les lisant, on ne peut s'empêcher d'aimer l'auteur, et on lui sait gré d'avoir écrit.

Il essuya pourtant quelques critiques; M. Gibert, professeur de rhétorique dans l'Université, comme Rollin, attaqua le *Traité des Études*; il accusa son confrère d'énerver l'ancienne discipline de l'enseignement, de ne point entrer assez avant dans les matières qu'il traite, de trop sacrifier à l'agrément et à l'amusement des lecteurs, et de ne point leur offrir une instruction assez solide et assez sérieuse;

peu s'en faut qu'il ne travestisse Rollin en un bel-esprit superficiel et léger.

Un autre, nommé Bellenger, docteur de Sorbonne, soutint publiquement que Rollin ne savait pas le grec ; qu'il avait souvent traduit Hérodote, non pas sur l'original, mais d'après la traduction latine de Laurent Valle, etc.... Il fit une dissertation de cinquante pages seulement pour prouver que Rollin s'était trompé sur le sens d'un mot dans un passage de Tite-Live.

Rollin ne répondit pas toujours aux critiques ; et lorsqu'il répondit, ce fut brièvement, sagement, avec beaucoup de douceur et de modération, en homme qui n'était point blessé, qui n'avait eu, en écrivant, d'autre dessein que d'être utile, qui ne songeait à tirer de ses ouvrages ni profit, ni vanité ; peu s'en fallait que son humilité chrétienne ne trouvât dans ces critiques un grand avantage, celui de servir de contre-poison aux éloges qu'il recevait de toutes parts.

Rollin ne voulant pas faire le sacrifice d'opinions qu'il regardait comme la vérité, éprouva des persécutions à plusieurs époques de sa vie ; nous l'avons vu expulsé de la principalité du collège de Beauvais en 1712, destitué de son second rectorat en 1720 ; à l'âge de soixante-onze ans, et lorsqu'il était entièrement absorbé par ses travaux historiques, il fut encore en butte à de nouvelles vexations qu'on aurait pu et dû épargner à sa respectable vieillesse.

Il habitait une très petite maison dans le faubourg Saint-Marceau. Des délateurs, gens toujours empressés de se faire valoir auprès de l'autorité par des rapports souvent mensongers, allèrent dire que Rollin avait chez lui, dans ses caves, une imprimerie cachée dont on se servait pour faire paraître les *Nouvelles Ecclésiastiques*, journal janséniste.

Il fut mandé à la police, et se défendit en déclarant que rien n'était plus faux que ce qu'on lui imputait ; on fit des perquisitions dans sa maison, de la cave au grenier, et l'on ne trouva rien ; au bout de quelque temps on y revint encore ; ce fut alors qu'il écrivit avec beaucoup de dignité au cardinal de Fleury, premier ministre, pour se plaindre.

« Je ne tiens nul rang dans l'État, disait-il, mais ce« pendant je crois mériter qu'on se fie à ma parole.

« Il est bien triste, Monseigneur, que sur le sim« ple rapport de malheureux délateurs, convaincus « cent fois de faux, d'honnêtes gens se trouvent « tous les jours exposés à de si indignes traitements.

« Je croyais, Monseigneur, que l'ouvrage que « j'ai entrepris, qui doit occuper un homme tout en« tier, me servirait d'apologie auprès de Votre Emi« nence, et de preuve certaine que je ne me mêle « point d'autre chose. En effet, j'écarte avec une « sévère rigidité tout ce qui peut m'en distraire. Je « ne fais ma cour à personne ; je n'importune point « les puissances ; je ne sollicite point de grace ; vous « le savez, Monseigneur. Il n'y a point de place, « quelque lucrative ou honorable qu'elle puisse être, « qui soit capable de me tenter ; il n'est pas né« cessaire de m'en fermer la porte : je m'en exclus « moi-même pour vaquer sans partage à un travail

« qu'il me semble que la Providence m'a imposé. »

Et il signait: votre très humble, très obéissant et *très désintéressé* serviteur.

Comme il arrive aux hommes sincères et courageux, la violence ne l'ébranla point ; il conserva ses opinions; et lorsque sept ans après, en 1739, on parvint à faire rétracter par la Faculté des arts de l'Université son appel au futur concile, Rollin, âgé de soixante-dix-huit ans, sortit de sa retraite pour venir, avec quelques autres de ses confrères, protester énergiquement contre cette rétractation. Il fut alors, ainsi que tous ceux qui avaient signé avec lui, exclu des assemblées générales et particulières de l'Université. Son ancien critique, Gibert, syndic de la Faculté, fut destitué et exilé. Au moment de son départ, Rollin lui fit des offres réelles de service, dont heureusement Gibert se trouva n'avoir pas besoin. Il était à peu près du même âge que Rollin, et mourut en exil un ou deux ans après.

On donne aujourd'hui beaucoup d'éloges à Rollin, et l'on a raison, car il les mérite; mais on le persécuta de son vivant: on lui prodigua les dégoûts et les contrariétés; on lui ferma constamment les portes de l'Académie-Française, dans laquelle il eût été si bien placé; on refusa de le nommer inspecteur du Collège-Royal de France, quoiqu'il fût le plus ancien des professeurs; il est vrai qu'on ne lui ôta point cette chaire; il y donna des leçons pendant trente-neuf années, de 1697 à 1736; il y fut remplacé par Nicolas Piat, qui ne fut d'abord que son coadjuteur; Rollin demeura titulaire jusqu'à sa mort, et Piat lui succéda.

A la fin de sa longue et laborieuse carrière, à l'âge de quatre-vingts ans, il ne possédait que quinze cents livres de rente; ses autres revenus consistaient en ses pensions de doyen des professeurs royaux et de professeur émérite de l'Université, qui, réunies, pouvaient faire près de deux mille francs. Mais il était loin de se plaindre de sa fortune : il s'aperçut un jour qu'il avait trois mille livres d'argent comptant ; une telle opulence le rendit si honteux, qu'il y mit bon ordre par des aumônes abondantes.

Dans une lettre qu'il écrivait, le 4 octobre 1740, au fidèle Dupont, son domestique, qui le servit quarante-trois ans et qu'il regardait comme un ami, il lui dit que la fête de Saint-François d'Assise le fait songer aux pauvres que la cherté du pain doit faire souffrir beaucoup. « Il faut, ajoute-t-il, dou-
« bler la distribution ordinaire pour le mois passé
« et pour celui-ci, et même tripler, si vous le ju-
« gez nécessaire. Ne craignez point de m'appauvrir
« en donnant trop; c'est placer mon argent à un gros
« intérêt. »

Il pouvait être généreux, car il était économe; sa manière de vivre, simple et frugale, garantissait sa probité et son indépendance: qui multiplie ses besoins, multiplie ses chaînes et ses tentations; plus on veut avoir, moins on s'appartient.

Sa mort fut celle d'un chrétien, profondément persuadé qu'il allait recevoir la récompense des

vertus qu'il avait pratiquées sur la terre. « Je ne
« veux point voir de larmes ni de marques d'afflic-
« tion, disait-il aux amis qui étaient près de lui,
« c'est aujourd'hui un jour de fête.

Rollin, quoique très religieux et portant l'habit ecclésiastique, n'était point engagé dans les ordres sacrés, il ne fut jamais que clerc tonsuré.

Le recteur, à la tête du tribunal de l'Université, assista à ses funérailles. Mais il fut fait une défense expresse de prononcer un seul mot d'éloge sur sa tombe. Rollin eut cela de commun avec Descartes, pour lequel une défense semblable était intervenue, au moment même où l'on allait célébrer ses obsèques.

L'usage de l'Académie des inscriptions est que le secrétaire perpétuel fasse l'éloge des membres que la compagnie vient à perdre. Gros de Boze dut faire celui de Rollin; mais cet éloge fut *une affaire d'état*, comme le disait le secrétaire perpétuel lui-même dans une conversation particulière; il eut beaucoup de peine à obtenir la liberté qu'il demandait, et on lui imposa la condition formelle de ne louer dans Rollin que l'homme de lettres.

Long-temps après sa mort, on recueillit, sous le titre d'*Opuscules de feu M. Rollin*, ses harangues latines, ses pièces de vers latins, et ce qu'on put rassembler de lettres de ses diverses correspondances. On plaça en tête l'*Éloge* prononcé par de Boze, dans l'Académie des inscriptions, le 14 novembre 1741, et, à la suite des cet *Éloge*, des notes qui paraissent être de Crévier, l'élève, l'ami et le légataire universel de Rollin, et qui a continué son *Histoire Romaine*. Ce recueil, en deux volumes in-12, publié en 1771, est curieux et intéressant; les notes sur-tout sont très propres à faire connaître la conduite et les sentiments du vertueux recteur, quoique dans un endroit de ces notes, relatif aux évènements de 1739, l'auteur dise que des considérations que tout le monde peut sentir, l'obligent à trancher court sur cet article. Ces considérations étaient vraisemblablement la suite de cette défaveur que Rollin avait éprouvée de son vivant, et qui poursuivait encore sa mémoire.

Voltaire n'avait pas attendu si long-tems pour être juste envers l'homme utile et vertueux à qui la jeunesse avait eu tant d'obligations. Du vivant même de Rollin, en 1732, il lui avait assigné, dans le *Temple du Goût*, une place honorable :

> Non loin de là, Rollin dictait
> Quelques leçons à la jeunesse ;
> Et, quoiqu'en robe, on l'écoutait.

Enfin, le temps, appréciateur impartial des ouvrages et des hommes, a prononcé définitivement sur Rollin ; l'autorité publique lui a rendu des honneurs tardifs ; un demi-siècle environ après sa mort, on lui a fait ériger une statue en marbre. (En 1789.)

Trente ans encore plus tard (en 1818), l'Académie-Française, regrettant sans doute de ne l'avoir pas possédé dans son sein, a mis son éloge au concours ; le discours qui a remporté le prix, écrit avec beaucoup d'élégance, et avec une sensibilité douce, convenable au sujet, a été le coup d'essai d'un jeune homme, M. Saint-Albin-Berville, avocat à la Cour royale de Paris, qui depuis a obtenu des succès plus importants dans notre barreau, où il tient aujourd'hui un rang distingué, comme orateur et comme écrivain.

Nous regrettons, en finissant, d'avoir été obligés de nous resserrer dans les bornes d'une simple notice. La vie de Rollin mériterait d'être écrite dans tous ses détails; on ferait, en l'écrivant, une bonne action; car c'en est une, que de rendre hommage à la vertu, de lui faire des partisans, et peut-être des imitateurs *.

ANDRIEUX.

JUGEMENTS.

I.

Rollin est le Fénelon de l'histoire, et, comme lui, il a embelli l'Égypte et la Grèce. Les premiers volumes de l'*Histoire Ancienne* respirent le génie de l'antiquité : la narration du vertueux recteur est pleine, simple et tranquille ; et le christianisme, attendrissant sa plume, lui a donné quelque chose qui remue les entrailles. Ses écrits décèlent cet *homme de bien, dont le cœur est une fête continuelle* **, selon l'expression merveilleuse de l'Écriture. Nous

---

* Pour les *Morceaux choisis*, *Voyez* à la table les nombreux jugements de Rollin sur différents auteurs.

** Un honnête homme (M. Rollin) a, par ses ouvrages d'histoire, enchanté le public. C'est le cœur qui parle au cœur ; on sent une secrète satisfaction d'entendre parler la vertu ; c'est l'abeille de la France.

MONTESQUIEU, *Pensées diverses.*

ne connaissons point d'ouvrages qui reposent plus doucement l'âme. Rollin a répandu sur les crimes des hommes le calme d'une conscience sans reproche, et l'onctueuse charité d'un apôtre de Jésus-Christ.

Chateaubriand, *Génie du Christianisme.*

II.

Personne n'a écrit sur l'éducation, et pour la jeunesse, avec des vues plus éclairées et plus justes que Rollin : ce n'est point un sophiste orgueilleux qui cherche à mettre ses systèmes à la place de l'expérience, qui veut substituer à la lumière de la vérité les fausses lueurs d'une imagination ardente, et montrer la subtilité de son esprit sans s'embarrasser de la justesse des idées; c'est un homme simple et droit, qui n'a pour but que d'être utile. Instruit par sa propre expérience, et plein des maximes des Anciens, il n'a pas la prétention d'innover ; il recueille religieusement les oracles de la sagesse antique : Cicéron, Quintilien, les meilleurs écrivains de la Grèce et de Rome, sont les guides qu'il suit dans les voies où lui-même il conduit son lecteur : il était digne de marcher sur leurs traces ; un jugement sûr, un goût exquis se font toujours sentir dans ce qu'il mêle à leurs maximes et à leurs réflexions. Le *Traité des Études*, qu'on a droit peut-être de regarder comme son chef-d'œuvre, est un ouvrage excellent : s'il ne frappe pas d'abord par l'éclat du style et par l'originalité des vues, il attache par l'attrait d'une diction toujours naturelle et toujours aimable, et satisfait par la plénitude des idées et la justesse des principes ; tout dans ce livre est pur et sain ; tout y est solide ; tout y est fondé sur le bon sens ; on n'y trouve rien qui puisse être désavoué par la raison et l'expérience. Ce qui ajoute encore à son prix, c'est qu'il n'y a pas une trace de pédanterie dans tout l'ouvrage : le ton en est toujours simple, doux et naïf; l'auteur a su répandre de l'agrément sur des objets qui n'en paraissent guère susceptibles; il a su semer des roses sur les détails les plus épineux et les plus arides de la discipline scolastique.

DUSSAULT, *Annales littéraires.*

III.

Cet homme simple a l'air de s'être consacré à ne vivre qu'avec les hommes de l'antiquité, pour mieux élever les enfants de nos jours : il les étudie, comme il étudie ces enfants eux-mêmes, pour mieux diriger leurs études. Il trace à ses disciples d'excellents préceptes qu'il dégage de toute pédanterie, et prescrit des leçons aux maîtres qui doivent les régenter. Sa raison éclairée brille partout : elle est nourrie du suc des plus solides auteurs, et le style de ses ouvrages en reçoit une gravité, une consistance qui alimente les bons esprits et les soutient dans leur diverse carrière. Habitué à traduire la latinité, sa plume en a emprunté la précision, la grace, la pureté ; et, soit qu'il traite de la poésie, soit qu'il traite de l'art oratoire, on sent qu'il est toujours guidé par un goût sûr qui lui dicte ce qu'il écrit....

La plupart de ses documents sont extraits de Cicéron et de Quintilien, et la comparaison des textes fait ressortir évidemment son habileté à les traduire. Toutes les fleurs semées dans la rhétorique des Romains se raniment sur la nouvelle terre où les transplante son soin judicieux. Comme Quintilien, il conduit son disciple par la main à travers des sentiers riants et ornés, dans les beaux champs de l'éloquence, ouverts à l'orateur. N'ayant en vue que le profit des citoyens, il approfondit les mystères de l'histoire, l'étude des langues grecque, latine et française, et n'envisage le reste de la littérature qu'en passant. Son *Traité* ne suffirait donc pas à l'examen de tous les genres, et c'est en cela seulement qu'il nous laisse encore une tâche à remplir. Je le consulterai sur l'interprétation de l'Écriture-Sainte et des poésies sacrées : la nécessité de le suivre encore dans sa *Lecture d'Homère* et dans ses *Leçons sur Virgile*, me convainc qu'il est peu de grands objets sur lesquels il n'ait jeté les lumières de sa raison et de son savoir littéraire. Il est surperflu de le désigner comme un des meilleurs maîtres, puisque son code d'enseignement fleurit dans toutes nos écoles, que son nom y est encore en honneur, et que les nombreux suffrages récompensent encore les professeurs qui font le mieux l'éloge de ses talents, auquel se mêle toujours celui de ses vertus. Cette approbation unanime est sa gloire.

LEMERCIER, *Cours analytique de Littérature.*

ROMAN. Il est un titre de gloire qu'on n'a jamais contesté au roman, c'est l'antiquité de son origine. Mais quelqu'éloignée de nous qu'on la suppose, on pourra toujours remonter à une origine antérieure. Comme tous les genres, vraiment dignes de ce nom, le roman existait, avant d'être découvert, dans une disposition naturelle de l'esprit humain. Par une sorte d'indépendance, dans laquelle Bacon trouvait un témoignage de la force et de la dignité de notre être, nous aimons à nous soustraire au cours ordinaire des choses, à nous créer un ordre imaginaire d'évènements plus varié, plus éclatant, où le hazard ait moins d'empire, où nos facultés trouvent un plus libre exercice. C'est le penchant involontaire de toutes les intelligences; il n'en est pas de si grossière, qu'un rêve passager n'ait transporté de la vie réelle au sein d'un monde idéal, et l'auteur du premier roman avait été devancé par les imaginations les plus vulgaires. Le roman n'est donc pas, comme on l'a prétendu, une conception arbitraire; c'est un genre nécessaire, en quelque sorte, et qui a des droits légitimes au respect de la critique. Il tient de la nature qui l'a fait naître un charme universel, dont ne préservent pas toujours la gravité du caractère et la maturité des années.

Je sais que des esprits sévères se sont révoltés contre un empire, auquel eux-mêmes n'avaient peut-être pas échappé. Oubliant que la fable emprunte à la vérité son attrait le plus puissant, ils ont accusé de mensonge les fictions du roman, et, pour en faire ressortir la frivolité, ils se sont plu à les mettre en parallèle avec les récits de l'histoire. Serait-il vrai que l'histoire fût la condamnation du roman? Les limites de ces deux genres, qui se touchent quelquefois, ne sont-elles pas tout-à-fait distinctes? Si pour donner un fonds à ses tableaux, le romancier se transporte au sein d'une époque réelle, au milieu d'évènements et de personnages connus, il n'usurpe pas en cela les droits de l'historien; car il se propose de peindre un tout autre ordre de choses. L'historien ne recueille dans ses annales, que ce qui a laissé quelques traces dans la mémoire des peuples; il n'en est pas ainsi du romancier: il va chercher ses héros dans cette multitude sans nom, où ne pénètre point le regard de l'historien; il fait revivre dans ses peintures, ce qui passe, ce qui périt, ce qui change et varie sans cesse, ces rapports d'un moment qu'établissent entre les hommes leurs intérêts et leurs passions, ces accidents de tous les jours qui se pressent et se succèdent sur la scène changeante du monde. Le romancier écrit, en quelque sorte, l'histoire de la vie privée, et s'il lui est permis d'en retrouver les faits dans son imagination, il n'est pas dispensé de donner à ses récits, à la place de la vérité qui leur manque, cette autre vérité, qui est le besoin commun de tous les arts. Il faut que l'homme se reconnaisse dans son image, qu'elle lui offre l'expression fidèle de ses passions, de ses vertus, de ses vices, de ses ridicules, et, sous l'apparence inconstante des mœurs et des usages, les inaltérables traits de la nature humaine.

La vérité et la fiction, voilà les conditions premières du roman, comme de toutes les productions de l'art, ce n'est pas que pour la force et la profondeur de la peinture, on puisse le comparer ni au poème ni au drame ; il s'empare moins vivement de l'imagination, il la retient dans une région moins idéale. Réduit à la simplicité du langage ordinaire, il place son héros sur le théâtre de la vie commune, presque au niveau des spectateurs. Mais aussi quelle liberté il permet à l'écrivain ! Le romancier n'est soumis qu'à ce petit nombre de lois générales dont l'empire est universel, parce qu'elles sont fondées sur la nature même de notre esprit; pour tout le reste, il ne reçoit de règles que de lui-même, ou plutôt que de son sujet. Cette matière inépuisable que le spectacle du monde présente à son imitation, il en dispose à son gré ; il choisit du noble ou du familier, du pitoyable ou du ridicule, du terrible ou du bouffon. Rien ne lui est étranger, de tout ce qui appartient à la nature humaine, il peut même tenter de la rendre avec toute sa diversité ; rassembler dans un même ouvrage ce que séparent les autres genres, associer tous les contrastes; mêler tous les tons; prétendre à tous les effets. Une vaste carrière lui est ouverte; carrière toujours nouvelle, et cependant toujours la même. Sous quelque variété de formes que se produisent ses innombrables compositions, elles ont toutes pour objet commun d'embrasser dans un seul tableau, le cours entier d'une destinée, d'en rapprocher et d'en réunir par une sorte de perspective les moments les plus intéressants, ceux qui la caractérisent le mieux. C'est là l'unité du roman ; mais quelle unité féconde ! Loin de borner le domaine de l'écrivain, elle l'étend et l'agrandit. Plus libre que le poète, le romancier pourra prodiguer les développements et les détails ; il ne lui sera pas interdit de mêler au langage de l'imagination, celui de la critique, de peindre et d'expliquer tout à la fois, de développer le jeu des ressorts secrets qui nous font agir, parler et sentir.

Le roman est en effet, parmi toutes les compositions littéraires, une de celles qui cachent le moins le dessein de nous instruire. C'est une forme vivante, donnée aux leçons du philosophe et du moraliste. Les vérités spéculatives y prennent une apparence sensible qui les révèle aux esprits les moins attentifs. Forcé de les apercevoir, le lecteur croit les découvrir, l'artifice du romancier le transforme en observateur ; ce qui se passe tous les jours sous nos yeux et que nous ne voyons jamais, le romancier nous le fait voir. Ses fictions ont même en cela quelque avantage sur la réalité ; elles attirent plus vivement notre attention, elles rendent à notre jugement cette indépendance que lui retirent trop souvent nos intérêts et nos passions ; elles nous permettent d'apporter à l'observation morale un esprit plus libre et plus entier ; une lecture de quelques heures nous donne l'expérience d'une longue vie ; nous acquérons en nous jouant cette science des hommes et du monde qui s'achète d'ordinaire par tant d'erreurs et d'infortunes. C'est ainsi que dans le roman, plus que dans tout autre genre de composition, les plaisirs de l'imagination peuvent tourner au profit de l'instruction pratique.

Des ouvrages qui répondent aux besoins les plus impérieux de notre esprit, qui offrent à la raison la représentation de ce qui est, et transportent en même temps l'imagination au-delà des limites de la réalité ; qui réunissent ainsi la vérité et l'idéal ; qui participent en quelque chose à la gravité de l'histoire et de la philosophie, et ne sont point étrangers aux charmes de la poésie ; qui touchent à tant de genres, sans se confondre avec eux ; qui s'en distinguent par plus d'un caractère ; qui ont sur-tout cet avantage, de captiver la frivolité des lecteurs, et de les conduire à leur insu vers un but sérieux et utile ; de tels ouvrages ne peuvent être relégués dans les rangs inférieurs de la littérature, ils forment un genre qui ne manque point d'importance et que sa difficulté place bien au dessus des efforts de la médiocrité.

On fait naître le roman chez ces peuples ingénieux, qui, les premiers, jetèrent sur la vérité le voile transparent de la fiction. Ils durent naturellement lui donner, comme aux autres productions de leur littérature, la forme de l'apologue et de l'allégorie. Une leçon morale est en effet le but caché vers lequel semblent tendre les romanciers orientaux ; mais ils choisissent pour y arriver une route bien détournée, et aux soins qu'ils prennent de l'embellir, il est facile de juger que le terme sérieux qu'ils se proposent, est bien plutôt le prétexte que l'objet réel du voyage. Ils appartiennent à cette classe nombreuse de conteurs qui cherchent dans l'agrément de la fiction, le principal intérêt de leurs récits ; c'est à l'imagination qu'ils s'adressent, et ils possèdent le secret de la charmer. Quelle fertilité d'invention ! quelle disposition ingénieuse ! quel art d'attacher l'esprit au développement d'une fable souvent invraisemblable, de l'introduire sans effort dans un monde surnaturel ! Transportées dans notre Occident, ces compositions ravissantes, n'ont rien perdu de leur attrait ; nous les avons accueillies avec cette avide curiosité, cette crédulité docile, que les peuples de l'Orient apportent aux récits des histoires fabuleuses ; elles ont même pour nous, grace à l'éloignement des lieux, une sorte d'intérêt qu'elles ne pouvaient offrir dans leur première patrie, celui d'une peinture de mœurs. Nous y recherchons ces traits d'une vérité locale que leurs auteurs y ont exprimés sans dessein ; nous croyons en les lisant voyager dans les contrées lointaines où elles ont pris naissance.

Les romans que les Grecs nous ont laissés doivent à l'éloignement des temps un intérêt du même genre. Comme tous les ouvrages de l'art, ils ont acquis en vieillissant une valeur historique tout-à-fait indépendante de leur mérite littéraire. Si le goût les rejette, la critique les recueille comme des monuments curieux qui peuvent aider ses recherches. Les Grecs n'ont connu le roman qu'à l'époque de leur décadence. Ces jouissances oisives que donne la lecture leur furent long-temps étrangères ; des ouvrages uniquement destinés à distraire aux heures de loisir, à remplir les vides de l'existence, par un délassement agréable, auraient difficilement trouvé place au milieu de cette littérature active et, pour ainsi dire, vivante, qui se produisait par la parole dans les temples, sur les théâtres, dans les jeux, dans les festins, à la tribune politique, dans les écoles des rhéteurs et des philosophes; qui se mêlait aux institutions du pays et participait à leur dignité ; qui était une sorte de langage public parlé partout un peuple dans des circonstances solennelles. Il est d'ailleurs permis de douter que l'état des mœurs eût offert une matière favorable à ce genre de composition. L'égalité républicaine devait effacer en partie cette variété de caractères que présentent, sous d'autres formes de gouvernement, les diverses conditions de la société, et que font ressortir le poète comique et le romancier. Une vie, dont le cours, tracé d'avance, se partageait nécessairement entre les affaires de l'état et les soins domestiques, ne se prêtait pas plus aux jeux de l'imagination, qu'aux caprices du hasard. La vie publique appartenait aux pinceaux de l'histoire, ou à ceux de la comédie, qui fut d'abord, dans la démocratie d'Athènes, un des organes de l'opposition populaire. La vie privée s'accomplissait loin des regards, dans une sorte de sanctuaire soustrait à l'observation. Que restait-il donc au roman? Ces discordes particulières que la morale facile des Grecs ne se mettait pas en peine de cacher, des aventures d'esclaves et de courtisanes, des travers et des ridicules peu nombreux dont se contentait le poète comique, mais qui n'eussent pu suffire au cadre plus vaste du romancier. Il eût cherché bientôt, hors de la réalité, d'autres intérêts, d'autres sentiments, un ordre nouveau de personnages et d'évènements. C'est en effet dans cette carrière que s'engagea le roman lorsqu'il parut pour la première fois chez les Grecs, après le siècle d'Alexandre. Mais, dans le monde qu'il s'était créé, il se trouva plus à l'étroit qu'il n'eût pu être dans le monde véritable. Ses productions se succédaient sans offrir autre chose que la répétition insipide d'un méchant original, des peintures sans vérité, et, ce qui en est la suite nécessaire, des fictions sans intérêt. La naïveté de Longus, naïveté un peu factice, à laquelle notre Amyot prêta des graces trop négligées peut-être, mais aussi plus naturelles; l'élégance assez froide d'Héliodore, qui charma, dit-on, la jeunesse de Racine, jetèrent seules quelqu'éclat au milieu de cette longue nuit, dans laquelle s'éteignait par degré une littérature autrefois si brillante; car nous ne louerons pas le talent qui se montre encore dans ces tableaux où sont exposées sans voile les mœurs dépravées de l'antiquité; le temps les a purifiés en leur donnant le caractère d'une satire morale ; mais ils n'étaient alors que des ouvrages licencieux, par lesquels la Grèce esclave cherchait à amuser la vieillesse dissolue de l'empire romain.

Les romans grecs nous ont fait voir que toute littérature qui n'a pas son fondement dans les mœurs de l'époque où elle prend naissance, en perdant tout rapport avec la vie réelle, se condamne elle-même à manquer de chaleur et d'intérêt. Le moyen âge a vu sortir du sein des mœurs chevaleresques, une littérature plus originale et plus naturelle. Les romanciers de la Provence ne retraçaient pas un état de choses imaginaire et des folies sans réalité ; leurs paladins, leurs dames et jusqu'à leurs enchanteurs avaient eu plus d'un modèle sur les bords de la Durance, et de merveilleuses aventures avaient intéressé le sentiment populaire avant que l'ingénieux trouvère en eût fait le sujet de ses chants. Aussi une critique éclairée doit-elle voir dans les monuments trop peu connus de cet âge, une des parties les plus précieuses de nos richesses littéraires. Mais les mœurs chevaleresques passèrent : avec elles auraient dû passer les romans de chevalerie, et cependant, par une fatalité bizarre, ce fut alors qu'ils se multiplièrent et se répandirent dans le monde; tristes imitations de temps écoulés sans retour, qui, sans avoir retenu le charme attaché à une peinture fidèle, avaient pris, en quelque sorte, sur leur compte le ridicule des mœurs chevaleresques outrées et flétries.

Enfin vint un homme de génie, qui fit pour le roman ce qu'avait fait Socrate pour la philosophie : il le ramena sur la terre. Il sut placer dans un jour comique les extravagances bannales de la chevalerie errante. Il les mit gaiement aux prises avec la réalité, il opposa, dans une fable ingénieuse, les réclamations du bon sens aux froides visions d'un enthousiasme suranné, Sancho Pança à Don Quichotte. La vérité était depuis si long-temps exilée de la littérature, que lorsqu'on la vit reparaître dans l'œuvre de Cervantes, elle excita une surprise et une admiration universelles. Cette production originale eut pour les contemporains tout l'attrait d'une découverte : elle leur offrait quelque chose de plus qu'une excellente satire littéraire, elle leur révélait un genre à peu près inconnu. Il y avait eu jusque là des romanciers, mais un roman était encore à faire, et le *Don Quichotte* est le premier que l'on puisse citer. Peinture piquante des mœurs, développement profond des caractères et des passions, artifice habile de l'intrigue, ton naturel et vrai de la narration ; presque tous les caractères du genre, presque toutes les formes qu'il peut revêtir, cet ouvrage les réunit. Cervantes possède à lui seul les mérites divers que se sont partagés depuis ses successeurs ; mais avant qu'ils profitassent de cet exemple, il devait s'écouler encore un assez grand nombre d'années. Quelqu'éclatant qu'eût été son triomphe, la défaite du mauvais goût n'avait pas été complète, la chevalerie vaincue s'était retirée dans un dernier retranchement.

Un écrivain spirituel a peint dans une fable charmante Don Quichotte devenu berger : le roman avait subi au commencement du XVIIe siècle cette métamorphose. La fadeur de la pastorale avait en partie remplacé les folles peintures de la chevalerie errante ; aux Amadis avaient succédé les Artamènes, race de héros langoureux et fanfarons, aussi peu conformes à l'histoire qu'à la nature. Cette nouvelle espèce de fictions était moins merveilleuse que celle qui l'avait précédée, mais elle n'était pas moins chimérique. Il fallait un nouveau Cervantes pour rappeler le roman à la vérité : Le Sage acheva cette révolution commencée avant lui par les plaisanteries de Boileau, et plus encore par les ouvrages de deux écrivains dont les noms offrent un rapprochement bizarre, mais qui empruntèrent tous deux à un modèle commun, ces traits d'une vérité grossière ou d'une exquise délicatesse, qui distinguent dans des genres si divers, la *Princesse de Clèves* et *Le Roman comique*. Les auteurs de ces deux romans s'étaient du reste renfermés dans des limites assez étroites; l'un n'avait exprimé qu'une seule situation ; l'autre n'avait crayonné que quelques scènes grotesques. En peignant comme eux la nature, Le Sage sut se proposer un sujet plus vaste et d'un intérêt plus général. Il entreprit de rassembler dans un même tableau, les travers et les ridicules de l'humanité tout entière, ces imperfections nombreuses qui appartiennent à l'infirmité primitive de notre être et auxquelles nous avons ajouté toutes celles de l'ordre social. Il créa le roman de mœurs, genre fécond, dont la matière existait, pour ainsi dire, dès l'origine du monde; que d'autres avaient dû entrevoir et essayer avant lui, mais dont ses ouvrages offrent le premier comme le plus parfait modèle.

L'exemple qu'il avait donné ne fut pas sans influence sur les destinées du roman. On le vit se renouveler aux sources jusqu'alors négligées de la vérité et de la nature. Il avait d'ailleurs rencontré des circonstances bien favorables à ses progrès. Au moment où l'esprit philosophique menaçait de prévaloir sur le génie des beaux-arts ; où la poésie commençait à se retirer d'un domaine épuisé par la culture ; où les recherches spéculatives attiraient à elles tous les esprits ; dans ce moment de crise, qui marquait le passage du siècle de l'imagination au siècle de la critique, on dut se porter avec ardeur vers un genre de composition qui, satisfaisant aux besoins de tous les deux, pouvait accueillir à la fois les méditations du philosophe et les conceptions du poète, et prêter aux découvertes de l'observation morale tous les charmes de la fiction. Tantôt dans une suite de scènes fidèlement imitées du cours ordinaire de la vie, on s'attachait à retracer les progrès naturels des passions et leurs effets inévitables ; tantôt du développement de quelques caractères, et de leur habile opposition, on faisait naître une intrigue, qui captivait l'esprit par la variété des situations et l'attente du dénouement. Quelquefois une fable ingénieuse servait d'emblème à une vérité morale ; plus tard, l'imagination s'emparant des connaissances rassemblées par l'érudition, entreprit de ranimer cette froide poussière du passé, de faire revivre dans ses peintures, à l'aide de personnages et d'évènements supposés, les usages, les mœurs, l'esprit d'une époque historique; à côté de l'histoire s'éleva une histoire nouvelle chargée de nous apprendre ce que la première avait pu omettre, ou ce qu'elle n'avait pas dû nous dire. Ces formes générales du roman se trouvèrent, il est vrai, confondues plus d'une fois dans une même composition : la plupart des écrivains qui s'y exercèrent tour à tour lui donnèrent l'empreinte particulière de leur génie. Mais dans cette longue succession d'ouvrages remarquables, dont chacun a son caractère, et qui semblent former à eux seuls, dans le genre auquel ils appartiennent, une classe distincte, il en est peu qui ne puissent se rapporter aux types originaux créés par les Richardson, les Fielding, les Voltaire, les Walter-Scott. Il est bien honorable pour Le Sage d'avoir hâté, par ses exemples, le développement heureux et rapide que prit tout à coup le roman dans le cours du XVIIIe siècle. Sa gloire personnelle doit naturellement s'accroître de celles que ses successeurs ont recueillie sur ses traces.

H. Patin[1], *Eloge de Le Sage.*

Même sujet.

Les bons romans sont l'histoire du cœur humain, et ce n'est pas ce qu'ils furent d'abord parmi nous. Les plus anciens, tels que *Le Roman de la Rose*, ont pu n'être pas inutiles à notre langue naissante, dans un temps où on ne la croyait pas encore digne des ouvrages sérieux. J'avoue franchement que jamais je n'ai pu les lire, non plus que l'*Astrée*, quoique beaucoup plus moderne, et malgré la vogue prodigieuse qu'elle avait encore au commencement du dernier siècle. Quelques traits de naïveté, quelques images pastorales que l'on pouvait rechercher dans un temps où l'on manquait de meilleurs modèles, ne peuvent aujourd'hui faire supporter le verbiage et le galimatias, si ce n'est aux philologues de profession, aux érudits, aux étymologistes, qui se font un plaisir d'habiter dans les ténébreuses antiquités de notre langue, de deviner notre vieux jargon, et qui se croient assez payés de leur patience quand ils ont déterré quelques origines, ou qu'ils peuvent citer un mot heureux. Chacun se nourrit de ce qu'il aime : on s'est même avisé de faire revivre ce vieil idiome dans des productions modernes, et d'écrire au XVIIIe siècle comme on parlait au XIIe. On a employé dans des romans de nos jours le style de *La belle Maguelone* et de *Pierre de Provence*. Il y a des gens qui trouvent dans cette sorte de pastiche une invention merveilleuse : moi, qui n'y entends pas finesse, je n'y vois qu'un moyen facile de se passer de style et d'esprit.

Je n'ai pas lu non plus, du moins jusqu'au bout, la *Clélie*, ni le *Cyrus*, dont Boileau s'est tant moqué et avec tant de raison, ni l'*Ariane* de Desmarets, qui vaut encore moins, et qui n'eût pas moins de réputation : ce n'est pas faute de bonne volonté; mais il m'est impossible de lire ce qui m'ennuie.

Il faut toujours en revenir à ce que disait Voltaire : *Oh! qu'il fait bon venir à propos!* Mademoiselle de Scudery, avec ses grands romans, se fit une grande renommée, du moins jusqu'au moment où Despréaux les eut réduits à leur valeur. On avait alors la manie des portraits, et cette demoiselle ne manquait pas de faire celui de tous les personnages célèbres de son temps, sous des noms anciens. On était flatté de se voir encadré dans cette galerie. Mademoiselle de Rambouillet y parut sous le nom d'*Arténice*, qu'elle conserva toujours, jusque dans l'oraison funèbre que l'on fit en son honneur; et la modestie des solitaires de Port-Royal ne put résister à la petite vanité de se voir désignés avec éloge dans ces productions mensongères, que d'ailleurs leur goût rejetait, et que réprouvait le rigorisme janséniste. On fit venir au désert ces livres que l'on traitait de poison, quoiqu'en effet il n'y eût d'autre poison que l'ennui; et il est sûr au moins que l'amour-propre était assez puissant pour mêler un peu de son miel à ce qu'ils appelaient du venin.

Il y a long-temps que l'on a pris le parti de rire des héroïnes de tous ces romans, pour qui la declaration la plus respectueuse est un outrage si grand, qu'il ne se pardonne qu'après des années d'expiation. Mais rien n'approche en ce genre d'un *Polexandre, du sieur Gomberville,* en cinq gros volumes ou billots de mille à douze cents pages chacun, qui sont d'un excès de folie si curieux, qu'il donne le courage de les lire, à la vérité un peu légèrement. La princesse, héroïne de ce terrible ouvrage, est une certaine Alcidiane, qui est bien la plus extraordinaire créature que l'on ait imaginée. Elle est aimée de tous les monarques du monde, et il lui vient des ambassadeurs de tous les coins de l'univers pour la demander en mariage. Ceux qui ne peuvent pas y prétendre se contentent de se déclarer ses chevaliers à cinq ou six cents lieues d'elle, rompent des lances en son honneur, et s'abstiennent de regarder aucune femme au monde après avoir vu le portrait d'Alcidiane. Il semble d'abord que cette espèce d'hommage ne doive pas tirer beaucoup à conséquence, et il faut avoir de l'humeur pour s'en formaliser. Cependant la princesse en est très offensée ; elle trouve très mauvais que le grand kan des Tartares, et le roi de Cachemire, et les sultans des Indes, aient la hardiesse d'être amoureux d'elle, quoique d'un peu loin. Enfin aimer Alcidiane, même à mille lieues, est un crime digne de mort, excepté pour Polexandre, le héros du roman, à qui seul elle a permis de l'aimer, parce qu'après tout il faut bien faire grace à quelqu'un. En qualité de son chevalier, elle le dépêche dans toutes les cours pour châtier les insolents qui osent se déclarer ses soupirants sans sa permission. Polexandre fait ainsi le tour du monde, défiant tout ce qu'il rencontre ; et quand il a tué l'un, blessé l'autre, détrôné celui-ci, fait celui-là prisonnier, et tiré parole de tous qu'ils n'oseront plus se dire amoureux d'Alcidiane, il revient auprès de sa belle, qui daigne l'honorer d'un regard, mais qui ne peut encore s'accoutumer que long-temps après à l'idée d'épouser un homme après en avoir tant fait tuer. Lui-même ne le conçoit pas plus qu'elle; et lorsque enfin il est marié, il a toutes les peines du monde à se persuader qu'un mortel puisse être l'époux d'Alcidiane, et que cet époux ce soit lui. La tête lui tourne lorsqu'il faut monter à l'appartement de sa femme; il faut que deux écuyers le soutiennent dans l'escalier; il est près de tomber à chaque marche; et le roman est fini, que l'on n'est pas encore bien assuré de sa vie.

Nous avons été imitateurs en tout, il faut l'avouer, dans nos défauts comme dans nos beautés. C'est à l'imagination ardente et déréglée des peuples du

Midi et de l'Orient, qui ont été lettrés avant nous, que nous empruntâmes ce caractère si follement outré qui régna d'abord dans nos grands romans. Nous imitions les Espagnols qui avaient imité les Arabes : c'est dans les écrits de ces derniers que l'on retrouve originairement ces princes amoureux d'un portrait dont l'original est au bout du monde, et quelquefois même n'existe pas, comme on le voit par l'aventure d'un prince qui, dans les *Mille et un jours*, court le monde pour chercher l'objet d'une passion qu'a fait naître la vue d'un portrait, et qui, au bout de je ne sais combien d'années, apprend d'un sage que la princesse dont il est épris était une des maîtresses de Salomon. La galanterie enthousiaste des Castillans et des Arabes, ces passions exaltées, ces paladins invincibles qui disposent de la destinée des rois et des empires, toutes ces idées hors de nature et de vraisemblance, dominèrent dans notre littérature, en même temps que la puissance espagnole donnait le ton dans l'Europe, et nous faisait adopter ses habillements, ses fêtes et ses tournois ; et c'est ainsi que l'histoire du goût est liée partout à celle des mœurs. Il faut dire plus : il en était de ces inventions extravagantes comme de toutes les erreurs qui sont originairement fondées sur un peu de vérité. La passion de l'amour avait eu effectivement, chez les peuples asiatiques et méridionaux, un degré d'enthousiasme que la chevalerie des nations occidentales avait imité sans l'égaler, et que l'imagination ambitieuse de nos romanciers se piqua de surpasser, dussent-ils aller jusqu'à la folie complète. A l'égard des héros, ce qu'avaient fait Duguesclin en Espagne, et Warwick en Angleterre, qui tous deux avaient renversé et relevé des trônes dans un temps où les rois, n'ayant point de grandes armées à leur solde, ni de grands trains d'artillerie, dépendaient plus de l'ascendant d'un homme et des coups de la fortune; ces exemples fameux semblaient donner quelque fondement à la supposition de ces aventuriers, que nos romans représentaient faisant et défaisant des rois, mais avec des circonstances trop dénuées de toute apparence de raison.

L'esprit de la cour de Louis XIV, pendant la jeunesse de ce prince, qui lui-même avait alors la tête un peu romanesque, favorisa d'abord ce goût pour les fictions outrées; et les rôles qu'avaient joués les femmes dans nos guerres civiles, l'influence toute-puissante qu'elles y avaient portée, accoutumaient les romanciers à faire valoir cet empire d'un sexe qui commande partout où il n'est pas esclave. On passait la mesure sans doute; c'est toujours par là que l'on commence : de bons esprits ramènent à la nature. Le ridicule fit passer de mode tous ces fatras héroïques dont l'Espagne nous avait inondés. Nous avions payé long-temps le tribut de l'imitation aux écrivains de cette contrée : ils étaient devenus nos maîtres, comme les Italiens l'avaient été lorsque nous composions nos historiettes sur leurs *nouvelles*, et que nos poésies galantes, à quelques morceaux près, respiraient l'affectation de Pétrarque, sans avoir son harmonie et son élégance. Enfin,

Boileau et Racine nous apprirent à n'imiter que la nature et les Anciens, et à sentir que l'amour était mieux peint dans vingt vers du quatrième livre de l'*Énéide* que dans tous les romans de l'Europe moderne.

Le premier qui offrit des aventures raisonnables écrites avec intérêt et élégance, fut celui de *Zaïde*, et ce fut l'ouvrage d'une femme. Il était juste que l'on dût ce premier modèle au tact naturel et prompt qui distingue les femmes dont l'esprit a été cultivé. Rien n'est plus attachant ni plus original que la situation de Gonzalve et de Zaïde, s'aimant tous les deux dans un désert, ignorant la langue l'un de l'autre, et craignant tous les deux de s'être vus trop tard. Les incidents que cette situation fait naître sont une peinture heureuse et vraie des mouvements de la passion. Quoique le reste de l'ouvrage ne soit pas tout-à-fait aussi intéressant que le commencement; quoique le caractère d'Alphonse, jaloux d'un homme mort, au point de se brouiller avec sa maîtresse, soit peut-être trop bizarre, cependant la marche de ce roman est soutenue jusqu'au bout, et on le lira toujours avec plaisir. *La Princesse de Clèves* est une autre production de madame de La Fayette, encore plus aimable et plus touchante. Jamais l'amour combattu par le devoir n'a été peint avec plus de délicatesse : il n'a été donné qu'à une autre femme de peindre, un siècle après, avec un succès égal, l'amour luttant contre les obstacles et la vertu. *Le Comte de Comminges* de madame de Tencin, peut être regardé comme le pendant de *La Princesse de Clèves*.

Passer de madame de La Fayette à Scarron, et de *Zaïde* au *Roman comique*, c'est aller de la bonne compagnie à la taverne. Mais les honnêtes gens ne sont pas sans indulgence pour la gaieté : c'est une si bonne chose ! il y en a dans ce livre, et même de la bonne. Le caractère de la Rancune est piquant, vrai et bien tracé ; et plusieurs chapitres, entre autres celui des bottes, sont traités fort plaisamment. Le style a du naturel et de la verve : il est même assez pur, et beaucoup plus que celui de tous les autres écrits du même auteur. Il faut passer presque toutes les *nouvelles* qu'il a tirées des Espagnols, ou qu'il composa dans leur goût. J'aime cent fois mieux *Ragotin* que toutes ces fadeurs amoureuses et ces froides intrigues. *Ragotin* est de la farce, mais il fait rire. Le *Virgile travesti* est d'un genre de turlupinade insupportable au bout de deux pages. *Jodelet* et *D. Japhet* sont deux pièces dégoûtantes, indignes de la scène française. Le *Roman comique* vaut infiniment mieux : c'est à proprement parler tout ce qui reste de Scarron ; et voilà aussi ce qui nous reste de meilleur des romans du dernier siècle ; car *Gil Blas* est du nôtre, et mademoiselle de La Force, auteur de l'*Histoire secrète de Bourgogne*, et madame d'Aulnoy, auteur d'*Hippolyte, comte de Douglas* (roman où il y a pourtant de l'imagination), ne sont que des imitatrices de madame de La Fayette, fort inférieures à leur modèle pour l'art d'inventer et d'écrire. (*Voyez* CALPRENÈDE, LE SAGE, PREVOST, MARIVAUX, etc.)

LA HARPE, *Cours de Littérature.*

ROMANTISME. Essayons de fixer les limites invariables qui séparent le genre *classique* du genre que l'on est convenu d'appeler *romantique*; d'indiquer ces points où, par une simple illusion d'optique, ces deux genres semblent quelquefois se rapprocher et se confondre; de déterminer enfin avec toute la précision qu'admettent les objets intellectuels, s'il est vrai que cette perfectibilité indéfinie que l'on a prétendu appliquer à la littérature comme aux sciences exactes, naturelles et positives, puisse, même quand elle ne serait pas une chimère, résulter du nouveau système de composition introduit parmi nous depuis trente ans, système qui ne paraît pas la moins funeste des invasions étrangères que l'imprévoyance, le délire de l'orgueil et l'absence de toutes les idées morales nous ont condamnés à subir.

Tâchons ensuite de démontrer 1° qu'on s'est armé de l'autorité et de l'exemple de plusieurs auteurs classiques pour soutenir les doctrines romantiques; 2° que le vrai beau étant une fois fixé, il est impossible d'aller plus avant, et que la perfectibilité indéfinie, du moins en littérature, est une chimère absurde.

Rien n'est plus facile à définir que la littérature classique. Ses défenseurs comme ses adversaires s'accordent à comprendre sous cette dénomination les écrivains qui, dans tous les genres de poésie, d'éloquence et de philosophie ont été regardés, à toutes les époques, comme faisant autorité, comme dignes d'être proposés pour modèles à l'admiration de tous les peuples, et à l'imitation des écrivains qui sont venus après eux.

Ainsi, il n'est aucune nation civilisée chez laquelle Homère, Sophocle, Platon et Démosthène; Virgile, Cicéron, Horace, Tite-Live et tous les écrivains que l'on cite après ou à côté de ces maîtres de l'art, n'aient obtenu les suffrages des hommes éclairés et sensibles. Cette unanimité d'hommages rendus par tous les peuples à des génies sublimes, ne suffirait-elle pas pour établir leur prééminence? Et combien cette considération ne devient-elle pas plus décisive, lorsqu'on réfléchit que sur leur supériorité la postérité est d'accord avec les contemporains, et que ce tribut d'admiration, entièrement exempt de l'esprit de nationalité, est payé par des étrangers à des ouvrages écrits dans des langues d'une application restreinte, d'un accès difficile, d'une étude très longue, et dont les savants ne croient pas payer trop cher l'intelligence au prix des travaux d'une vie entière.

Un phénomène aussi extraordinaire a une cause, et cette cause, quelle peut-elle être, sinon le sentiment universel de la supériorité des grands écrivains de l'antiquité? C'est ce sentiment, devenu la conscience publique du monde littéraire, qui a triomphé et des préjugés de l'orgueil national et des préventions plus légitimes, résultat naturel des différences de religion, de mœurs et d'usage, et des froideurs de l'indolence et de la paresse. De grandes révolutions politiques et morales ont bouleversé les empires, introduit des institutions nouvelles, créé de nouveaux besoins, et reconstitué de nouvelles sociétés. Les dieux chantés par Homère et par Virgile sont dans la poussière; leurs temples ont disparu; la Grèce et l'Empire n'existent plus que dans nos souvenirs. Sur ces débris de gloire et de puissance, s'élèvent encore quelques images des grands hommes que la main du temps n'a touchées que pour les rendre plus vénérables, et ces images sont celles des chantres divins que leur génie a consacrés à l'immortalité.

Oui, leur génie, et c'est à ce mot prostitué, de nos jours, à de viles idoles, que nous devons rendre sa véritable signification et sa pureté primitive.

Pourquoi les écrivains de l'antiquité ont-ils été, d'un commun accord, proclamés des hommes de génie? C'est parce que, les premiers, ils ont réuni au plus haut degré l'imagination et le goût, la faculté créatrice et le talent qui choisit, qui dispose et qui décore. Ils ont créé des sujets d'une invention merveilleuse, des formes de langage extraordinaires, le rhythme harmonieux du vers, les expressions pittoresques, la marche arrondie de la période, la hardiesse des images, l'éloquence ingénieuse des métaphores. Ils ont trouvé le secret des riantes allégories, personnifié et revêtu de formes sensibles la nature intellectuelle, animé la matière inerte. Mais après avoir deviné et découvert ces richesses, il les ont distribuées dans leurs ouvrages avec autant de sobriété que de discernement, sauvant par des contrastes le danger de la monotonie, entremêlant avec soin les descriptions d'objets physiques aux peintures de mœurs, le tableau des vertus ou des habitudes domestiques aux récits des batailles, les évènements surnaturels aux détails de la vie privée, et les orages tumultueux des passions aux sentiments religieux qui les domptent ou qui les épurent.

Cette même variété de tons que l'on admire dans leurs inventions, ils l'ont portée dans leur style. Leur style s'élève ou s'abaisse, se ralentit ou se précipite, s'étend ou se resserre, suivant la nature et dans la proportion des sujets auxquels il est appliqué. Ils ne sont pas exempts de défauts; ce sont de grands hommes, mais ce sont des hommes, dit Quintilien. Celui qui prétendrait n'apercevoir aucune faute, aucune trace de faiblesse dans des ouvrages d'une étendue immense, s'avouerait incapable d'en apprécier les beautés; mais ces fautes sont en petit nombre, et elles se perdent comme invisibles dans l'éclat éblouissant qui les environne. Faut-il s'étonner que les hommes, trouvant dans les écrits de l'antiquité les préceptes de la raison, les secours de la morale, les hautes instructions de l'histoire et de la philosophie, embellies de tous les charmes d'une imagination enchanteresse, exprimées dans un langage toujours pur, élégant et harmonieux, se soient dit sans se concerter, sans s'entendre, et portés à l'admiration par le seul attrait de la reconnaissance et du plaisir:
« Voilà nos maîtres et nos modèles; voilà les ou-
« vrages sur lesquels nos regards doivent être cons-
« tamment fixés, soit pour y puiser des inspirations,
« soit pour y chercher les règles du goût et les se-

« crets de la composition, soit pour transporter
« dans des idiomes moins riches et moins heureux
« leurs trésors d'élocution oratoire ou poétique,
« et nous approprier, par analogie et par imitation,
« ces tours, ces images, ces mouvements de style,
« ces ornements qui, distribués avec une prudente
« économie, animent le discours, vivifient la pen-
« sée, la gravent dans la mémoire, et constituent
« par leur concours ce grand art, cet art si difficile
« d'écrire, c'est-à-dire d'intéresser sans bizarrerie,
« de plaire sans effort et sans paraître s'en douter,
« d'instruire en amusant, de charmer l'oreille sans
« affectation, de toucher le cœur sans l'oppresser
« de sentiments pénibles, d'être tour à tour pom-
« peux, pathétique, enjoué, et, dans toutes ces po-
« sitions si différentes, de ne jamais s'écarter de la
« nature et de la raison. » Telles sont les qualités
que l'on a reconnues et admirées dans les Anciens;
telles sont aussi celles des écrivains modernes qui,
formés à cette école, ont obtenu l'honneur d'être
proclamés hommes de génie, ou, ce qui est syno-
nyme, écrivains classiques.

Je franchis l'intervalle des siècles, de ces siècles
du moyen âge qui ne furent sans gloire ni pour les
vertus, ni pour les talents guerriers, mais pendant
lesquels le domaine de la littérature, envahi par l'é-
rudition et par la scholastique, n'offre aux regards
attristés qu'un vaste champ semé de plantes arides
ou entrecoupé de précipices sans fond. Je me
reporte à cette brillante époque où les Muses ef-
frayées par le sabre des musulmans, désertent leur

pays natal, et, guidées sans doute par le souvenir de Virgile et d'Horace, viennent demander un asyle à cette belle contrée qui avait été leur seconde patrie, et qui méritait à ce titre de devenir encore leur pays de refuge et d'adoption. Le Dante n'avait pas attendu leur retour; il n'avait demandé d'inspirations qu'à la Vengeance, et *La divine Comédie*, digne peut-être d'une épithète toute contraire, est restée comme monument et non pas comme modèle. Le Dante n'appartient à aucune école, pas même à l'école romantique qui le revendique en effet, et dans laquelle l'extravagance de ses conceptions, l'âpreté sauvage de son style, l'alliance monstrueuse du sacré et du profane, lui assigneraient sa place, s'il eût eu la prétention d'être chef de secte, d'élever autel contre autel, et si, en choisissant Virgile pour guide dans les enfers, il n'eût attesté, par cet hommage bien volontaire, moins sa répugnance, que son impuissance à le prendre également pour guide dans ses compositions poétiques.

La muse d'Homère exerça une influence plus heureuse sur L'Arioste; il y a du désordre dans ses plans; mais la variété des caractères, la richesse des descriptions, l'art de lier ses récits à l'action principale en paraissant l'abandonner, la profusion des tableaux, les traits sublimes alliés à la plus aimable simplicité, voilà ce qui fait retrouver dans l'admible auteur du *Roland*, l'élève du chantre de l'*Iliade* et sur-tout de l'*Odyssée*; les costumes seuls paraissent changés.

Le Tasse paraît : moins fécond dans les détails, plus sage dans l'ordonnance, trop prodigue de ces petits ornements dont le goût lui prescrivait d'être avare en un sujet éminemment grave et religieux, il se place à côté de L'Arioste, et une double épopée annonce à l'Europe savante la renaissance de la littérature classique. Pourquoi classique? Parce que ces deux chefs-d'œuvre modernes ont été modelés sur ceux des chefs-d'œuvre de l'antiquité qui appartiennent au genre qu'ils reproduisent. Le Dante demeure isolé et n'enfantera point d'imitateurs; l'Italie balancera-t-elle entre les productions monstrueuses du Florentin, et celles des poètes de Sorrante et de Ferrare? L'Italie a fait son choix, et la France va la suivre. Un demi-siècle ne sera pas écoulé, et aux ridicules compositions des Du Bartas et des Ronsard, auront déjà succédé les belles odes de Malherbe, les satires piquantes de Regnier, les pastorales trop oubliées de Racan, et enfin les tragédies du grand Corneille; Pindare, Horace, Théocrite, Sophocle, ont reparu parmi nous, et cependant nous ne sommes encore qu'à l'aurore du beau jour qui va luire sur notre patrie.

Remarquons-le en effet, les ouvrages des auteurs que je viens de nommer, et je n'en excepte pas ceux de Corneille, laissent encore apercevoir quelques traces de ce mauvais goût que le talent ne perd jamais entièrement qu'en présence et avec l'étude des modèles. Corneille aimait les Anciens, mais son penchant pour les sentiments élevés obtint de lui en faveur de Lucain une prédilection malheureuse. C'est là le principe de ses fautes; car elles ne sont nulle part moins communes que dans sa tragédie d'*Horace*, écrite en quelque sorte sous la dictée de Tite-Live.

Enfin, il était réservé à Euripide, à Virgile, à Horace, à Juvénal, de nous donner, dans Racine et dans Boileau, la preuve que la perfection est inséparable de leur influence, et que, même en les égalant, en les surpassant peut-être, il faut encore les imiter. Boileau et Racine sont-ils l'ouvrage des Anciens? Il faudrait ne connaître ni les Anciens, ni les Modernes, ni l'histoire privée de ces deux grands poètes, ni l'histoire littéraire du XVIIe siècle, pour répondre négativement à cette question. Il faudrait n'avoir jamais lu les lettres touchantes, où, soit dans l'effusion de l'amitié, soit dans les conseils de la tendresse et de l'autorité paternelle, ils rapportent aux Anciens toute la gloire qu'ils ont acquise; c'est là qu'on trouve cette phrase si modeste, trop modeste sans doute; Racine écrit à son fils : « Que votre amitié pour moi ne vous en« gage jamais à penser que mes ouvrages soient su« périeurs à ceux d'Euripide. Je serai content si « l'on trouve que j'ai eu quelquefois le bonheur d'en « approcher. »

Molière et La Fontaine avaient fait l'un et l'autre d'excellentes études ; l'un et l'autre ont travaillé d'après les Anciens, et cependant, à ne les considérer que comme écrivains, on s'aperçoit facilement que les occupations de l'un, et que l'aimable paresse de l'autre les ont empêchés de joindre à tant de qualités admirables qui les distinguent, la correction soutenue qui placera toujours Racine et Boileau à la tête de nos classiques ; correction dont les derniers étaient redevables à des travaux plus opiniâtres, à une étude plus appliquée, et, si j'ose m'exprimer ainsi, plus religieuse des modèles de l'antiquité.

Je traverse cette foule de grands hommes qui se pressent sur les pas des maîtres de notre école régénérée : je me contente de proclamer les noms illustres des Pascal, des Bossuet, des Fléchier, des Fénelon, des Bourdaloue, des Massillon, des La Bruyère et des Regnard. La littérature française est formée, et la gloire de nos écrivains, répandue dans toute l'Europe, y a porté, avec leurs ouvrages, le désir d'étudier la langue dans laquelle ils ont été composés. Partout on les lit dans l'original, partout on les traduit ; ces traductions sont sur tous les théâtres, leur renommée dans toutes les bouches. Un nouveau siècle s'ouvre, et ce siècle sera encore illustré par des génies supérieurs, formés à la fois sur ceux du siècle précédent et sur ceux des anciens âges. Voltaire, Montesquieu, Buffon, élèves des siècles de Louis XIV, d'Auguste et de Périclès, étendent sans mesure les conquêtes de notre langue et de notre littérature, et du moins ces conquêtes innocentes n'ont fait verser que les larmes de l'admiration et du plaisir. Enfin, l'Europe est devenue française, en ce sens qu'il n'est aucune contrée européenne qui, en se réservant le droit d'élever les écrivains de son pays au-dessus des nôtres, ne se fasse cependant un devoir d'étudier les auteurs français, et d'avouer franchement qu'ils sont plus classiques que leurs compatriotes.

« La nation française, dit madame de Staël, la « plus cultivée des nations latines, penche vers la « poésie classique *imitée* des Grecs et des Romains. « La nation anglaise, la plus illustre des nations « germaniques, aime la poésie romantique et che- « valeresque, et se glorifie des chefs-d'œuvre qu'elle « possède en ce genre. » Je n'ai cité ce passage que pour y relever une expression amphibologique, qui sert ordinairement de texte à toutes les déclamations contre la littérature classique. Notre poésie est *imitée* de celle des Grecs et des Romains ; on vient de voir ce qu'était cette imitation, sa nature et ses résultats. Oui, ce sont les Grecs et les Romains qui nous ont appris à soumettre l'imagination, faculté naturellement vagabonde et désordonnée, au frein salutaire de la raison et du goût ; oui, ce sont leurs exemples et leurs ouvrages qui nous ont enseigné l'artifice de la composition, la distribution proportionnelle des masses, l'avantage de la variété et des contrastes ; ce sont eux qui nous ont fait sentir la nécessité d'être clairs, d'aller d'un pas rapide à l'évènement, d'éviter les longueurs, les répétitions, l'exagération des sentiments et l'enflure des pensées. Ce secret, ils ne l'avaient pas gardé pour nous seuls ; ils l'ont révélé également au Tasse et à L'Arioste en Italie ; à Dryden, à Pope et à Addison en Angleterre ; à Wieland en Allemagne ; et c'est pour cela que nous nous faisons gloire, non d'imiter les Anciens, mais de nous rendre à l'autorité de leurs leçons, consacrée par les suffrages de l'univers savant.

Racine, il est vrai, a emprunté aux Grecs quelques sujets de tragédie; mais quel auteur grec ou romain lui a fourni le sujet d'*Esther*, de *Bajazet* ou d'*Athalie?* L'original du *Misanthrope*, du *Lutrin*, de l'*Art poétique*, de la plupart des tragédies de Voltaire, aurait-il été par hasard découvert tout récemment dans les ruines d'Herculanum ou de Pompeia? Je m'arrête, mais combien il est facile de changer la nature d'une proposition et d'empêcher ainsi qu'elle ne puisse être clairement résolue! Nous étions de serviles imitateurs, parce que nous acceptions des règles fondées sur la raison, et mises en pratique par les Anciens; voyons donc ce que sont les écrivains qui n'imitent ni les Grecs, ni les Romains, ni personne, et qui ont toutefois la prétention d'avoir des imitateurs, puisqu'en formant ce qu'ils appellent une école, ils ont conçu sans doute l'espérance de former des élèves.

Que tous les beaux-arts n'aient qu'un but, l'imitation de la belle nature, c'est une vérité si triviale que j'abuserais de l'attention du lecteur si je m'occupais à la démontrer. Il suit (et c'est une concession que nous faisons sans danger à nos adversaires) que cette imitation ne peut pas être exactement la même chez tous les peuples, et qu'elle doit recevoir quelques modifications des variétés auxquelles la nature humaine est sujette. Or, ces variétés frappent non-seulement sur les objets sensibles, mais encore sur la religion, les lois et sur les usages, toutes choses inhérentes à la nature de l'homme social, et qui, parlant à son imagination comme à ses organes, changeant avec les temps, les climats et les mœurs, doivent lui inspirer des manières différentes de les exprimer ou de les peindre. C'est sur ce principe que nous jugeons, que nous défendons les auteurs classiques contre les atteintes de l'ignorance, ou contre les reproches de la mauvaise foi. Nous nous reportons aux époques et aux lieux, nous avons égard aux croyances publiques, nous tenons compte de la forme politique du gouvernement, et nous comprenons très bien qu'autres doivent être les inspirations du beau ciel de la Grèce, autres celles des rochers de la Scandinavie; autres celles de la mythologie payenne, autres encore celles du christianisme. Euripide, par exemple, aura pu proclamer sur le théâtre d'une république licencieuse des maximes que nous craindrions d'entendre sur le théâtre d'une monarchie sage et tempérée. Les compositions en tous genres emprunteront aux mœurs nationales des traits particuliers auxquels elles se feront facilement reconnaître, comme un amateur exercé distingue à la première vue les tableaux de l'école de Rubens de ceux de l'école de Raphaël.

Si c'est là tout ce que demandent les partisans du système romantique, la discussion est terminée, et nous voilà d'accord avec eux; mais non, ce n'est point là tout ce qu'ils demandent; ils exigent encore (et c'est l'article secret, *l'ultimatum*, la condition *sine quâ non*, de la constitution romantique) que l'on renonce enfin à cette féerie mythologique si inutilement vantée par Boileau, et que tous les sujets d'invention, ainsi que tous les détails poétiques, soient traités sous l'influence des divinités fantastiques du Nord; que les dieux d'Homère et de Virgile, renversés de leurs bases, fassent place à des êtres imaginaires dont le trône soit assis sur les nuages de la Scandinavie, ou qui remplissent de leur présence les souterrains profonds, les labyrinthes tortueux des citadelles du Midi. De vieux donjons, des fantômes errants pendant l'obscurité des nuits dans le voisinage des châteaux, des simulacres funèbres, des songes effrayants et empreints de toutes les vapeurs d'une imagination désordonnée ; au milieu de cet appareil effrayant, des superstitions absurdes mêlées aux véritables croyances, les longues veillées d'hyver, auprès d'un immense foyer, interrompues et troublées tout à coup par l'apparition subite d'un pélerin, d'un chevalier inconnu, enfin tous les prodiges, toutes les rêveries, toutes les extravagances ridicules ou furieuses de l'époque de la féodalité ; voilà ce qui constitue, ce qui caractérise, ce qui assure le glorieux empire du genre. Sans la féodalité, en un mot, point de romantisme.

Dans ce système, il y a à la fois dispute de mots, et abus d'idées.

Comme les règles sont générales et s'appliquent également à tous les sujets de composition, je ne sais pas sur quel titre on se fonderait pour prétendre que les sujets empruntés à l'histoire moderne soient affranchis de leur empire. L'Arioste a chanté les dames, les amours, les combats des paladins; *La Jérusalem*, *Le Cid*, *Zaïre*, *Adélaïde du Guesclin*, *Tancrède*, et *La Henriade* elle-même, consacrent des souvenirs du moyen âge et rappellent les évènements, les mœurs et les caractères de cette époque. De deux choses l'une : ou l'on a voulu dire qu'en traitant des sujets analogues, les littérateurs romantiques avaient fait mieux que Le Tasse, L'Arioste, Corneille et Voltaire, et cette prétention serait si plaisante, que nous abuserions de nos avantages si nous prenions la peine de la réfuter sérieusement; ou bien il est entendu seulement que ces sortes de sujets avaient fourni à plusieurs écrivains de cette école, des matériaux dont ils avaient disposé avec toute la liberté, c'est-à-dire toute la licence qu'ils s'arrogent, avec une impétuosité désordonnée, avec une solennité ridicule dans les petites choses, et ridiculement exagérée dans les grandes; en se permettant des hardiesses portées jusqu'à l'extravagance, et des écarts poussés jusqu'au délire; en flétrissant l'imagination par l'horreur dégoûtante de leurs tableaux; en multipliant sans goût et sans mesure des descriptions alternativement abominables ou puériles; en créant des êtres fantastiques plus odieux, s'il est possible, que les êtres réels dont ils se sont faits les familiers ou les introducteurs. Dans ce cas, je ne vois pas ce que fait le choix de l'époque à cette manière d'envisager les évènements et les personnages. Le moyen âge n'est pas plus fécond que l'antiquité en monstres, en pirates et en brigands; l'antiquité a eu aussi et ses repaires de la tyrannie, et ses amours déréglés et furieux, et ses vengeances atroces, et ses sacrifices humains, et ses Parques, et ses Furies. Toutes ces choses se retrouvent dans les épopées et sur les théâtres antiques; mais chacune d'elles y est à sa place, et sa place est toujours peu considérable en comparaison de celle qu'y occupe la peinture des héros, des vertus civiles et des actions guerrières. Ainsi le caractère propre de la littérature romantique ne peut se trouver dans l'époque même dont elle prétend s'être réservé l'exploitation privilégiée, mais dans l'abus, dans l'exagération, dans la falsification même, il faut bien le dire, des institutions dont nos ayeux furent les fondateurs et les dépositaires. Ce n'est point ici une affaire de temps, mais une affaire de calcul, et dont le succès a été établi sur la haine de nos plus vénérables antiquités; haine qui naquit avec la littérature romantique, se propagea avec elle, et qui continuera de concert sa marche destructive, jusqu'à ce que ne trouvant plus pour aliments que des débris, elle tombe et s'éteigne faute de nourriture capable d'alimenter ses fureurs.

La littérature romantique, et c'est le dernier trait de la définition, est l'interprète des *superstitions du cœur ?* Que signifient ces mots si bizarrement alliés : *les superstitions du cœur?* Pour quiconque a lu les ouvrages romantiques les plus anciens et les plus célèbres, ils sont clairs, et ne peuvent s'entendre que des croyances catholiques. Sans doute il serait injuste de rendre responsables de cette définition outrageante, des écrivains dont le caractère moral repousse toute idée d'une aggression injurieuse et gratuite, et dont quelques-uns, dans plusieurs parties de leurs ouvrages, se sont plu à revêtir les ministres catholiques d'une considération personnelle propre à rehausser la dignité de leur caractère. C'est un hommage que je rends hautement à Schiller, et sur-tout à M. Walter Scott. Mais il n'en est pas moins vrai que les croyances de ces écrivains sont en opposition avec celles des temps où ils ont fouillé, et que cette opposition, les dominant malgré eux, a presque toujours faussé leur manière de voir, et trompé leur impartialité naturelle. Voilà pourquoi les évènements du moyen âge, sans être indispensables à la littérature romantique, lui sont néanmoins extrêmement favorables, parce que presque tous ceux qui la cultivent, professant une religion dissidente, trouvent dans ces évènements une riche matière à des déclamations d'autant plus dangereuses, qu'elles paraissent s'appuyer sur des vérités historiques. Et voilà encore pourquoi tous les écrivains qui ont traité de la poétique du romantisme ont insisté sur cette condition, qui ne peut s'entendre d'une manière absolue, et qui serait inexplicable pour qui n'en aurait pas saisi la clé.

Actuellement, sous quel rapport spécial, et dans quel sens exact et rigoureux, le romantisme peut-il être un genre littéraire ? Est-ce par son objet ? Il n'en a aucun qui lui soit propre, et qui ne puisse être réclamé non-seulement comme praticable, mais comme déjà pratiqué par des écrivains et d'après les principes de la littérature classique. Les passions, les caractères, les vertus, les crimes, les effets de la nature physique, les phénomènes de la nature intelligente, les exploits militaires, les remords, les excès du malheur et ceux de la prospérité, les miracles de la religion, les attentats du fanatisme, les fondations et les bouleversements des empires, enfin les simples détails de la vie privée, tout a été décrit, peint, célébré ou flétri par nos poètes, nos philosophes et nos orateurs classiques. Que reste-t-il à ceux qui se séparent de nous? Il leur reste un droit que nous sommes loin de leur envier : il leur reste le privilège de faire des tragédies libres de toutes les règles consacrées par l'expérience et par la raison, c'est-à-dire d'écrire en dialogues l'histoire de vingt années ; composer je ne sais quels poèmes auxquels ils sont eux-mêmes dans l'impuissance de donner une dénomination caractéristique, dont le héros paraît et disparaît tour à tour, sans qu'on s'inquiète de savoir ni d'où il vient, ni ce qu'il est devenu, saisi par des diables sur le sommet des Alpes et précipité dans les enfers en punition d'un crime qui n'est pas même indiqué dans l'ouvrage. Il leur reste encore le privilège d'allier dans de prétendus romans historiques la vérité et le mensonge, en sorte que les lecteurs, toujours incertains et livrés à un doute insupportable, ne savent à quoi attacher leur affection ou leur haine, leur estime ou leur mépris, et cherchent inutilement dans chaque récit, ou la solidité instructive de l'histoire, ou du moins l'agrément d'un roman frivole. Il leur reste le droit de rapprocher par des métaphores incohérentes les objets les plus étrangers les uns aux autres; de donner à leur style une tension fatigante, ou de le rabaisser aux détails de la plus ignoble familiarité. Il leur reste, sur-tout dans la poésie descriptive, une lourde et assomante monotonie, et dans la poésie lyrique une exagération qui ne vous laisse pour vous perdre que l'alternative des nuages ou des abymes, ou bien un assemblage confus d'images sans précision et sans contours, où rien n'arrête la pensée, ne fixe l'imagination, ne présente un attrait à la mémoire. Quelques traits lumineux percent à de longs intervalles dans l'obscurité de ces inintelligibles compositions; ce sont des moments lucides d'un malade qui retombe presqu'au même instant dans son délire.

Il n'est donc pas vrai que la littérature romantique soit un genre. Un genre suppose un lien commun entre les individus qui le composent; or, le romantisme étant fondé sur l'absence et la rupture de tous les liens, c'est-à-dire de toutes les règles, n'ayant et ne pouvant avoir aucun objet spécial que la littérature classique ne réclame à l'instant comme son bien propre, n'est pas plus un genre que le chaos n'est un monde et l'anarchie un gouvernement. Qu'est-elle donc ? Elle est un fait, et rien de plus ; un fait accidentel et qui cessera d'exister lorsqu'en revenant complètement aux idées d'ordre et de morale publique, les hommes désabusés par l'expérience auront enfin senti le rapport nécessaire qui existe entre les saines doctrines littéraires et les véritables doctrines politiques. On sentira alors généralement combien il est dangereux de laisser égarer l'imagination, et sur-tout l'imagination de la jeunesse, sur des productions monstrueuses pour lesquelles elle ne peut prendre du goût, sans perdre en même temps celui des vrais modèles, conseillers de la modération et de la sagesse, comme de toutes les vertus conservatrices de la tranquillité publique.

Jusqu'à présent j'ai tâché de fixer les limites qui séparent la littérature classique de la littérature romantique, c'est-à-dire la littérature consacrée par les suffrages de tous les temps et de tous les lieux, de cette littérature née d'hier, et particulière à quelques contrées de l'Europe, d'où elle menace de se répandre et de se nationaliser parmi nous. J'ai essayé de démontrer que tous les ouvrages de génie qui ont parcouru les siècles à travers l'admiration universelle des hommes éclairés et sensibles avaient dû leurs succès à l'alliance de l'imagination et du goût; deux facultés fécondes dans leur union, mais dans leur isolement frappées d'une honteuse stérilité; appelées, quand elles se rapprochent, à produire des ouvrages durables et réguliers, renfermant en elles-mêmes les germes d'une existence immortelle et qui se reproduit d'âge en âge dans des chefs-d'œuvre nouveaux; condamnées au contraire, quand elles se séparent, à n'enfanter que des avortons ou des monstres. J'en ai conclu qu'une littérature fondée sur l'abjuration des règles du goût, ne méritait point d'être appelée un genre; j'ai osé prédire qu'en dépit d'une vogue éphémère dont les causes seraient peut-être aussi tristes à approfondir que faciles à expliquer, on viendrait tôt ou tard à l'unité du culte littéraire; qu'enfin la main du temps briserait de vaines idoles et les ensevelirait sous les débris des autels qui leur ont été élevés par le caprice, l'ignorance et la satiété.

Je vais maintenant répondre aux objections des défenseurs du romantisme. Parmi ces objections, il en est quelques-unes de graves, il en est de spécieuses, il en est de frivoles; je ne m'attacherai qu'à celles qui par leur importance me paraissent mériter les honneurs de la réfutation.

« Proscrire tous les ouvrages où la sévérité d'un
« goût épuré n'est point constamment unie aux
« charmes d'une imagination brillante, c'est pro-
« noncer anathème contre une foule d'ouvrages et
« d'écrivains qui, dans toutes les opinions, sont l'ob-
« jet d'un respect et d'une admiration unanimes;
« c'est rejeter de la classe des modèles Homère et
« Eschyle chez les Grecs, Ovide chez les Latins,
« Corneille chez les Français, Le Dante en Italie,
« Shakspeare en Angleterre, Calderon en Espagne,
« Le Camoens en Portugal et Schiller en Allemagne;
« c'est aller beaucoup plus loin encore.

« Les livres saints ne sont pas seulement proposés
« aux fidèles, comme des règles de conduite, et des
« sources de morale publique et privée, mais encore
« comme des modèles de tous les genres de beautés
« qui constituent l'art d'écrire. Qui ignore cependant

« qu'à ne considérer ces livres sublimes que sous le
« rapport littéraire, ils sont loin d'offrir au juge-
« ment du lecteur cette régularité de composition
« que vous exigez de vos écrivains classiques? Dans
« la rigueur de vos principes, il faudrait donc re-
« trancher de ce nombre, non-seulement une foule
« de grands poètes, sous les drapeaux desquels vous
« vous faites gloire de marcher, non-seulement d'au-
« tres écrivains moins universels, mais dont s'enor-
« gueillit toutefois le pays qui les a vu naître, mais
« encore les historiens et les prophètes sacrés? Voyez
« comme vous resserez vos rangs, comme vous élar-
« gissez les nôtres! Vous voilà réduits à cinq ou six
« auteurs tout au plus, qui ont atteint, suivant vous,
« une perfection que nous serions en droit de leur
« disputer, tandis que nous, partisans des doctrines
« plus libres, plus indépendantes, moins exclusi-
« ves, nous nous trouvons renforcés de la foule in-
« nombrable des grands génies qui ont honoré tou-
« tes les littératures, sans excepter la vôtre ; tandis
« que nous voyons à leur tête ces hommes qui, de
« votre propre aveu, seraient encore des personnages
« extraordinaires et supérieurs à tous les écrivains
« connus, quand même l'inspiration surnaturelle
« dont ils furent animés ne les mettrait pas au-des-
« sus de toute comparaison. »

Telle est la principale objection des apologistes
de la littérature romantique; elle revient sans cesse,
et est présentée sous mille formes différentes dans
une douzaine de volumes publiés depuis vingt ans
en l'honneur du genre que nous combattons. La ré-

ponse ne sera pas difficile. Dans l'objection, nos adversaires supposent ce qui n'est pas, mettent en fait ce qui est en question, exagèrent nos principes, et substituent des sophismes à nos arguments. Mettons cette tactique sur le compte de la prévention en faveur de leur système, et, en leur supposant de la bonne foi, contentons-nous d'apprécier la justice de leur cause par les moyens qu'ils emploient pour la défendre.

N'oublions pas cependant une remarque essentielle. Dans toutes les positions, le petit nombre des sectaires est de mauvais présage pour le progrès de la secte. Une minorité, quelle qu'elle soit, ne veut pas rester long-temps une minorité, et un coup de partie pour elle est, à défaut de renforts effectifs, de s'en créer d'apparents, de faire illusion à l'ennemi par la multiplicité de ses mouvements et l'intensité de ses efforts ; de se supposer sur-tout pour chefs et pour amis des hommes puissants en doctrine et en autorité ; enfin de se créer des alliances chimériques, qui ne tardent pas, il est vrai, à être désavouées, mais qui, pendant quelque temps, trouvent des dupes, et entraînent momentanément la multitude. Ainsi nous avons vu les matérialistes appuyer avec audace leurs dogmes désolants sur l'assentiment de l'auteur du *Phédon* et des *Tusculanes* ; les incrédules répandre des doutes sur la foi de Bossuet et de Massillon ; les factieux placer le fondement de leurs théories sur les nobles et généreuses concessions du *Télémaque* et du *Petit Carême* ; et enfin le rédacteur du *Dictionnaire des Athées* pousser la fureur ou la démence jusqu'à inscrire sur sa coupable liste, auprès des noms les plus respectables et les plus religieux, le nom du fondateur du christianisme. Les prétentions des écrivains romantiques paraissent presque innocentes à côté de cet excès d'audace; mais il peut être utile de remarquer qu'il y a, dans la propagation de toutes les erreurs, similitude de marche et identité de moyens. Le mensonge partout appelle le mensonge à son aide, et si l'on réfléchit aux liens secrets qui rapprochent et qui unissent ensemble toutes les vérités, on sentira que la morale n'est peut-être pas moins intéressée que le bon goût à repousser cette alliance adultère que la littérature romantique ose proclamer comme stipulée entre elle et la littérature sacrée, ainsi qu'entre les plus beaux génies de la littérature profane.

D'abord, pour saper dans sa base cet indigne parallèle, et renverser de fond en comble le sophisme sur lequel il est étayé, qui a jamais dit, qui a jamais prétendu que, pour constituer un chef-d'œuvre classique, l'imagination dût concourir avec le goût, non-seulement au même degré, mais encore au plus haut degré possible de perfection humaine? Qui a jamais pensé à exclure du rang des classiques les écrivains à qui l'on pouvait reprocher ou des écarts d'imagination ou des fautes graves contre le jugement et contre les principes d'une saine critique? Ce serait présumer singulièrement des forces de notre nature que de demander une telle perfection à des hommes qui consacrent leurs talents à nous plaire

ou à nous instruire ! Bien loin de créer une règle impossible, tous les hommes de bon sens se sont accordés à reconnaître que le ciel distribuait inégalement ses dons aux esprits les plus favorisés, et que presque toujours la supériorité de l'une de nos facultés intellectuelles ne nous était acquise qu'au détriment de l'autre. « Je tiens, dit Longin, qu'une
« grandeur au-dessus de l'ordinaire n'a point natu-
« rellement la pureté du médiocre ; il en est du
« sublime comme d'une richesse immense où l'on
« ne peut pas prendre garde à tout de si près, et
« où il faut, malgré qu'on en ait, négliger quelque
« chose. Ainsi, bien que j'aie remarqué dans Ho-
« mère et dans tous les plus célèbres auteurs des
« endroits qui ne me plaisent point, j'estime que ce
« sont des négligences plutôt que des fautes, parce
« que leur esprit, qui ne s'étudiait qu'au grand, ne
« pouvait pas s'arrêter aux petites choses. » Et Quintilien comparant Virgile à Homère, avoue qu'il y a dans le poète grec une nature en quelque sorte céleste et surnaturelle, mais il trouve dans le poète latin plus de goût, plus de soin, plus d'exactitude. Nous autres Latins, dit ce célèbre rhéteur, nous sommes vaincus par l'éminence des qualités, mais nous avons, par forme de compensation, une égalité plus soutenue.

Qu'avons-nous donc fait, lorsque, d'après ces deux législateurs, nous avons soutenu que c'était à l'accord de l'imagination et du goût, qu'était réservé le privilège de caractériser la littérature classique ? Nous avons proclamé une vérité très simple, très intelligible, et à l'abri, ce semble, de toute contestation raisonnable, si l'on veut l'entendre dans le sens où nous l'avons exprimée. Nous avons voulu dire qu'il était impossible de considérer comme un ouvrage supérieur et digne d'être cité pour modèle, non-seulement celui qui serait totalement dépourvu de l'une de ces facultés, mais celui même où les traces de l'une des deux seraient tellement insensibles, qu'on ne les y retrouverait qu'à de longs intervalles. Ainsi, des taches légères, des fautes rares contre l'imagination et contre le goût, voilà la part de l'indulgence pour la faiblesse humaine; des fautes soutenues, et surtout des fautes systématiques contre le goût et l'imagination, voilà la règle de notre sévérité, voilà le titre infaillible à l'exclusion de nos rangs. Sur cette explication, comparez vos auteurs chéris aux grands hommes que vous venez recruter chez nous, à Homère, par exemple; nous serons généreux; nous vous accorderons avec Rollin, dont j'emprunte ici les expressions, qu'il se rencontre dans ce poète des endroits défectueux et traînants, quelques harangues trop longues, des discussions quelquefois trop détaillées, des répétitions qui rebutent, des épithètes trop communes, des comparaisons qui reviennent trop souvent et ne paraissent pas toujours assez nobles; mais tous ces défauts, ajoute le sévère et judicieux critique, sont couverts et comme étouffés par une foule infinie de graces et de beautés inimitables, qui frappent, qui enlèvent, qui ravissent, et dès-lors ces défauts n'autorisent point à refuser à l'auteur et à l'ouvrage l'estime qui lui est due.

Si j'osais ajouter aux paroles d'un si bon juge une réflexion plus spécialement appropriée à mon sujet, je dirais qu'indépendamment de ces innombrables beautés de détail si propres à nous consoler de quelques courts instants de sommeil, Homère est classique et le premier de tous les classiques par la magnifique ordonnance de son poème, par la force des vérités instructives qui jaillissent de ses conceptions les plus fabuleuses, par l'étonnante variété de ses caractères, et sur-tout par l'expression tantôt naïve, tantôt animée, des affections les plus naturelles ou des passions les plus orageuses du cœur de l'homme; or, voilà ce qui manque totalement aux poètes et aux écrivains romantiques. Je ne leur refuserai point une certaine chaleur de tête ; ils ne sont point étrangers au talent de l'observation ; ils conçoivent quelquefois avec énergie, et hasardant tout, soit dans les images, soit dans la pensée, soit dans l'expression, il n'est pas possible que, de ces chances fortuites, mais multipliées à l'infini, il ne sorte à la fin quelques combinaisons heureuses, et quelques accidents qui aient l'apparence de la régularité, à peu près comme la mobilité des nuages produit quelquefois des formes et des profils qui offrent l'exactitude et les proportions d'un art savant. Attendez quelque temps, faites un pas en avant, changez votre point de vue ; les images fantastiques et fugitives disparaissent et ne laissent après elles qu'un souvenir aussi confus que le désordre des objets qui leur ont succédé.

Dans un temps où il n'est point d'absurdité qui

n'ait été dite, qui n'ait été imprimée, et, puisqu'il faut le dire, qui n'ait été crue, ce ne sera pas une de celles qui paraîtront un jour le moins vraisemblables, que cette prétention de quelques écrivains romantiques, c'est-à-dire de quelques écrivains ennemis de toutes les règles découvertes par l'observation dans les poèmes d'Homère, de déclarer Homère le chef de leur école, ou, ce qui revient au même, de se déclarer de la sienne. Homère un poète romantique ! L'*Iliade* assimilée à *Lara*, et l'*Odyssée* à *Chily-Harold* ! Qui sait même si, à raison du progrès naturel des choses, il ne serait pas juste d'attribuer aux derniers venus la meilleure part dans cette concurrence ? Car enfin, il faut être conséquent : les romantiques qui ont inventé tant de belles choses, ont découvert également le système de la perfectibilité indéfinie ; et au langage de l'enthousiasme qu'ils professent pour leurs auteurs, il est bien évident qu'ils entendent les donner en preuve de la réalité de leur découverte. Ainsi, dans l'ordre de leurs idées, ils appartiennent à l'école d'Homère, en ce sens qu'ils sont, comme Homère, supérieurs aux écrivains et aux autres hommes de leur siècle ; et la seule chose qui les distingue de lui ou des auteurs classiques, qui les autorise à se placer hors de ligne et à prendre une dénomination caractéristique, c'est une supériorité incontestable sur tout ce qui les a précédés ; supériorité qui n'est pourtant pas tout-à-fait la perfection absolue, car nous ne sommes pas arrivés à la fin du monde, et il ne faut pas désespérer la postérité.

ROMANTISME.

Opposons aux prétentions insoutenables d'une impuissante rivalité, le suffrage d'un grand poète, dans une des plus belles strophes qui aient jamais été inspirées par le génie lyrique. J.-B. Rousseau semble avoir emprunté à Homère lui-même, pour lui rendre hommage, la sublimité des images, la magnificence des expressions et le rhythme harmonieux de ses vers.

> A la source d'Hippocrène
> Homère ouvrant ses rameaux,
> S'élève comme un vieux chêne,
> Entre de jeunes ormeaux ;
> Les savantes immortelles
> Tous les jours, de fleurs nouvelles
> Ont soin de parer son front ;
> Et par leur commun suffrage,
> Avec elles il partage
> Les honneurs du double mont.

Un autre lyrique, à qui le bon goût a reproché l'affectation trop marquée du néologisme et la bizarrerie de quelques locutions, l'a vengé du moins complètement dans une ode excellente contre les détracteurs d'Homère et les fanatiques qui osaient lui préférer Ossian. Elle a un rapport si intime avec notre sujet, que l'on me pardonnera d'en citer quelques fragments.

> La riante mythologie
> Que celle du chantre d'Hector !
> Qu'il a de grace et d'énergie !
> Tout ce qu'il touche devient or.

De quels feux divers il compose
L'arc d'Iris au vol diligent !
Son Aurore a les doigts de rose;
Sa Thétis a les pieds d'argent.

De Neptune frappant la terre
Le trident s'ouvre les enfers.
Tes noirs sourcils, dieu du tonnerre
D'un signe ébranlent l'univers.

Le dieu qui foudroyait soupire,
Et l'Ida se couvre de fleurs ;
Je pleure à ce tendre sourire
Qu'Andromaque a mouillé de pleurs.

Que le doux soleil de la Grèce,
L'échauffe bien de ses rayons !
Mais Ossian n'a point d'ivresse ;
La lune glace ses crayons.

Ses fleuves ont perdu leurs urnes ;
Ses lacs sont la prison des morts,
Et leurs naïades taciturnes
Sont les spectres des sombres bords.

Son génie errant et sauvage
Est cet ange noir que Milton
Nous peint de nuage en nuage
Roulant jusques au Phlégéton.

Vive Homère et son Élysée
Et son Olympe et ses héros,
Et sa muse favorisée
Des regards du dieu de Claros !

Mes amis, qu'Apollon nous garde
Et des Fingals et des Oscars,

Et du sublime ennui d'un barde
Qui chante au milieu des brouillards !

Je me suis arrêté trop long-temps peut-être à repousser l'injure que les professeurs du romantisme ont faite à Homère en lui déférant le honteux honneur du commandement; ce sont des rebelles contre le bon goût qui proclament la révolte au nom du souverain légitime; mais cette combinaison d'une hypocrisie savante n'ébranlera point notre fidélité. Homère conservera pure, sans tache, brillante de tout son éclat cette couronne qu'une gloire de trois mille ans a affermie sur sa tête, et à l'ombre de laquelle se sont élevées toutes les générations littéraires, formées par ses exemples, heureuses et florissantes sous ses lois.

Forcés de se désister de leurs prétentions sur Homère, nos adversaires réclament du moins Eschyle, Le Dante, Shakspeare et Calderon. Osez-vous soutenir, nous disent-ils avec confiance, que ces fondateurs de la littérature épique ou théâtrale chez des nations différentes, soient des auteurs classiques? Vous iriez contre votre propre définition; les écarts de l'imagination sont trop fréquents, les vices de la composition trop palpables, les fautes de jugement trop multipliées chez ces poètes pour que vous puissiez les aggréger à la sévérité de votre école; aussi jamais vous ne leur avez accordé cet honneur ; permettez-nous donc de revendiquer comme notre bien des noms que vous dédaignez de vous approprier. La chose est importante pour nous ; car vous accusez d'une part la nouveauté, de l'autre le peu d'étendue de notre empire, et nous avons intérêt à vous prouver qu'il est à peu près aussi ancien et aussi vaste que celui de votre littérature classique.

Remarquons d'abord l'extrême présomption et l'extrême modestie des romantiques. Ils ont besoin de noms célèbres : à l'instant ils évoquent, ils appellent à eux les mânes de quelques écrivains illustrés dans différents temps et chez différents peuples; mais ils reconnaissent avec humilité que ces écrivains sont à eux par les défauts mêmes qui doivent nous engager à leur fermer l'entrée dans nos rangs; ils ont violé les règles, les convenances, les analogies; ils ont pris toutes les licences; leurs conceptions sont ou gigantesques ou puériles, leur marche est irrégulière et désordonnée, donc ils sont romantiques; voilà tout l'argument de nos adversaires, et je ne vois pas trop ce qu'il y aurait de bien avantageux pour eux, de bien déplorable pour nous à leur en accorder les conséquences.

Je réponds plus directement. Les écrivains dont il est question ne sont pas des auteurs classiques, mais ils ne sont pas pour cela des écrivains romantiques; il y a ici une confusion de mots qu'il est indispensable d'éclaircir. Ce mot, *classique*, n'a pas toujours eu la signification qu'on lui donne aujourd'hui. Avant l'apparition sur notre territoire d'une troupe de novateurs propagandistes, on donnait exclusivement cette honorable dénomination aux écrivains qui avaient fixé la langue et la littérature de leur pays, et les avaient élevées l'une et l'autre à un degré de perfection et de gloire, au-delà et en-deçà duquel on ne voyait ou qu'immaturité ou que décadence. On les nommait *classiques*, parce que les maîtres de l'enfance, qui étaient en même temps les maîtres du goût et de la sagesse, après avoir employé quelques précautions uniquement relatives aux mœurs, les mettaient avec confiance entre les mains de la jeunesse, et les lui proposaient pour l'unique objet de ses imitations ou de ses études. Ainsi tout ce qui avait précédé, tout ce qui avait suivi l'époque des modèles n'était point réputé *classique*. Les premiers avaient trouvé l'art dans son enfance, ils avaient fait beaucoup en le tirant des langes de la barbarie; tous leurs efforts n'avaient, il est vrai, abouti qu'à des ébauches grossières, mais cependant déjà marquées de l'empreinte de la raison, et que des mains plus heureuses étaient destinées à polir et à perfectionner. Les seconds, au contraire, arrivant lorsque tout était consommé, et désespérant de faire aussi bien, essayèrent de faire autrement que leurs modèles. Ils s'écartèrent de la route frayée, mais sans la perdre entièrement de vue; ils marchaient au même but, mais par des chemins détournés qui les en éloignaient, s'amusant à cueillir des fleurs, se chargeant de frivoles curiosités, ou se perdant dans des labyrinthes inextricables; telle fut dans les quatre grands siècles de la littérature la marche constante de l'esprit humain; on y voit une aurore, un midi et enfin un déclin sensible vers le couchant. Ce sont toutefois des astres de même nature, mais qui perdent de leur influence et de leur éclat, suivant qu'ils sont plus ou moins rapprochés du point culminant.

Parlons sans figure : il y a dans toutes les littératures des écrivains du premier, du second, du troisième ordre. Dans les études on néglige ceux du troisième ordre, on étudie ceux du premier, on lit avec circonspection ceux du second. Les premiers sont doncéminemment classiques; les seconds le sont par tolérance; les troisièmes le seraient encore, si les moments précieux de l'éducation n'étaient pas suffisamment remplis par les deux autres. Ils diffèrent donc entre eux, non point par le genre, mais par le mérite, mais par le fini de la composition; ils ont tous un air de famille; tous, ils ont quelque chose de commun, l'imitation, plus ou moins heureuse il est vrai, de la belle nature, et une tendance vers ces règles fixes, ces principes invariables du bon sens, à l'observation desquels quelques-uns d'entre eux n'ont manqué que parce que la date de leur naissance les avait mis malheureusement dans l'impuissance de les connaître.

Sur cette explication, Eschyle sera-t-il donc un auteur classique? Dans le sens dela distinction que je vous ai présentée, je réponds, sans balancer, par l'affirmative. Oui, Eschyle est classique, non point par l'enflure et la rudesse de son style, par la nullité de son action dramatique, par l'extravagance de quelques-unes de ses fictions, par la niaiserie puérile de quelques autres; Eschyle est classique, non pas encore pour avoir excité dans ses *Euménides* une terreur qui coûta la vie à de petits enfants, et qui blessa des femmes enceintes ; ce serait là son côté romantique, et sous ces rapports, nous nous faisons un plaisir de le céder à nos adversaires ; mais Eschyle est classique, parce que, de l'aveu d'un censeur qui l'a jugé d'une manière à la fois trop sévère et trop superficielle, il inventa la scène, le dialogue et l'appareil théâtral ; parce qu'il a été grand poète dans les chœurs ; qu'il s'est élevé, dans quelques scènes, au ton de la vraie tragédie ; j'ajouterai, parce qu'il aurait apprécié les avantages du goût, s'il avait eu sur qui former le sien, si une plus longue expérience de la scène l'eût mis à même de prolonger pour ainsi dire ses tâtonnements et de faire quelques pas de plus dans une carrière qu'il eut du moins la gloire d'ouvrir à ses heureux successeurs. La preuve en est dans le dépit de cette émulation jalouse qui le rendit trop sensible aux triomphes du jeune Sophocle : il s'exila volontairement d'Athènes, mais sa retraite fut un aveu de la supériorité de son rival. Et quels sont les titres les plus incontestables de cette supériorité ? Ne serait-ce pas que Sophocle observa ces principes éternels de raison dont on fit ensuite des règles, et dont la nécessité lui fut démontrée, moins par la force de son génie que par le sentiment raisonné des fautes où était tombé son prédécesseur ?

Appliquons ces observations à l'Eschyle anglais et à l'Eschyle espagnol, et une même donnée nous fournira une semblable solution du problème. L'un et l'autre étaient profondément ignorants ; et aux époques où parurent Skakspeare et Calderon, les lettres étaient en Angleterre comme en Espagne concentrées dans les Universités; nulle lumière ne brillait encore sur nos voisins du Nord et sur ceux du Midi ; et l'homme qu'un instinct impérieux poussait à écrire pour le théâtre, abandonné à ses propres forces, ne demandait rien à des auxiliaires dont il ne soupçonnait pas même l'existence. Comment aurait-il compris la nécessité des règles, puisque chez tous les peuples, et pour tous les poètes, excepté pour Homère, les règles sont nées des méditations sur les chefs-d'œuvre déjà existants? Il est trop évident que de cette absence de culture, rachetée par une grande sensibilité et une imagination énergique, ont dû sortir des compositions bizarres dans leur ensemble, admirables dans quelques parties, repoussantes par la disparate des idées, la diffusion des sentiments, le mélange des farces populaires aux mystères les plus augustes et aux catastrophes les plus terribles, par l'incohérence d'un style, tantôt enflé jusqu'à la bouffissure, tantôt ravalé jusqu'à la trivialité. On sent bien que de pareilles compositions ne peuvent pas être considérées comme classiques : elles n'enseigneraient jamais à bien faire; mais elles montrent ce qu'il est possible de faire bien par la seule force d'un talent naturel, dépourvu d'aliments solides, de connaissances historiques, et de bonnes études. Sont-elles pour cela romantiques ? Non, et, en voici la raison ; elle me paraît décisive : les trois fondateurs du genre dramatique en Grèce, en Angleterre et en Espagne, n'ont point péché en connaissance de cause ; ils n'ont rien profané, parce qu'ils ont tout ou presque tout ignoré. Les romantiques, au contraire, insultent le dieu du goût jusques sur ses autels, en présence de ses innombrables adorateurs, à la face de ses images empreintes dans les écrits des Homère, des Virgile, et des Racine. Cet Homère en effet est bien vieux, ce Virgile est bien froid, et ce Racine bien longuement, quoique bien disertement causeur; voilà ce que j'ai retrouvé, enveloppé de quelques correctifs pusillanimes, dans toutes les pages des professeurs romantiques des deux sexes, et j'ose croire que ces blasphèmes seraient désavoués hautement par Shakspeare et par Calderon, si, comme les personnages qu'ils nous ont tant de fois représentés dans leurs fables, ils pouvaient percer leurs tombeaux de Westminster et de Tolède, et assister invisibles à quelques représentations des chefs-d'œuvre de nos Sophocle et de nos Euripide. Nous sommes vaincus, s'écrieraient-ils à l'exemple d'Eschyle! Nous sommes déshérités de notre gloire ! Et ils rentreraient en gémissant dans l'asyle où vont se perdre indistinctement et tous les bruits et tous les désirs de la renommée.

Je ne dirai qu'un mot du parallèle que l'on a osé établir entre la littérature romantique et celle des livres sacrés. Je sais combien il peut être dangereux, et combien il est certainement peu concluant de rapprocher deux choses qui ne se touchent que par des rapports placés à leurs extrémités opposées. « Le dessein des livres sacrés,

« dit Rollin, n'est pas de plaire à notre imagina-
« tion, ou de nous aider à remuer celle des autres,
« mais de nous rappeler du dehors où les sens nous
« conduisent, à notre cœur où Dieu nous éclaire et
« nous instruit. » L'objet de la littérature profane,
et sur-tout de la littérature dramatique, est, au contraire, de plaire, de toucher, d'émouvoir, et d'exciter en nous ces vives sensations de plaisir ou de douleur, sources d'affections généreuses ou coupables, suivant l'âme qui les reçoit et la direction qui leur est donnée. Par cette considération seule, tout moyen de comparaison nous échappe. Cependant puisque le sage Rollin lui-même et le savant évêque d'Avranches ont cru pouvoir, sans péril, se livrer à l'examen des beautés d'éloquence et de poésie dont les Écritures renferment de si riches trésors, autorisés par ces grands exemples, essayons de trouver s'il y a l'apparence d'une analogie entre le style et la manière des écrivains sacrés, et le style et la manière des écrivains romantiques.

S'agit-il des récits? Dans l'Écriture, plus l'évènement est grand, plus il y a de simplicité dans l'expression. Un mot suffit pour raconter chacun des ouvrages de la création; en six lignes est décrite la catastrophe du déluge; en une seule, l'époque de la mort et le lieu de la sépulture du père des croyants. Dix articles, de moins d'une ligne chacun, contiennent la loi de Dieu, la loi universelle du genre humain. Le passage de la mer Rouge, la défaite de Goliath, la mort glorieuse de Judas Machabée, l'incarnation du Verbe, la consommation du dernier, du suprême sacrifice, la prédication de saint Paul à Éphèse, n'occupent pas plus de place dans les récits des deux Testaments, que je n'en ai eu besoin moi-même pour les rappeler aux souvenirs du lecteur. Ce ne sont pas là, ce me semble, des descriptions romantiques. Dans les descriptions romantiques les détails ne sont pas épargnés; elles se composent de circonstances oiseuses, d'accessoires inutiles, elles se prolongent sans mesure, elles se répètent sans nécessité. Que l'on juge de l'effet, lorsque ce défaut déjà si insupportable par lui-même est encore relevé par un style emphatique et prétentieux, lorsqu'il est embelli par tous les agréments de la métaphysique appliquée aux sensations et aux mouvements intérieurs de l'âme.

A défaut des historiens sacrés, les romantiques oseront-ils chercher leurs modèles dans les prophètes, et fonder leur ténébreuse poétique sur l'obscurité mystérieuse de ces écrits, pleine de la science de l'avenir, et que le temps seul est chargé d'expliquer, en amenant l'accomplissement des oracles qui y sont prononcés? Compareront-ils leurs locutions bizarres aux images sublimes, qui, transportées de la langue originale dans toutes les langues parlées, ont seules paru dignes d'exprimer et les attributs du Dieu qui les inspire, et les rapports de l'homme avec l'être qui l'a créé? Trouveront-ils quelque rapport entre ces niaiseries sentimentales si froidement uniformes, malgré les titres variés des ouvrages où ils les encadrent, *élégies, sonnets, rêveries, voyages, romans historiques,* d'une part; et de l'autre, ces cantiques, que la reconnaissance, l'amour et le repentir dictèrent à un prophète couronné? Je m'arrête; de plus longs développements m'entraîneraient au-delà des convenances et des limites d'une dissertation qui ne doit être que littéraire; et je dirai aux romantiques : L'écriture a inspiré une épopée à Milton et à Klopstock; à Racine, le premier de tous les chefs-d'œuvre dramatiques; à J.-B. Rousseau, les plus élevées de ses poésies lyriques, à l'autre Rousseau, la page la plus éloquente de ses éloquents écrits. L'Écriture Sainte a fait Bossuet; que nous ont valu jusqu'ici les écrivains romantiques?.....Des mélodrames.

Attendons, nous dit-on ici naïvement, attendons : « Quelques hommes de génie ayant à moissonner dans un champ tout nouveau, ont su se rendre illustres, malgré les difficultés des règles; mais la cessation des progrès de l'art depuis eux n'est-elle pas une preuve qu'il y a trop de barrières dans la route qu'ils ont suivie? »

Ainsi, il est bien prouvé que ce sont les règles qui asservissent, qui étouffent le génie de nos grands hommes. De combien de chefs-d'œuvre notre littérature dramatique, par exemple, serait-elle enrichie sans cette maudite gêne des trois unités? Supprimons donc les trois unités. Ce n'est pas tout, et voici la marche naturelle et progressive des choses. Quand on aura retranché les unités, et qu'à l'aide de ce premier soulagement on aura obtenu un bon nombre d'ouvrages trois fois supérieurs à *Athalie*, il sera juste d'accorder quelque chose aux génies transcendants que la rime embarrasserait encore un peu;

nous leur ferons à leur tour bon marché de la rime ; voilà les tragédies en prose toutes trouvées. Continuons ; pourquoi conserverions-nous cette mesure arbitraire et ridicule des cinq actes ni plus ni moins ; c'est étendre le talent sur le lit de Procuste ; nous aurons donc une tragédie en un acte ou en dix *ad libitum*, écrite, au choix du romantique, en vers qui seront aussi beaux que la prose, ou en prose plus belle que les plus beaux vers ; une tragédie qui offrira non pas une action, mais au besoin toutes les actions d'un règne, ou, ce qui vaudrait encore mieux, toutes celle d'un peuple ; une tragédie qui ne sera pas renfermée par conséquent dans les limites d'un jour, mais qui fera passer en revue tous les temps compris entre les deux grandes époques correspondantes du déluge et de la révolution française, et dans laquelle les spectateurs, sans sortir de leur place, auront le plaisir de parcourir les cinq parties du monde, depuis le Kamtschatka jusqu'à la Terre de Magellan, ou depuis la maison de Bedlam jusqu'à Botany-Bay. Disposant ainsi de tout le monde réel, et à plus forte raison du monde fantastique et idéal, maître de toutes les époques et de tous lieux, libre d'alonger et de raccourcir indéfiniment les dimensions de ses ouvrages, quels miracles n'enfantera pas le génie romantique, sur-tout, si trouvant encore de nouvelles ressources contre les obstacles, la perfectibilité indéfinie amène le poète à un tel degré d'indépendance, qu'il puisse être dispensé par la mécanique du travail fatigant de la plume. Que sait-on ? Le moment viendra peut-être, où, pour faire une tragédie romantique, on n'aura besoin que de la machine à vapeur.

Pour faire sentir l'absurdité d'un principe ou d'un raisonnement, il suffit d'en presser les conséquences inévitables; mais ces conséquences échappent aux courtes vues des novateurs en tous genres. Ils posent donc le principe, le défendent, le propagent, et quand il a amené ses résultats infaillibles, ils se contentent de les désavouer et de dire niaisement : ce n'est pas là ce que nous avions voulu. Ce n'est point contre leur ignorance et leur erreur qu'il faut armer les bonnes doctrines de la double autorité de l'expérience et de la raison; c'est contre leur imprévoyance, et contre la morgue dédaigneuse de leur orgueil ; car la raison a aussi sa fierté, et il y aurait de la faiblesse à ne pas combattre, lorsqu'il suffit d'un trait de lumière pour assurer le triomphe.

Duviquet.

Même sujet.

La querelle des Anciens et des Modernes était déjà engagée depuis long-temps, et Boileau gardait encore le silence. Le prince de Conti, un des hommes les plus spirituels de cette époque, lui dit : *J'irai à l'Académie, et j'écrirai à votre place* : tu dors, brutus.

Un nouveau schisme littéraire se manifeste aujourd'hui. Beaucoup d'hommes, élevés dans un respect religieux pour d'antiques doctrines, consacrées par d'innombrables chefs-d'œuvre, s'inquiètent, s'effrayent des projets de la secte naissante, et semblent demander qu'on les rassure. L'Académie-Française restera-t-elle indifférente à leurs alarmes ? et le premier corps littéraire de la France appréhendera-t-il de se compromettre, en intervenant dans une dispute qui intéresse toute la littérature française ? Le danger n'est peut-être pas grand encore ; et l'on pourrait craindre de l'augmenter en y attachant trop d'importance. Mais faut-il donc attendre que la secte du *romantisme* (car c'est ainsi qu'on l'appelle), entraînée elle-même au-delà du but où elle tend, si toutefois elle se propose un but, en vienne jusque-là, qu'elle mette en problème toutes nos règles, insulte à tous nos chefs-d'œuvre, et pervertisse, par d'illégitimes succès, cette masse flottante d'opinions dont toujours la fortune dispose ?

Une solennité où l'Académie-Française a l'honneur de présider l'Institut royal de France, a paru l'occasion la plus favorable pour déclarer les principes dont elle est unanimement pénétrée, pour essayer, en son nom, de lever les doutes, de fixer les incertitudes, de dissiper les craintes, et, s'il se peut, de prévenir les dissensions dont la littérature est menacée. La voix qui se fait entendre est celle de toutes peut-être qui a le moins de force et d'autorité ; mais il ne lui sera pas reproché de manquer de zèle pour la bonne cause et de respect pour la vérité.

La secte est nouvelle et compte encore peu d'adeptes déclarés ; mais ils sont jeunes et ardents ; mais la ferveur et l'activité leur tiennent lieu de la force et du nombre, et le concert bruyant de leurs voix pourrait faire croire, de loin, à l'union de leurs sentiments.

Cependant ils n'ont point de symbole arrêté ; ils n'ont encore que quelques idées vagues et incohérentes qu'ils s'efforcent de donner pour des opinions réduites en système, et quelques mots de ralliement qu'ils ne sont pas sûrs de comprendre, mais au moyen desquels ils se reconnaissent dans la foule. Comme ils n'ont ni dogme fixe, ni discipline établie, ni chef institué, ils ne marchent pas tous de front, ni du même pas. Ils se soutiennent indistinctement les uns les autres, mais indépendamment de toute conviction individuelle, et par ce seul instinct d'union et de défense réciproque qui naît du sentiment de la faiblesse numérique. Il y a plus ; au sein du schisme même, naissent sourdement de petits schismes secondaires, à qui peut-être il ne manque qu'une occasion pour éclater. En attendant, on voit paraître des déclarations de principes, qui ressemblent à des apologies, et des manifestes, qu'on prendrait pour des propositions de paix. Enfin, quelques-uns des novateurs les plus renommés vont jusqu'à renier le nom dont naguère ils s'honoraient, et dont le reste continue à se glorifier.

Ce nom toutefois subsiste ; et, sauf à prouver qu'il ne signifie rien ou qu'il est mal appliqué, il est indispensable de l'employer, pour parler de la chose même que, d'après un usage presque général, il sert à désigner.

Pour bien traiter une question, il faut, dit-on, fixer

le sens des termes avant de s'en servir. En cette occasion, le précepte est plus facile à donner qu'à suivre. Des partisans du romantisme ont essayé de le définir, et l'on a paru douter qu'ils se comprissent eux-mêmes : des adversaires du romantisme ont entrepris la même tâche, et ils n'ont satisfait personne, à commencer par eux.

Si toute idée réelle, vraie ou fausse, doit pouvoir être exprimée clairement, et comprise par la bonne foi intelligente, ne serait-on pas autorisé à soupçonner qu'une prétendue doctrine, qui échappe à l'analyse et se refuse à la définition, est quelque chose de fantastique, dont l'apparence déçoit ceux qui l'attaquent, comme ceux qui la défendent ? N'y aurait-il pas lieu de croire, enfin, que la querelle du romantisme est une simple dispute de mots, un pur malentendu, qui cesserait du moment que les esprits justes et sincères, de part et d'autre, après être tombés d'accord sur les principes qui semblent les diviser, seraient forcés de reconnaître la vanité des paroles qui les abusent ?

Mais, avant d'entamer cette question, il faut la déterminer, la circonscrire ; il faut la dégager d'une autre question qui la complique, et qui en rendrait la solution plus difficile. Il existe deux espèces de romantisme, dont l'une est l'émanation, et, pour mieux dire, la dégénération de l'autre. Celle-ci est d'invention étrangère ; celle-là est d'imitation française. L'histoire et le jugement de la première doivent précéder l'histoire et l'examen de la seconde, la seule qui nous intéresse véritablement, et dont il soit convenable de nous occuper ici.

Il est une contrée septentrionale de l'Europe, qui est comme une grande république de royaumes, où la littérature n'a pas plus de centre d'unité que le pouvoir, où la police du ridicule n'existe pas, où les esprits, disposés à la méditation par leur isolement, à l'indépendance par leur dispersion, et à l'erreur par leur sincérité même, ont souvent porté la profondeur jusqu'à l'abstrusion, le sentiment jusqu'au mysticisme, et l'enthousiasme jusqu'à l'exaltation. Cette contrée demeura long-temps étrangère au raffinement et à l'élégance de la civilisation moderne. Douée d'une langue énergique, mais rude; abondante, mais peu favorable à la précision et à la clarté ; d'une langue qui, aujourd'hui même, n'est pas encore fixée, elle n'avait pas de littérature propre, quand chacune des autres nations de l'Europe pouvait s'enorgueillir de la sienne. La nôtre dominait alors, et semblait régner sur tous les peuples policés. Les Allemands s'empressèrent d'abord de l'imiter; mais ils le firent sans grace et sans succès. Dégoûtés eux-mêmes de leurs froides et lourdes imitations, ils s'en prirent à leurs modèles ; n'ayant pu égaler nos écrivains, ils se mirent à les dédaigner ; et ils résolurent de se faire originaux. Ils venaient bien tard pour inventer. Qu'ont-ils fait ? Croyant créer peut-être, ils ont encore imité ; mais, cette fois, leurs modèles étant moins faits pour en servir, si l'imitation n'a pas été beaucoup plus heureuse, elle a du moins été beaucoup plus facile, et ils paraissent enfin satisfaits d'eux-mêmes.

Un Anglais du XVIe siècle, génie sublime et

inculte, ignorant les règles du théâtre, et les suppléant par tous ces artifices qu'un heureux instinct suggère, avait, dans ses drames monstrueux, étendu indéfiniment l'espace et la durée, renfermé des lieux et des années sans nombre, confondu les conditions et les langages, méconnu ou violé le costume distinctif des époques et des contrées diverses; mais, observateur attentif et peintre fidèle de la nature, il avait répandu, dans ses compositions désordonnées et gigantesques, une foule de ces traits naïfs, profonds, énergiques, qui peignent tout un siècle, révèlent tout un caractère, trahissent toute une passion. A la même époque, un Espagnol, doué de la plus riche imagination, connaissant les préceptes et les modèles de la scène antique, mais, comme il le disait lui-même, les tenant enfermés sous dix clés, pour ne pas succomber à la tentation de suivre les uns et d'imiter les autres, s'était condamné à l'extravagance, pour plaire à sa nation, amoureuse de l'élévation démesurée des sentiments, de la pompe emphatique du langage, et de la complication fatigante des évènements.

Ce qu'en un siècle de barbarie, avaient fait Shakspeare et Lope de Vega, l'un par ignorance et l'autre par nécessité, les Allemands, à une époque de lumières universelles, le firent avec choix et systématiquement. Des tragédies furent-composées par eux, dans lesquelles l'irrégularité de l'Eschyle britannique et de l'Euripide castillan était largement imitée, mais où leur génie était un peu plus sobrement reproduit.

Une poétique du temps d'Élisabeth et de Philippe II se serait mal appliquée aux évènements fabuleux ou historiques de l'antiquité ; il y aurait eu une sorte de disconvenance et presque d'anachronisme à traiter des sujets grecs autrement que ne les auraient traités les Grecs eux-mêmes. C'est cette considération plus que toute autre, c'est elle seule peut-être qui détermina le choix des dramatistes allemands pour les sujets du moyen âge, ce choix qu'ils voudraient nous faire regarder comme un mouvement impérieux de leurs âmes, ou comme une sublime inspiration de leur génie. Quoi qu'il en soit, ils puisèrent leurs faits dans le chaos des anciennes chroniques ou dans le fatras des vieilles légendes ; ils demandèrent leur merveilleux à la féerie, à la sorcellerie, à la magie noire ; ils ne dédaignèrent pas même l'absurdité des contes les plus populaires, et ils offrirent à l'admiration des hommes ce qu'en tout autre pays on n'exposerait pas impunément à la moquerie des enfants. Ces chefs-d'œuvre, composés dans chacune des villes savantes, des huit ou dix Athènes de l'Allemagne, par le Sophocle du lieu, et joués, pour ainsi dire, en famille, devant le Périclès du margraviat ou de la principauté, obtinrent un succès prodigieux ; et nos bons voisins purent croire qu'ils avaient enfin un théâtre national.

J'ai dit rapidement l'origine, la marche, les succès du romantisme en Allemagne. Je n'ai parlé que du théâtre ; mais c'est que le théâtre est le seul genre de littérature auquel puissent être appliqués des systèmes de composition différents. Le théâtre a des moyens et un but qui lui sont propres. Il ne raconte pas une action, il la met sous les yeux ; il veut plus qu'émouvoir et plaire, il aspire à faire illusion. Or, il peut, devant des spectateurs immobiles et rassemblés pour quelques heures, présenter toujours un même lieu, ou se métamorphoser en vingt lieux divers ; marquer, par la succession des évènements, la durée d'un seul jour ou celle de plusieurs années. L'épopée et le roman, l'ode et la satire, tous les autres genres, n'ont pas un pareil choix à faire ; ils n'ont pas de lois précises, rigoureuses, qu'ils doivent suivre ou qu'ils puissent transgresser : il n'existe pour eux, en quelque sorte, que des usages et des convenances. Voilà pourquoi la question du romantisme allemand, considéré comme une innovation littéraire, n'est autre chose qu'une question dramatique. Tous les autres genres ont sans doute participé à cette révolution, mais seulement sous le rapport des idées et du langage, et par un effet de cette influence que le théâtre, le plus populaire de tous les plaisirs de l'esprit, exerce infailliblement sur la société et sur la littérature.

Il y a près de trente années, quelques récits de voyageurs et bientôt quelques traductions nous firent connaître plusieurs productions du romantisme allemand, qui n'avait pas encore été rédigé en théorie, et à qui même, je crois, il n'avait pas encore été imposé de nom. Elles furent accueillies parmi nous avec ce ton d'ironie légère qui désole les écrivains germaniques, qui, comme ils disent, *leur fait mal à l'âme*, et auquel ils préfèrent la bonne foi et le sérieux de l'injure. Nos derniers tréteaux reculèrent d'horreur devant ces monstruosités exotiques. Pour oser en offrir quelques-unes au jugement et au goût des artisans de nos faubourgs, il fallut les réduire aux proportions, les assujettir aux règles et aux bienséances de notre scène. Le vestige le plus marqué de leur origine fut l'introduction du niais ou du bouffon obligé, imitation timide du *Falstaff* de Shakspeare et du *Gracioso* des drames espagnols. Les gens de goût voyaient sans colère et sans crainte ces importations qu'ils jugeaient sans danger pour un public français.

Cependant, à une époque plus rapprochée de nous, une femme justement célèbre, toute française par ses sentiments, ses affections et ses goûts, mais que les vicissitudes de sa destinée avaient rendue cosmopolite, rapporta d'une de ses plus longues excursions le système germanique, nous en apprit le nom en même temps que les principes, et nous révéla la fameuse distinction de *classique* et de *romantique*, qui divisait, à leur insu, toutes les littératures, et partageait la nôtre même, qui ne s'en serait jamais doutée. Son exposé, où la prévention se cachait mal sous un air d'impartialité, fut, pendant quelque temps, l'objet d'une controverse que fit taire bientôt le fracas des évènements et des intérêts politiques.

Nous en sommes restés à ce point pour ce qui regarde le vrai romantisme, le romantisme allemand, le romantisme du théâtre. Nos jeunes écrivains, les plus favorables à ces idées nouvelles, n'ont pas encore osé les préconiser hautement, ni sur-tout les mettre en pratique. Un ou deux s'en sont excusés de l'air dont on s'en vanterait; mais ils se sont trompés, ils n'étaient pas si coupables. Trop hardis peut-être pour des Français, combien n'ont-ils pas été timides en comparaison des Goëthe et des Schiller? Ont-ils fait une pièce dont l'action dure seulement une semaine, et dont les personnages franchissent au moins, d'une scène à l'autre, l'étroit passage qui sépare la France de l'Angleterre ou l'Europe de l'Afrique? Nous les attendons là. Qu'ils y arrivent, et il sera temps alors pour nous de les combattre, de leur démontrer que ces règles contre lesquelles on se mutine, sont pourtant les seules bases sur lesquelles puisse être assis le système dramatique d'un peuple éclairé, et qu'elles sont elles-mêmes fondées sur les résultats de l'expérience, lentement convertis en axiomes; qu'elles ne sont pas, comme on a l'air de le croire, des lois imposées à l'imagination par le caprice d'un vieux philosophe grec du temps d'Alexandre, et que l'auteur de la *Poétique* n'a pas plus inventé les unités, que l'auteur de la *Logique* n'a créé les syllogismes; que ces lois, établies pour les intérêts de tous, font seules du théâtre un art, et de cet art une source d'illusions ravissantes pour le spectateur et de succès glorieux pour le poète; qu'elles ont le double avantage d'élever un obstacle contre lequel le génie lutte avec effort pour en triompher avec honneur, et une barrière qui arrête l'invasion toujours menaçante de la médiocrité aventureuse; qu'on peut quelquefois essayer de reculer les limites de l'art, et quelquefois même, comme a dit Boileau, tenter de les franchir, mais qu'il ne faut jamais les renverser; et qu'enfin, il en peut être de la littérature comme de la politique, où quelques concessions habilement faites à la nécessité des temps, préservent l'édifice de sa ruine, et le rajeunissent, tandis qu'une révolution complète, renversant tout ce qu'elle rencontre, bouleversant tout ce qu'elle ne détruit pas, plaçant le crime au-dessus de la vertu, et la sottise au-dessus du génie, engloutit dans un même gouffre la gloire du passé, le bonheur du présent et les espérances de l'avenir.

Je me hâte d'arriver à ce que j'appellerai le romantisme français ou plutôt gaulois; romantisme bâtard, qui n'a ni la même énergie, ni la même audace, ni les mêmes excuses que le romantisme teutonique.

Les partisans de ce genre s'appuient sur une haute considération morale et politique. La révolution, disent-ils, a tout changé parmi nous, les institutions et la société, les principes et le caractère : il faut que la littérature, expression naturelle de toutes ces choses, participe au changement universel. Nous ne voulons pas leur contester, nous avons remarqué comme eux, que les productions des lettres et des arts subissent toujours plus ou moins l'influence des opinions et des habitudes contemporaines. Pour ne parler que de la France, ces productions, généralement nobles et décentes sous Louis XIV, devinrent licencieuses et impies sous la régence ; ensuite, sauf de glorieuses exceptions qui s'offrent à la pensée de tous, futiles et affectées pendant le long règne de Louis XV, elles semblèrent se régénérer, avec les mœurs publiques et privées, dans les années trop peu nombreuses du règne de son infortuné successeur; et enfin, nous les avons vues, durant les jours de nos discordes civiles, partager la fortune diverse des partis, et suivre les phases variées du corps social, tantôt abjectes et furibondes, tantôt sublimes et dévouées, ici célébrant les épreuves de la vertu, et là consacrant les triomphes du crime. L'époque où nous sommes ne peut échapper à cette loi universelle et constante. Nos malheurs nous ont rendus, sinon plus sensés, du moins plus sérieux; nos âmes, long-temps froissées par le choc des évènements extérieurs, aiment davantage à rentrer en elles-mêmes, pour y trouver quelque repos; la religion a repris tout son empire, et la morale tous ses droits, ou du moins on n'outrage plus impunément l'une ni l'autre. D'un autre côté, les esprits, appliqués à observer la marche des affaires publiques, ou même à la diriger, demandent des notions plus positives, plus étendues, plus variées sur les nombreux objets dont se compose la science du gouvernement. Dans cet état moral et politique de notre société reconstituée, il est d'une conséquence nécessaire que la littérature réponde aux besoins des âmes et des esprits. Ce ne peut pas être une découverte du romantisme :

c'est simplement un résultat des faits, reconnu et adopté par la raison.

Le romantisme n'a pas la prétention d'instruire; il dédaigne d'amuser; il n'aspire qu'à émouvoir: c'est *la poésie de l'âme* dont il s'empare. Quels sont les éléments de cette poésie? Sans doute, la religion et l'amour, l'héroïsme et la vertu, l'humanité et le patriotisme, la tendresse paternelle et la piété filiale. Mais quoi! ces sentiments ne sont-ils pas ceux de tous les hommes? Nos cœurs n'y ont-ils pas toujours été ouverts, ne s'en sont-ils pas toujours nourris? et nos poètes n'ont-ils pas incessamment puisé dans ces inépuisables sources d'émotions profondes? Rien, dans notre système littéraire, ne s'oppose à ce qu'on pénètre plus avant encore, s'il se peut, dans les causes mystérieuses et infinies de notre sensibilité morale. Que l'on tente ces conquêtes, qu'on les accomplisse, et nous y applaudirons. Je ne vois encore rien là qui appartienne en propre, qui appartienne exclusivement au romantisme.

Les romantiques font aux classiques plusieurs reproches qu'il convient d'examiner; et, d'abord, il faut savoir ce qu'ils entendent par classiques. Ce sont, disent-ils, les écrivains modernes qui ont imité les auteurs anciens, au lieu de créer comme eux; qui leur ont emprunté, avec les formes de leurs poèmes, le fond même de leurs sujets et de leurs idées, au lieu de traiter sous des formes différentes, des sujets et des idées appartenant à l'histoire, à la religion, aux mœurs des nations chrétiennes. Les romantiques reprochent-ils à leurs adversaires l'emploi des formes antiques? Nous avons vu que, dans le genre dramatique, ils les adoptent eux-mêmes, et nous ne voyons pas que, dans les autres genres, ils en aient imaginé de nouvelles. Les blâment-ils seulement d'avoir traité des sujets de l'antiquité païenne, soit fabuleuse, soit historique? Il nous semble que *Cinna* et *Horace*, *Phèdre* et *Iphigénie*, *Mithridate* et *Britannicus*, *OEdipe* et *Mérope*, *Brutus* et *Rome sauvée*, tragédies puisées, les unes dans le théâtre grec, les autres dans les annales de l'ancien univers, et toutes imitées ou créées avec un égal génie, sont des œuvres modernes et françaises, en dépit de leur origine; qu'elles ne sont ni des calques, ni des copies, ni des pastiches; qu'il y a de la sève et de la vie, et qu'enfin ce ne sont pas là tout-à-fait, comme on l'a dit, les productions d'un *art pétrifié*.

Mais, disent les romantiques, si Corneille, Racine et Voltaire sont excusables d'avoir traité des sujets antiques et païens, leurs successeurs ne le seraient pas de s'obstiner à exploiter ces mines tant fouillées, dont les produits, d'ailleurs, sont dédaignés par l'esprit et le goût du siècle. Ceci présente une autre question; mais ce ne sera pas une cause de dissentiment. Dit-on que les sujets grecs ou romains sont épuisés? nous penchons fort à le croire. Ajoute-t-on qu'il faut s'abstenir de ramener sur la scène ceux que nos grands maîtres y ont présentés avec tant d'éclat? nous en sommes d'accord. En conclut-on la nécessité de recourir à des sujets du moyen âge ou des temps modernes, à des sujets religieux ou chevaleresques? nous ne pouvons nous empêcher d'admettre cette conséquence; et, avant même qu'elle sortît aussi impérieusement des faits, nos plus grands poètes l'avaient reconnue et s'y étaient soumis; car Corneille a fait *Polyeucte* et *le Cid;* Racine, *Athalie* et *Bajazet;* Voltaire, *Zaïre*, *Alzire* et *Tancrède*. Il n'y a donc point encore là de romantisme. Que dites-vous? s'écrient nos adversaires; les tragédies dont vous venez de proclamer les noms, sont romantiques, et nous les adoptons comme telles. Nous répondrons modestement que nous les avions toujours crues classiques, c'est-à-dire, composées d'après les excellents modèles de l'antiquité, et dignes de servir de modèles à leur tour aux poètes des siècles futurs. Mais laissons cette fatigante logomachie, et continuons d'examiner s'il y a quelque réalité au fond des fières prétentions du romantisme, toujours accompagnées de reproches non moins superbes.

Les maîtres de la nouvelle école parlent beaucoup de vérité. On dirait que la fameuse maxime, *Rien n'est beau que le vrai*, a été inventée par eux, ou du moins qu'ils sont les seuls qui s'y conforment. Une littérature empruntée aux Anciens, disent-ils, ne peut être vraie pour les Modernes. Voilà le grand argument, la grande objection. Il faut pourtant bien peu d'efforts pour la détruire. La nature et l'homme sont invariables au fond; mais il reçoivent, des climats ou des siècles divers, quelques changements de forme ou de costume. La vérité, dans les arts, consiste à représenter d'abord la nature et l'homme, tels qu'ils existent en tous pays et en tous temps ; et secondairement à marquer les différences accidentelles qui modifient leur extérieur, suivant les contrées ou les époques. Un sujet de la Grèce antique, où l'homme de tous les lieux et de tous les siècles sera peint fidèlement, sous le costume rigoureusement observé de Mycènes, d'Argos ou de Sparte, réunira, pour des spectateurs modernes, les deux conditions qui constituent cette vérité : un sujet moderne pourra les enfreindre l'une ou l'autre, si les sentiments naturels sont faussement exprimés, ou les mœurs sociales inexactement rendues. Aucun système de littérature ne peut s'attribuer exclusivement, et contester au système opposé ce principe de la double vérité du fond et de la forme, de la nature et du costume. Ce ne peut pas être une question de théorie et de raisonnement; c'en est une seulement de pratique et de fait. Si je vois l'élégant Racine prêter quelquefois à des personnages de la Grèce héroïque, les sentiments raffinés et les expressions polies des courtisans de Louis XIV, je vois plus souvent le sauvage Shakspeare transporter dans tous les temps et dans tous les pays où l'entraîne sa muse vagabonde, les idées, les préjugés, les mœurs et le langage des bourgeois de Londres sous la reine Élisabeth. En concluerai-je que le genre romantique est plus essentiellement faux dans ses peintures que le genre classique ? non. Je dirai seulement aux partisans du premier :

Soyez vrais, soyez-le, s'il vous est possible, plus que vos maîtres et les nôtres; mais n'exagerez pas même cette qualité que vous mettez avec raison au-dessus de toutes les autres. Il est, dans les arts, un excès de naturel qui est la pire des affectations, et un degré de vérité niaise ou abjecte qui ferait préférer une élégante imposture.

Les romantiques ont la gaieté en horreur. Ils ne voient, dans le bonheur et dans le plaisir, que de la prose; et ils ne trouvent de poésie que dans le malheur et dans l'affliction. *Rire est si bon!* disent les hommes vulgaires; *pleurer est si doux!* répondent nos jeunes Héraclites. Nous ne nions pas la douceur des larmes : Virgile, Racine et Voltaire nous en ont fait répandre de délicieuses. Mais l'innocente joie et la franche gaieté ont bien aussi leurs charmes; et l'expression du bonheur est peut-être un hymne aussi respectueux pour le Dieu de qui nous tenons la vie, que ces éternelles lamentations qui semblent la lui reprocher comme un don funeste. Si nous repoussons l'homme dont la folle et étourdissante gaieté s'exerce sur tout, et vient troubler nos pensers les plus sérieux, nous fuyons aussi celui dont l'importune et fatigante tristesse se déploie à tout propos, et vient empoisonner nos plaisirs les plus purs. Nos jeunes poètes romantiques seraient-ils donc souffrants et malheureux? Dans l'âge où tout invite au plaisir, quelque grande infortune les aurait-elle désabusés du songe de la vie et du néant de nos félicités? Rassurons-nous : cette tristesse systématique de leurs écrits n'empêche pas que leur humeur ne soit gaie et leur existence joyeuse; de même que le génie, qu'ils appellent une maladie, ne porte heureusement aucune atteinte à leur brillante santé.

Les romantiques chérissent l'idéal, le vague, le mystérieux : c'est, après la douleur, ce dont ils font le plus de cas ; et ils reprochent assez durement aux classiques leur prédilection pour le matériel et le positif. Expliquons-nous. Les classiques ne sont pas si peu instruits qu'on le suppose de la nature des facultés morales de l'homme, des besoins qu'elles éprouvent, et des moyens qu'on doit employer pour les satisfaire. Ils savent que, dans les arts, la partie la plus noble de nous-mêmes veut autre chose que l'imitation de ce qui tombe sous nos sens; que, dans la poésie particulièrement, l'âme et l'imagination demandent, pour aliment de leur dévorante activité, ces sentiments profonds et en quelque sorte infinis, dont la religion et l'amour sont les deux principales sources; et que l'esprit même ne saurait être entièrement captivé qu'à l'aide de cet art délicat, qui consiste à ne pas arrêter avec trop de fermeté les formes de certains objets, et à étendre sur quelques autres un voile qui les laisse entrevoir ou seulement soupçonner. Mais ils ne veulent pas d'un idéal qui n'ait aucun fondement réel, d'un vague qui ne soit qu'un pur néant, et d'un mystérieux sous lequel il n'y ait rien de caché. Parce que l'esprit se plaît à deviner, faut-il lui donner des énigmes sans mots ? Parce que l'âme se plaît à rêver, faut-il que les vers, pareils aux ruisseaux dont le murmure produit et entretient la rêverie, soient privés de sens, et ne rendent qu'un doux bruit? Parce que l'imagination aime à achever les tableaux qu'on lui présente, faut-il que des descriptions poétiques ressemblent à ces figures indécises et changeantes que les nuages offrent à nos yeux? Que dirait-on d'un peintre qui, retranchant de ses paysages les premiers plans où tout doit être distinct, les réduirait à ces lointains où tout est vaporeux, confus et indéterminé?

Résumons-nous. Le romantisme ne tente pas, du moins quant à présent, de renverser les lois qui régissent notre théâtre; il ne fait pas découler la littérature en général d'un nouveau principe, ne l'établit pas sur de nouveaux fondements, et ne lui donne pas de nouveaux moyens pour une fin nouvelle; il ne l'a pas enrichie d'un genre ignoré jusqu'à lui; et, dans les genres connus, il n'a introduit aucun changement qui en altère la forme, encore moins l'essence. Seulement, il s'attribue en propre ce qui est du domaine commun de l'esprit, et s'imagine avoir découvert ce qu'il n'a fait qu'exagérer ou corrompre. Le romantisme n'est donc rien comme système de composition littéraire; ou plutôt le romantisme n'existe pas, n'a pas une vie réelle. C'est un fantôme qui s'évanouit du moment qu'on en approche et qu'on essaie de le toucher. Cette illusion qui séduit les uns et qui épouvante les autres a pourtant une cause. Des vapeurs, au moins, ont formé ce météore qui semble grandir et s'avancer vers nous. Ces vapeurs sont le délire de quelques orgueils adolescents, le vertige de quelques coteries enthousiastes, les sophismes de quelques esprits faux et peut-être aussi les alarmes de quelques esprits timides, trop peu confiants dans la raison et le goût de notre nation. Que voyons-nous aujourd'hui, que l'on n'ait pas déjà vu dix fois paraître et disparaître ? Tel est le sort d'une littérature arrivée au terme de son entier développement. Les genres ont été reconnus et fixés ; on ne peut en changer la nature, ni en augmenter le nombre : on les confond, on les accouple monstrueusement, et l'on croit en avoir créé de nouveaux. Tantôt guidés par d'illustres devanciers, tantôt dirigés par un heureux instinct, nos grands écrivains ont, en chaque genre, ouvert ou suivi le chemin qui conduit à la perfection ; marcher sur leurs traces, ce serait affronter sans gloire le danger de ne pas les atteindre : on croit y échapper, en essayant de se frayer des routes nouvelles : louable ambition, si elle pouvait être couronnée du succès ; témérité malheureuse, lorsqu'il n'y a qu'une bonne route hors de laquelle tout est sentiers perdus ou précipices inévitables. Si l'audace manque pour tenter de si périlleux essais, on se borne à dénaturer tous les caractères de la pensée, à exagérer tous les moyens de la parole. Le sublime se perd dans les nues, et devient de l'incompréhensible. La simplicité rampe sur la terre, et devient de la bassesse ou de la platitude. La sensibilité se change tantôt en une exaltation fébrile, tantôt en une langueur vaporeuse et visionnaire. L'originalité elle-même, don précieux et rare, n'est plus qu'une recette vulgaire, mais sûre, qui consiste à n'écrire comme personne, ce que personne n'a jamais pensé. Pour y parvenir, on se crée des procédés, des artifices particuliers de diction, qui ont le double mérite d'outrager la grammaire et la raison. On fait des expressions trouvées avec des barbarismes, des tours nouveaux avec des solécismes, et des idées neuves avec des termes impropres. Certains mots, bizarrement figurés ou violemment détournés de leur acception ordinaire, véritables tics de langage, sont reproduits à tout propos, hors de propos surtout, et marquent d'un sceau ridicule les productions de la nouvelle école. La poésie n'est pas seule infectée de tous ces vices de la pensée et du style. La prose elle-même, cette langue du besoin et de la vérité n'en est pas long-temps exempte. On la tourmente, on la force, on la dénature, on la fait dégénérer en un jargon métis, qui perd ses graces naturelles sous les lambeaux d'une parure empruntée. Voilà les travers, les écarts où, parmi nous, d'époque en époque, de jeunes écrivains ont été entraînés par un désir mal réglé de produire de l'effet, et aussi, redisons-le pour leur justification, par un généreux amour de la célébrité, joint au désespoir modeste d'égaler leurs prédécesseurs, en les imitant. Notre nation, grace à l'excellence de ses qualités naturelles et acquises, a toujours fait bonne et prompte justice de ces entreprises téméraires. Son esprit, aussi judicieux que vif, ne peut être long-temps dupe de ce qui n'est pas fondé sur la raison et avoué par le goût ; et l'heureux génie de sa langue, qui a mérité qu'on dît, *Ce qui n'est pas clair n'est pas français*, ne tarde jamais à repousser l'obscurité ambitieuse, l'impropriété affectée et l'orgueilleuse incorrection.

L'honneur que j'ai de parler au nom de l'Académie-Française, et, j'oserai le dire, le soin de ma propre considération, éloignaient de moi tout désir de donner à ce discours un caractère d'application directe et particulière, qui pût affliger des personnes, en désignant des écrits. Je n'ai vu que les dangers de la littérature. Je les ai dits, je l'espère au moins, sans exagération, comme sans timidité. Du reste, quel Français, ami des lettres et de la gloire de son pays, ne s'empresserait de reconnaître que, parmi nos jeunes écrivains, parmi ceux-là mêmes que l'indiscrétion d'autrui ou leur propre faiblesse a, si je puis parler ainsi, affublés d'un sobriquet étranger, il en est plusieurs qui ont donné des preuves du talent le plus élevé, le plus brillant et le plus varié ? Il en est quelques autres encore qui sont dignes de marcher à leur suite, et à qui, pour se placer au premier rang, il ne manque que de se défier davantage des séductions de la flatterie, des suggestions de l'amour-propre et des illusions d'un triomphe de coterie. Si je pouvais me croire le droit de leur adresser quelques avis, je leur dirais : Laissez enfin pour morts ces héros de la Grèce et de Rome, que nos poignards tragiques ont épuisés de sang ; faites revivre les personnages des âges chrétiens et chevaleresques : mais gardez-vous d'appliquer à ces sujets d'un temps barbare, les règles d'une poétique plus barbare encore, et n'imitez pas ce peintre de nos jours ; qui voudrait représenter les princes et les guerriers du Xe siècle, dans le style gothique des vitraux de leurs chapelles, ou des marbres de leurs tombeaux. Abjurez, il vous est permis, les dieux de l'antique Olympe ; nous convenons avec vous que l'Aurore est bien vieille, et Flore bien fanée ; qu'il y a bien long-temps que Vénus est la déesse de la beauté, et que son fils est un enfant : mais songez que le merveilleux du Christianisme est d'un emploi difficile et périlleux ; qu'il est toujours tout près d'offenser la sévérité du dogme ou celle du goût ; tout près, en un mot, d'être hétérodoxe ou ridicule. Faites apparaître les fées, les nécromants, les sylphes ; ces fictions, qui ne sont pas nouvelles pour nous, puisque les récits de Perrault en ont bercé notre enfance, peuvent avoir de la grace et amuser l'imagination : mais ne prodiguez pas les revenants, les larves, les lamies, les lémures, les vampires, grossières créations de l'ignorance et de la peur. Soyez religieux et graves dans vos écrits ; mais ne soyez pas éternellement tristes ; rappelez-vous que dans les livres sacrés, tout n'est pas du ton des lamentations de Jérémie, ou des plaintes de Job, et qu'on y trouve aussi des hymnes de bonheur ou des cantiques d'allégresse. Célébrez la religion, chantez aussi l'amour ; mais ne mêlez pas indiscrètement les mystères de la foi et ceux de la volupté, les saints ravissements de l'âme et les profanes extases des sens. Peignez la nature avec vérité, mais avec choix, et sans marquer minutieusement ses moindres traits, comme cet artiste sans génie, qui trouve avec raison plus facile de tromper l'œil que de le charmer. Peignez sur-tout le cœur humain, mais sans recherche et sans exagération : c'est un abyme, dit-on; portez-y la lumière, au lieu d'en épaissir les ténèbres; soyez-en les observateurs, les historiens, les romanciers : mais n'en soyez pas les Lycophrons et les Sphinx. Ayez horreur de cette littérature de Cannibales, qui se repaît de lambeaux de chair humaine, et s'abreuve du sang des femmes et des enfants; elle ferait calomnier votre cœur, sans donner une meilleure idée de votre esprit. Ayez horreur, avant tout, de cette poésie misanthropique, ou plutôt infernale, qui semble avoir reçu sa mission de Satan même pour pousser au crime, en le montrant toujours sublime et triomphant; pour dégoûter ou décourager de la vertu, en la peignant toujours faible, pusillanime et opprimée. Quoique vous écriviez, enfin, respectez cette langue qui a suffi à l'expression de toutes les pensées et de tous les sentiments, et qu'on ne viole jamais que par l'impuissance de la bien employer. Évitez tous ces excès, toutes ces fautes; donnez carrière à votre génie, mais en lui laissant le frein salutaire des règles, et la Littérature française, sans renoncer à donner des lois à l'Europe civilisée, pour aller prendre des leçons des Bructères et des Sicambres;

sans abandonner son climat doux et varié, pour
s'enfoncer dans l'atmosphère brumeuse de la Grande-
Bretagne ou de la Germanie, pourra voir encore
de beaux jours se lever sur elle, et de nouvelles
merveilles grossir l'inestimable trésor des ses chefs-
d'œuvres.

Auger, Discours sur le Romantisme,
prononcé dans la séance annuelle
du 24 avril 1824.

Même sujet.

ÉPÎTRE AUX MUSES SUR LES ROMANTIQUES.

Allons, Muses, debout; faisons du romantique;
Extravaguons ensemble, et narguons la critique!
Livrons-nous sans réserve aux élans vagabonds
De ce feu créateur qu'en ses gouffres profonds
D'un cœur impétueux nourrit l'indépendance.
Mon vigoureux génie, enfant de la licence,
S'indigne des liens qu'au langage des dieux
Imposa trop long-temps un goût impérieux.
Que la raison, fuyant aux accords de ma lyre,
De mes sens emportés respecte le délire!
Ma pensée est captive en ce vaste univers :
Lançons-nous dans le vague; et qu'au bruit de mes vers,
Jaillissent au hasard sur la terre éblouie
Des torrents de lumière et des flots d'harmonie.

Quoi! vous me regardez! et vos yeux secs et froids
Semblent me demander si je parle iroquois!
Vous ne comprenez pas ces figures sublimes!
Nos grands auteurs pour vous sont donc des anonymes.
A douze éditions leurs vers sont parvenus,
Et leurs noms immortels ne vous sont pas connus?

ROMANTISME. 343

Dormez-vous sur le Pinde? Et faut-il que j'explique
Ce qu'on nomme aujourd'hui le genre romantique?
Vous m'embarrassez fort; car je dois convenir
Que les plus grands fauteurs n'ont pu le définir :
Depuis quinze ou vingt-ans que la France l'admire,
On ne sait ce qu'il est, ni ce qu'il veut nous dire.
Stael, Morgan et Schlegel.... Ne vous effrayez pas,
Muses, ce sont des noms fameux dans nos climats,
Chefs de la propagande, ardents missionnaires,
Parlant le romantique et prêchant les mystères.
Il n'est pas un Anglais, un Suisse, un Allemand,
Qui n'éprouve en leurs noms un saint frémissement.
Quand on sait l'esclavon, l'on comprend leur système;
Et s'ils étaient d'accord je l'entendrais moi-même;
Mais un adepte enfin m'ayant endoctriné,
Je vais dire à-peu-près ce que j'ai deviné.

C'est une vérité qui n'est point la nature;
Un art qui n'est point l'art, de grands mots sans enflure;
C'est la mélancolie et la mysticité;
C'est l'affectation de la naïveté;
C'est un monde idéal qu'on voit dans les nuages :
Tout, jusqu'au sentiment, n'y parle qu'en images.
C'est la voix du désert ou la voix du torrent,
Ou le roi des tilleuls, ou le fantôme errant
Qui, le soir, au vallon, vient siffler ou se plaindre;
Des figures enfin qu'un pinceau ne peut peindre;
C'est un je ne sais quoi dont on est transporté;
Et moins on le comprend, plus on est enchanté.

J'en ai fait l'autre jour une épreuve cruelle.
J'étais dans un salon, dont la dame, encore belle,
Depuis dix ou trente ans tient un bureau d'esprit,
Et fait de nos auteurs la gloire ou le crédit.

Un essaim de beautés, réfléchi par vingt glaces,
Étalait à l'envi ses attraits et ses graces;
De leurs riches atours les yeux étaient charmés.
Le cercle était brillant et des plus renommés :
Un auteur romantique en faisait les délices.
C'était un beau jeune homme, une tête à caprices;
Sont front à demi chauve, et le désordre heureux
Où tout l'art d'Hippolyte avait mis ses cheveux,
Son cou penché, son air tendre et mélancolique,
Les yeux à peine ouverts, et son regard oblique,
Tout en lui décelait une peine de cœur,
Que de son teint fleuri démentait la fraîcheur.
En Talma tout-à-coup mon homme se dessine;
Et, s'arrachant les vers du fond de la poitrine,
Sa languissante voix, en accents douloureux,
Psalmodie un poème en l'honneur de nos preux.
C'était un feu roulant d'énigmes, d'hyperboles;
Je cherchai vainement le sens de ses paroles;
Et crus que mes voisins allaient être indignés
Des bulles de savon qu'il leur jetait au nez.
Ce furent des bravos, des transports, des extases;
La beauté se pâmait en répétant ses phrases;
Et quand il eut fini de les faire claquer,
Aucun des auditeurs ne sut les expliquer.
Je ne sais, disaient-ils; mais quels vers! quelles rimes!
Tout est beau, tout est grand; tous ses mots sont sublimes;
C'est là du romantique; il est charmant, divin!
Cet auteur doit prétendre au plus noble destin.
Je voulus sur un vers essayer ma critique;
Je fus apostrophé du surnom de classique,
Et, de cette hérésie atteint et convaincu,
Sous ce nom flétrissant je restai confondu.

   Ne me citez donc plus Voltaire ni Racine,

ROMANTISME.

Ils n'avaient point reçu l'influence divine!
Ils parlaient comme on parle, et leur style, bien net,
Peignait le cœur humain comme Dieu l'avait fait.
Cette erreur a fini, comme leur renommée.
Leur immortalité vient d'être supprimée ;
Et c'est de Lilliput que l'arrêt est daté.
Il faut voir de quel air Despréaux est traité!
Ce rimeur, se traînant dans l'ornière d'Horace,
Prétendait à son tour régenter le Parnasse,
Aux lois du sens commun soumettre l'art des vers,
Limiter le génie et lui donner des fers.
Le romantique est libre, et se moque des règles.
Les chaînes, les barreaux sont-ils fait pour ses aigles?
C'était bon pour Racine et tous les beaux esprits,
Que l'hôtel Rambouillet a justement flétris.
Aussi qu'a-t-il produit? *Andromaque*, *Athalie!*
Un style fatigant par sa monotomie ;
Point de verve, d'élan, rien qui vise à l'effet.
Voltaire s'est permis de le trouver parfait :
Hélas! qu'en savait-il, lui qui rimait à peine?
Les vers trop aisément s'échappaient de sa veine.
Le style de sa prose est trop simple et trop clair ;
Ses histoires d'ailleurs sont des contes en l'air.

Regnard fait rire encor la vile populace ;
Mais la plaisanterie est de mauvaise grace.
Jean-Jacques, trop diffus, manque de profondeur.
Fénelon est sans nerf, sans pompe, sans couleur ;
Corneille, que soutient une vieille énergie,
S'il n'était inégal n'aurait point de génie ;
Et Molière lui-même eût été reformé,
Si le Welche et l'Anglais ne l'avaient estimé.
De ces arrêts en vain notre raison murmure ;
Nous sommes les ultras de la littérature ;

Et, comme en tout pays les ultras sont des fous,
Dans Paris, sans façon, l'on se moque de nous.

Muses, à mes dépens je ne veux plus qu'on rie,
Et vous m'inspirerez suivant ma fantaisie.
Si vous dictez un vers qui ne sente l'effort,
Et qu'avant d'applaudir on comprenne d'abord,
Je le mets au rebut comme un vieil invalide.
Je veux du clair-obscur, du nébuleux limpide,
De ces mots qu'à Ronsard inspirait Apollon :
C'est le goût de mon siècle; et qui paie a raison.
Je veux que l'on m'achète et sur-tout qu'on m'admire;
De l'office au boudoir je veux me faire lire ;
J'entends que mon libraire élève mes écrits
A treize éditions, dussé-je en payer dix ;
Je prétends qu'à tout prix on me fasse une gloire ;
Que dans tous les journaux on chante ma victoire.
J'ai la marotte enfin d'aller à l'Institut :
Et, hors du romantisque, il n'est point de salut.

Suivez donc mes conseils, ou désertez l'Europe.
Je commence par toi, superbe Calliope,
Muse de l'épopée, et qui, jusqu'à ce jour
N'a trouvé qu'un Français digne de ton amour.
Console-toi; mon siècle aura plus d'un Homère ;
Nous sommes quinze ou vingt qui cherchons à te plaire.
Par mon pays ingrat fut envain adopté
L'arrêt que Malézieu contre nous a porté.
Avant que dix moissons dans nos champs soient coupées
Mon pays subira quinze ou vingt épopées.
J'en fais deux pour ma part, et quoique les journaux
N'aient point à l'univers annoncé mes travaux,
Que n'ayant point encor des prôneurs à ses gages,
Ma Minerve dans l'ombre ait tramé ces ouvrages,

Je veux au romantique en devoir le débit,
Et que tous mes rivaux en crèvent de dépit.
Ne m'inspire donc rien qui sente l'*Énéide*,
L'Homère, l'Arioste, ou le chantre d'Armide !
Le vieux goût les infecte; ils ont trop de raison :
Je ne veux imiter que le sombre Milton;
Milton seul est poète; un journal le déclare :
C'est en vain que Dryden l'a traité de barbare.
Voltaire vainement nous déclare vingt fois
Que, sur les douze chants, on peut en lire trois;
Que le reste est absurde et plein d'extravagances,
Grossier, bizarre, obscur, chargé d'invraisemblances;
C'est par-là qu'il nous plaît : l'ombre sert aux tableaux;
Verrait-on ses beautés, s'il n'avait des défauts?
C'est en extravagant qu'on est vraiment épique,
Et moins on a de goût, plus on est romantique.

Pour toi, douce Erato, si tu tiens à Parny,
Si Dufrénoy te plaît, ton empire est fini.
Des sentiments du cœur ne sois plus l'interprète,
La sensibilité n'est plus que dans la tête.
Le siècle n'est pas tendre, il n'est que vaporeux;
Quand on est romantique, on n'est point amoureux.
Au pied des vieux châteaux et des vieux monastères,
Chante en vers ampoulés des maux imaginaires,
Fais soupirer les bois, les rochers et les fleurs,
Mais ne soupire pas, si tu veux des lecteurs.

Laisse pleurer Thalie; on lui défend de rire ;
De nos mœurs trop long-temps elle a fait la satire :
Elle frondait le vice, et croyait bonnement,
Que les sots étaient faits pour son amusement.
Quelque puissant du jour pourrait s'y reconnaître;
Le public en rirait : cela ne doit pas être.

Mais Thalie, à son gré, prendra ses libertés
Dans le cercle amusant de nos infirmités :
Qu'un aveugle, un boiteux, un sourd, un cul-de-jatte,
Un héros, dont le cou se perd sous l'omoplate,
Dans un drame bien noir s'introduise à propos,
Le parterre attendri poussera des sanglots.
Peut-être direz-vous qu'en adoptant les larmes,
La joyeuse Thalie a perdu tous ses charmes ;
Qu'autrefois chaque muse avait son genre à part ;
C'est ainsi que pensaient et Molière et Regnard ;
Mais notre romantisme a brisé ces barrières,
Confondu tous les goûts, les styles, les manières.
Nos comiques du jour veulent toucher le cœur ;
La Chaussée, auprès d'eux, était un vrai farceur :
Et, si le goût anglais envahit notre scène,
Nous irons quelque jour rire avec Melpomène.

Shakspeare est dans ce genre un modèle sans prix :
Quelle variété règne dans ses écrits !
C'est tour à tour Sophocle, et Térence, et Paillasse ;
Nul ne fait mieux que lui parler la populace,
Ne passe avec plus d'art du sublime au bouffon.
Rien n'est plus amusant que l'Eschyle breton.
Il nous porte à son gré du Tibre à la Tamise,
Du Nil au Capitole, et de Chypre à Venise,
Mêle aux discours des rois les lazzis des manants,
Confond les savetiers avec les conquérants ;
Et des trois unités méprisant l'hérésie,
Mettrait le monde entier dans une tragédie.

L'Allemagne est encore un sol miraculeux ;
Son théâtre est fertile en auteurs nébuleux.
Un classique rira de leur style emphatique,
Et du fatras pompeux de leur métaphysique.

ROMANTISME.

Peut-être dira-t-il qu'aux plus mâles beautés,
Ils mêlent de pathos et des absurdités ;
Que l'amour dans leurs vers est un dévergondage ;
Que chez eux les héros font du marivaudage :
Eux seuls sur le théâtre ont porté la terreur ;
Qui n'a point lu Schiller, ne connaît point l'horreur.
Du tragique bourgeois il est le vrai modèle ;
De sa plume de fer le vitriol ruisselle ;
S'il n'agit sur les cœurs, il agit sur les nerfs,
C'est un vrai cauchemar qu'on a, les yeux ouverts ;
Il suffoque, et malheur aux petites maîtresses
Qui voudraient sans éther assister à ses pièces.

Mais si parmi les Goths, les Pictes, les Teutons,
Nos rimeurs aujourd'hui vont prendre des leçons,
Que nos historiens n'en suivent point la trace,
Et des Anglais sur-tout n'imitent point l'audace.
Avec trop d'équité jugeant les souverains,
D'un œil trop philosophe ils ont vu les humains ;
Avec trop de raison leur histoire est écrite ;
Ils suivent de trop près Tite-Live et Tacite.
Nous faisons beaucoup mieux, et, malgré les jaloux,
La prose romantique a surgi parmi nous.
En vain de ses écrits Walter Scott nous inonde ;
Nous divaguions en prose avant qu'il fût au monde.
Le style romantique a, dès le consulat,
Ouvert l'Académie et le Conseil-d'État.
On en fit des sermons et des réquisitoires ;
On en fit des romans, on en fit des histoires ;
Et la gauche et la droite, adoptant ce jargon ;
En font à la tribune au nez de Cicéron.

Je ne veux point ici blesser la modestie
Des prosateurs fameux qu'admire ma patrie ;

Mais je louerai leur style et leurs descriptions,
La grace et la clarté de leurs inversions,
Le fracas de leurs mots, et ces phrases sublimes
Qui, pour être des vers, n'ont besoin que de rimes :
Un Boileau n'y verrait que du bruit, du clinquant ;
Mais tout, jusqu'à leurs points.... m'en paraît éloquent.

Vous me direz en vain que ce genre est bizarre,
Qu'il infecte Paris d'une école barbare ;
Que, le maître excepté, ces nouveaux Lycophrons
Devraient tenir séance aux petites maisons ;
Que, ne pouvant du maître imiter le génie,
A défaut de sa verve, ils ont pris sa manie ;
Que pour être immortel il faut du sens commun,
Et que les temps futurs n'en connaîtront pas un.
Que nous fait l'avenir, si nous vivons célèbres ;
Si le siècle applaudit nos œuvres de ténèbres ;
Si nos contemporains, sur la foi des journaux,
Nous prennent bêtement pour des soleils nouveaux ;
Si, courbés sous le poids des honneurs littéraires,
Nous voyons, l'or en main, accourir les libraires ;
Si, grace à nos patrons, la cassette du roi
Nous paie en bons louis nos vers de faux aloi !
Irai-je démentir et la cour et la ville,
Traiter tout un public de dupe et d'imbécille ?
J'aime mieux, me moquant de la postérité,
Escompter en lingots mon immortalité.
L'argent et les honneurs valent mieux que la gloire ;
Il faut soigner sa vie, et non pas sa mémoire.
Que m'importe, après tout, que mon pays ait tort !
Qu'ai-je faire d'un nom cent ans après ma mort ?
Que me sert d'enrichir l'éditeur de mes œuvres,
Si j'ai toute ma vie avalé des couleuvres ?
Redresse, qui voudra, les erreurs des mortels !

Je cède au vent qui souffle, et comme tels et tels,
J'aime mieux être enfin un seigneur en nature,
Un Chapelain vivant, qu'un Homère en peinture.
Viennet.

RONSARD (Pierre de), poète français, naquit au château de la Poissonnière, dans le Vendômois, en 1524. Il ne montra pas de bonne heure du goût pour la poésie et les sciences ; il quitta le collège de Navarre, où il avait été placé, devint page du duc d'Orléans, et le quitta pour entrer au service de Jacques Stuart, roi d'Ecosse, qu'il suivit dans ses états. De retour en France, après un séjour de plus de deux ans dans ce royaume, il fut envoyé par le duc d'Orléans à la diète de Spire, pour accompagner Lazare Baïf. Ce savant lui inspira alors le goût des belles-lettres ; la santé du jeune Ronsard s'affaiblissait, il était devenu sourd, et il s'adonna entièrement à la poésie. Ce ne fut pas en vain ; il fut bientôt proclamé le *prince des poètes*. Désigné pour le grand prix des Jeux-Floraux, les Toulousains trouvèrent la récompense insuffisante pour un tel homme, on lui offrit une Minerve d'argent massif d'un prix considérable, et un décret fut rendu qui déclarait Ronsard le *poète français par excellence*. La faveur des princes n'avait pas attendu celle du public, et ne resta pas en arrière ; Henri II, François II, Charles IX, Henri III, comblèrent notre poète d'honneurs et de bienfaits ; et la reine d'Ecosse, l'infortunée Marie Stuart, qui se rappelait l'avoir vu à sa cour, lui envoya un buffet fort riche, où sur un vase en forme de rosier on voyait Pégase aux sommet du Parnasse, avec cette inscription :

A RONSARD, L'APOLLON DE LA SOURCE DES MUSES.

Doit-on s'étonner que de telles distinctions aient donné un peu de vanité à notre poète?

Il était d'une faible constitution, et, dès sa cinquantième année, la goutte et d'autres infirmités de la vieillesse, l'obligèrent à se retirer dans un de ses prieurés, à Saint-Cosme, près de la ville de Tours, où il mourut le 27 décembre 1585, âgé d'environ soixante ans. Malgré ses souffrances habituelles, il était très gai, et sa bonne humeur le suivit jusqu'au tombeau ; les derniers instants de sa vie furent employés à dicter quelques vers à ceux de ses amis qui étaient auprès de lui.

Honoré pendant sa vie ; à sa mort il le fut peut-être encore davantage; un service fut célébré à Paris en son honneur, et l'on y vit les princes du sang, une députation du parlement et la musique de la maison du roi. L'affluence fut telle, que le prédicateur ne put arriver à la chaire, et prononça d'un perron l'éloge funèbre du poète. Ce ne fut pas le seul que l'on composa en son honneur, le même jour on en vit paraître un très grand nombre, et tous l'élevaient au premier rang des poètes; on allait jusqu'à dire qu'en le faisant naître le jour de la bataille de Pavie, la nature avait sans doute voulu consoler la France.

Et un siècle après, Boileau disait dans son *Art poétique* :

Ronsard qui le (Marot) suivit, par une autre méthode,
Réglant tout, brouilla tout, fit un art à sa mode,
Et toutefois long-temps eut un heureux destin.
Mais sa muse, en français, parlant grec et latin,
Vit dans l'âge suivant, par un retour grotesque,
Tomber de ses grands mots le faste pédantesque.

Plus irrité peut-être encore, contre ce poète qui réellement avait emprunté sans goût, aux Latins et aux Grecs, des tournures que ne peut comporter notre idiome, le bon La Fontaine écrivait à Racine :

......Ronsard est dur, sans goût, sans choix,
Arrangeant mal ses mots, gâtant par son françois
Des Grecs et des Latins les graces infinies.
Nos aïeux, bonnes gens, lui laissaient tout passer,
Et d'érudition ne se pouvaient lasser.
Cet auteur a, dit-on, besoin d'un commentaire :
On voit bien qu'il a lu ; mais ce n'est pas l'affaire ;
Qu'il cache son savoir, et montre son esprit.

On voit combien était tombée vite la réputation de l'auteur de *La Franciade*, et c'est ce dernier jugement que la postérité a confirmé. Avec de la verve et du talent, mais aussi sans jugement et sans goût, Ronsard a fait des ouvrages qui aujourd'hui ne sont lus que des curieux.

Il publia lui-même une édition de ses *OEuvres*, en 1567, 4 vol. in-4°; Jean Galland en donna une nouvelle en 1604, 10 vol. in-12, et c'est d'après celle-ci qu'ont été faites celles de 1609 et 1623,

2 vol. in-fol. On y trouve des *Sonnets*, des *Hymnes*, des *Odes*, des *Élégies*, des *Églogues*, etc., et le poème de *La Franciade* en quatre chants et en vers de dix syllabes.

JUGEMENTS.

I.

Les premiers qui essayèrent de faire prendre à la poésie un ton plus noble, et d'y transporter quelques-unes des beautés qu'ils avaient aperçues chez les Anciens, furent Du Bellay, et sur-tout Ronsard. Ce dernier est aussi décrié aujourd'hui qu'il fut admiré de son temps, et il y a de bonnes raisons pour l'un et pour l'autre. Si le plus grand de tous les défauts est de ne pouvoir pas être lu, quel reproche peut-on nous faire d'avoir oublié les vers de Ronsard, tandis que les amateurs savent par cœur plusieurs morceaux de Marot, et même de Saint-Gelais, qui écrivaient tous deux trente ans avant lui? C'est qu'en effet il n'a pas quatre vers de suite qui puissent être retenus, grace à l'étrangeté de sa diction (s'il est permis de se servir de ce mot nécessaire, et que l'exemple de plusieurs grands écrivains de nos jours devrait avoir déjà consacré). Cependant Ronsard était né avec du talent; et il a de la verve poétique : mais ceux qui, en lui refusant le jugement et le goût, vont jusqu'à lui trouver du génie, me semblent abuser beaucoup de ce mot, qui ne peut aujourd'hui signifier qu'une grande force de talent. Certainement elle ne peut pas consister à calquer servilement les formes du grec et du latin sur un idiome qui les repousse. Ce n'est pas non plus par les idées qu'il peut être grand; elles sont ordinairement chez lui communes ou ampoulées: ni par l'invention; rien n'est plus froid que son poème de *La Franciade.* Ce qui séduisit ses contemporains, c'est que son style étale une pompe inconnue avant lui; quoique étrangère à la langue qu'il parlait, et plus faite pour la défigurer que pour l'enrichir, elle éblouit parce qu'elle était nouvelle, et de plus, parce qu'elle ressemblait au grec et au latin, dont l'érudition avait établi le règne, et qui étaient alors généralement ce qu'on admirait le plus.

Ajoutons, pour excuser Ronsard, et ceux qui l'admiraient, et ceux qui le suivirent, que le genre noble est sans nulle comparaison le plus difficile de tous; et, si ce principe avoué par tous les bons esprits avait besoin d'une nouvelle preuve, nous la trouverions dans ce qui est arrivé à la langue française. Avant d'être formée, elle compta de bonne heure des écrivains qui surent donner à sa simplicité inculte les graces de la naïveté et de la gaieté; mais, quand il fallut s'élever au style soutenu, au style des grands sujets, tous les efforts furent malheureux jusqu'à Malherbe, et pourtant ne furent pas méprisables: car il y avait quelque gloire à tenter ce qui était si difficile, et à faire au moins quelques pas hasardés avant que la route pût être frayée. Alors la véritable force, le vrai génie aurait été de sentir quel caractère, quelles constructions, quels procédés, pouvaient convenir à notre langue, la débarrasser des inversions qui ne lui sont pas naturelles, vu le défaut de déclinaisons et de conjugaisons proprement dites, et l'attirail d'auxiliaires et d'articles qu'elle traîne avec elle ; purger la poésie des *hiatus* qui offensent l'oreille ; mélanger régulièrement les rimes féminines et masculines, dont l'effet est si sensible. Voilà ce que fit Malherbe, qui eut vraiment du génie, et qui créa sa langue, et ce que ne fit pas Ronsard, qui n'avait qu'un talent informe et brut, et qui gâta la sienne.

Il faut étudier ses ouvrages pour y trouver le mérite que je lui ai reconnu malgré tous ses défauts, et pour y distinguer quelques beautés d'harmonie et d'expression qui s'y rencontrent au milieu de son enflure barbare. Le système de sa versification n'est pas difficile à saisir. On voit clairement qu'il veut mouler les vers français sur le grec et le latin ; qu'il a senti l'effet des césures variées et des épithètes pittoresques : il les prodigue maladroitement : c'est en général une caricature lourde et grossière. Mais pourtant il a quelques traits heureux, et dont on a pu profiter ; car, à cette époque, comme je l'ai déjà dit, celui qui se trompe souvent, et qui rencontre quelquefois, ne laisse pas d'être utile. C'est une épreuve où l'art doit absolument passer, et ce n'est pas en ce genre que les sottises des pères, suivant l'expression connue de Fontenelle, sont perdues pour les enfants. Sans doute il y a peu d'art et de mérite à franciser arbitrairement une foule de mots latins ou à latiniser des mots français pour les accumuler en épithètes ; à mettre ensemble les cornes *rameuses*, les sources *ondeuses*; à faire rimer à *cieux* un esprit qui n'est point *otieux*; à parler de baiser *colombins*, *turturins* (et je ne cite que ses inventions les moins bizarres); mais on peut le louer d'avoir osé quelquefois avec plus de bonheur, d'avoir trouvé des constructions poétiques, des césures qui varient le nombre du vers alexandrin; par exemple, dans cet endroit où il dit, en parlant de la fortune :

Elle allaite un chacun d'espérance, — et pourtant
Sans être contenté, chacun s'en va content.

L'antithèse du second vers, quoique assez ingénieuse, n'est qu'une espèce de jeu de mots. Un *chacun* n'est pas du style noble, et le premier hémistiche offre à l'oreille un son équivoque. Mais ce mot d'*espérance*, formant la césure au cinquième pied, coupe le vers de manière à produire une suspension qui a un effet analogue à l'idée de l'espérance. Ronsard a connu aussi l'usage des phrases d'apposition et d'interposition, autre espèce de variété dans le rhythme. Il dit en parlant du siècle d'or :

Les champs n'étaient bornés, et la terre commune,
Sans semer ni planter, — bonne mère, — apportait
Le fruit qui de soi-même heureusement sortait.

Bonne mère, placé là par interposition, est d'un effet agréable,

L'ambition, l'erreur, la guerre et le discord,
Par les peuples courant, — images de la mort...

Le premier hémistiche du second vers est plat :

mais cette apposition, *images de la Mort,* le termine noblement.

Ce n'est pas la peine de redire jusqu'où l'a égaré la manie d'introduire dans notre langue les mots combinés ; la toux, *rouge-poumon* ; le gosier, *mâche-laurier ;* Castor, *dompte-poulain,* et mille autres ; ni l'abus qu'il a fait des figures : il est tel, que l'on a oublié qu'il s'en sert de temps en temps avec une hardiesse poétique que l'on ne connaissait pas avant lui.

Oisives dans les champs, se rouillaient les charrues.

Ce vers est beau, et l'on a remarqué sans doute les *charrues oisives* : c'est là vraiment de la poésie.

Mais, en donnant quelque idée de l'expression et du nombre qui conviennent au vers héroïque et à la versification soutenue, il a donné tant d'exemples vicieux, qu'il aurait fait un mal irréparable, si ses succès avaient été moins passagers. Son affectation presque continuelle d'enjamber d'un vers à l'autre est essentiellement contraire au caractère de nos grands vers. Notre hexamètre, naturellement majestueux, doit se reposer sur lui-même ; il perd toute sa noblesse, si on le fait marcher par sauts et par bonds : si la fin d'un vers se rejoint souvent au commencement de l'autre, l'effet de la rime disparaît, et l'on sait qu'elle est essentielle à notre rhythme poétique. Il est vrai que par lui-même il est voisin de l'uniformité : mais aussi le grand art est de varier la mesure sans la détruire, et de couper le vers sans le briser. Le moyen qu'ont employé nos bons poètes, c'est de placer de temps en temps des césures ou des repos à différentes places, en sorte qu'un vers ne ressemble pas à l'autre; de ne pas toujours procéder par distiques, et de finir quelquefois le sens en faisant attendre la rime, comme dans cet endroit de Racine :

Il faut des châtiments dont l'univers frémisse ;
Qu'on tremble — en comparant l'offense et le supplice ;
Que les peuples entiers dans le sang soient noyés. —
Je veux qu'on dise un jour aux siècles effrayés :
Il fut des Juifs. —

Et ailleurs :

Je l'ai trouvé couvert d'une affreuse poussière,
Revêtu de lambeaux, tout pâle ; — mais son œil
Conservait sous la cendre encor le même orgueil.

Tous ces vers sont d'une coupe différente, et la césure est toujours placée avec une intention relative au sens. La césure est différente de l'hémistiche, en ce qu'elle se place où l'on veut; mais l'hémistiche exprime essentiellement la moitié d'un vers divisé en deux parties égales. On peut aussi en varier l'effet, suivant les diverses structures de la phrase, arrêtée sur l'hémistiche d'une manière plus ou moins distincte : c'est ce que nous enseigne Voltaire dans ces vers, qui sont à la fois une leçon et un modèle :

Observez l'hémistiche — et redoutez l'ennui
Qu'un repos uniforme attache auprès de lui.
Que votre phrase heureuse — et clairement rendue
Soit tantôt terminée — et tantôt suspendue.

mais cette apposition, *images de la Mort*, le termine noblement.

Ce n'est pas la peine de redire jusqu'où l'a égaré la manie d'introduire dans notre langue les mots combinés ; la toux, *rouge-poumon* ; le gosier, *mâche-laurier* ; Castor, *dompte-poulain*, et mille autres ; ni l'abus qu'il a fait des figures : il est tel, que l'on a oublié qu'il s'en sert de temps en temps avec une hardiesse poétique que l'on ne connaissait pas avant lui.

Oisives dans les champs, se rouillaient les charrues.

Ce vers est beau, et l'on a remarqué sans doute les *charrues oisives* : c'est là vraiment de la poésie.

Mais, en donnant quelque idée de l'expression et du nombre qui conviennent au vers héroïque et à la versification soutenue, il a donné tant d'exemples vicieux, qu'il aurait fait un mal irréparable, si ses succès avaient été moins passagers. Son affectation presque continuelle d'enjamber d'un vers à l'autre est essentiellement contraire au caractère de nos grands vers. Notre hexamètre, naturellement majestueux, doit se reposer sur lui-même ; il perd toute sa noblesse, si on le fait marcher par sauts et par bonds : si la fin d'un vers se rejoint souvent au commencement de l'autre, l'effet de la rime disparaît, et l'on sait qu'elle est essentielle à notre rhythme poétique. Il est vrai que par lui-même il est voisin de l'uniformité : mais aussi le grand art est de varier la mesure sans la détruire, et de couper le vers sans le briser. Le moyen qu'ont employé fait du bruit un moment ne l'attestaient pas, que Ronsard ait été sur le point de redevenir le législateur de notre poésie après les Racine et les Boileau, et qu'on ait presque érigé en système l'ignorance la plus honteuse du rhythme de notre versification? Il est de l'intérêt des lettres et du goût de rappeler de temps en temps ces exemples, qui font voir de quels travers est capable l'impuissance orgueilleuse, qui, ne pouvant pas même innover en extravagance, croit se relever en renouvelant de vieilles erreurs et rajeunissant de vieux abus. Et de quel point est-on parti pour en venir là? Nos grands écrivains avaient fait de la langue et de la versification ce qu'il est possible d'en faire; et l'ambition du talent doit être de produire des beautés nouvelles par les mêmes moyens, reconnus les seuls bons, les seuls praticables. Cela est difficile, il est vrai : on a donc pris un autre parti; on a abusé d'un aveu qu'ils avaient fait de l'infériorité de ses moyens comparés à ceux des langues anciennes; mais, loin de reconnaître avec eux qu'il faut se servir de son instrument quel qu'il soit, et non pas le dénaturer, on a trouvé plus court de dire qu'ils n'y entendaient rien; que la langue de Racine et de Voltaire était *usée;* qu'il fallait *en créer une nouvelle;* que notre poésie, qui pourtant est assez vivante dans leurs ouvrages, *se mourait de timidité; qu'il n'y avait point de mot qu'on ne pût faire entrer dans la poésie noble,* et cent autres assertions aussi folles, répétées magistralement par des journalistes qui ont le privilège de nous enseigner tous les jours ce qu'ils n'ont jamais appris. L'exécution est venue à l'appui de cette belle théorie; et, sous prétexte d'égaler les Grecs et les Latins, on nous a fait une foule de vers qui ne sont pas français. On s'est mis à multiplier les enjambements, tels que ceux que vous venez d'entendre; à tourmenter, à hacher le vers de toutes les manières, à lui donner un air étranger en voulant le faire paraître neuf; à chercher les vieux mots, quand ceux qui sont en usage valaient mieux; à faire ce que n'eût pas osé Chapelain, un hémistiche entier d'un adverbe de six syllabes : et tout cet amas de prose brisée et martelée, de locutions barbares, de constructions forcées, s'est appelé, pendant quelque temps *du mouvement, de l'effet, de la variété, de la physionomie* : et ces sublimes découvertes du XVIIIe siècle n'étaient pas tout-à-fait renouvelées des Grecs, mais du siècle de Ronsard : heureusement elles ont passé aussi vite que lui.

On se rappelle qu'à l'exemple des Grecs, qui formèrent une *Pléiade* poétique de sept écrivains qui florissaient du temps de Ptolémée Philadelphe, on fit aussi une *Pléiade* française du temps de Ronsard. Ceux qui la composaient avec lui étaient Belleau, Baïf, Jodelle, Jean Dorat, Du Bellay, Pontus : Belleau et Baïf n'eurent guère que les défauts de Ronsard, sans avoir son mérite.

La Harpe, *Cours de Littérature*.

II.

Il ne suffit pas d'avoir du génie pour fixer une langue; Ronsard, dont le nom est presque un ridicule aujourd'hui, était un homme d'un très grand talent; peut-être même la nature avait-elle plus fait pour lui que pour Marot qui le précéda, et pour Malherbe qui le suivit : je crois du moins qu'il était né avec une imagination plus ardente, plus vive, plus riche, plus poétique. S'il avait vécu du temps de Pindare, ou du temps de Virgile, il eût peut-être été un grand poète grec ou un grand poète latin; mais il fit, pour débrouiller le chaos de la langue française, et reconnaître la nature de notre idiome, des efforts d'autant plus vains qu'ils étaient plus hardis; chacun de ses pas l'éloignait du but, hors de la véritable route; plus il s'avançait, plus il s'égarait. Les progrès de Marot, dans le genre familier, furent perdus pour lui *, parce que son génie l'entraînait vers un genre plus élevé : Malherbe, qui lui succéda, et qui était né avec un esprit non moins sublime, mais plus judicieux, rencontra ce qu'il avait inutilement cherché. Ainsi, dans la poésie la plus relevée comme dans la plus simple, dans l'ode,

* Ronsard et les autres ses contemporains, ont plus nui au style qu'ils ne lui ont servi. Ils l'ont retardé dans le chemin de la perfection ; ils l'ont exposé à la manquer pour toujours, et à n'y plus revenir. Il est étonnant que les ouvrages de Marot, si naturels et si faciles, n'aient pu faire de Ronsard, d'ailleurs plein de verve et d'enthousiasme, un plus grand poète que Ronsard et que Marot; et au contraire, que Belleau, Jodelle et Du Bartas aient été sitôt suivis d'un Racan et d'un Malherbe, et que notre langue, à peine corrompue, se soit vue réparée.

LA BRUYÈRE, *Caractères.*

La Bruyère ajoute dans le même chapitre : .... Ronsard et Balzac ont eu, chacun dans leur genre, assez de bon et de mauvais pour former après eux de très grands hommes en vers et en prose.

qui ne veut que des tours nobles et des expressions magnifiques, comme dans le conte, qui s'accommode des tournures les plus familières et des tours les plus communs, le vrai caractère de notre langue fut saisi et déterminé par deux hommes qui avaient peut-être moins de fécondité, d'invention que Ronsard, mais plus de jugement, de goût et de sagacité.

Dussault, Annales littéraires.

MORCEAUX CHOISIS *.

1. Institution pour l'adolescence de Charles IX.

Sire, ce n'est pas tout que d'être roi de France,
Il faut que la vertu honore votre enfance.
Un roi, sans la vertu, porte le sceptre en vain,
Qui ne lui sert sinon d'un fardeau dans la main.

On conte que Thétis, la femme de Pélée,
Après avoir la peau de son enfant brûlée,
Pour le rendre immortel, le prit en son giron,
Et de nuit l'emporta dans l'antre de Chiron,
Chiron, noble centaure, afin de lui apprendre
Les plus rares vertus, dès sa jeunesse tendre,
Et de science et d'art son Achille honorer.
Un roi, pour être grand, ne doit rien ignorer.

Il ne doit seulement savoir l'art de la guerre,
De garder les cités ou les ruer par terre ;
Car les princes mieux nés n'estiment leur vertu
Procéder ni de sang ni de glaive pointu,
Ni de harnais ferrés qui les peuples étonnent,
Mais par les beaux métiers que les Muses nous donnent.

---

* *Voyez* dans notre *Répertoire* la jolie pièce de Ronsard, citée par Marmontel, art. ANACRÉONTIQUE.

Quand les Muses, qui sont filles de Jupiter,
Dont les rois sont issus, les rois daignent chanter,
Elles les font marcher en toute révérence,
Loin de leur majesté, bannissant l'ignorance ;
Et leur sage leçon leur apprend à savoir
Juger de leurs sujets seulement à les voir.

Telle science sut le jeune prince Achille ;
Puis savant et vaillant fit trébucher Troïlle
Sur le chant phrygien, et fit mourir encor
Devant le mur troyen le magnanime Hector ;
Il tua Sarpédon, tua Penthésilée,
Et par lui la cité d'Ilion fut brûlée.

Connaissez l'honnête homme humblement revêtu,
Et discernez le vice imitant la vertu.
Puis sondez votre cœur pour en vertus accroître ;
Il faut, dit Apollon, soi-même se connoître ;
Celui qui se connaît est seul maître de soi,
Et sans avoir royaume il est vraiment un roi.

Commencez donc ainsi ; puis sitôt que par l'âge
Vous serez homme fait de corps et de courage,
Il faudra de vous-même apprendre à commander,
A ouïr vos sujets, les voir, et demander
Les connaître par nom et leur faire justice,
Honorer la vertu et corriger le vice.

Malheureux sont les rois qui fondent leur appui
Sur l'aide d'un commis, qui, par les yeux d'autrui,
Voyant l'état du peuple, entendent par l'oreille
D'un flatteur mensonger qui leur conte merveille.

Aussi, pour être roi, vous ne devez penser
Vouloir, comme un tyran, vos sujets offenser.
Ainsi que notre corps, votre corps est de bouc.
Des petits et des grands la fortune se joue.

Tous les regrets mondains se font et se défont,
Et, au gré de fortune, ils viennent et s'en vont,
Et ne durent non plus qu'une flamme allumée,
Qui soudain est éprise et soudain consumée.

Or, Sire, imitez Dieu, lequel vous a donné
Le sceptre, et vous a fait un grand roi couronné.
Faites miséricorde à celui qui supplie;
Punissez l'orgueilleux qui s'arme en sa folie;
Ne poussez, par faveur, un homme en dignité,
Mais choisissez celui qui l'aura mérité;
Ne baillez, pour argent, ni états ni offices;
Ne donnez au hasard les vacants bénéfices;
Ne souffrez près de vous ni flatteurs ni vanteurs.
Fuyez ces plaisants fous qui ne sont que menteurs,
Et n'endurez jamais que les langues légères
Médisent des seigneurs des terres étrangères.
Ne soyez point moqueur ni trop haut à la main,
Vous souvenant toujours que vous êtes humain;
Ayez autour de vous personnes vénérables,
Et les oyez parler volontiers à vos tables;
Soyez leur auditeur, comme fut votre aïeul,
Ce grand François qui vit encores au cercueil.

Ne souffrez que les grands blessent le populaire;
Ne souffrez que le peuple aux grands puisse déplaire;
Gouvernez votre argent par sagesse et raison:
Le prince qui ne peut gouverner sa maison,
Sa femme, ses enfants et son bien domestique,
Ne saurait gouverner une grand' république.

Pensez long-temps avant que faire aucuns édits:
Mais sitôt qu'ils seront devant le peuple dits,
Qu'ils soient pour tout jamais d'invincible puissance,
Autrement vos décrets sentiraient leur enfance.

Ne vous montrez jamais pompeusement vêtu :
L'habillement des rois est la seule vertu ;
Que votre corps reluise en vertus glorieuses,
Non par habits chargés de pierres précieuses.

Or, Sire, pour autant que nul n'a le pouvoir
De châtier les rois qui font mal leur devoir,
Punissez-vous vous-même, afin que la justice
De Dieu, qui est plus grand, vos fautes ne punisse.

Je dis ce puissant Dieu, dont l'empire est sans bout,
Qui de son trône assis en la terre voit tout,
Et fait à un chacun ses justices égales,
Autant aux laboureurs qu'aux personnes royales.

II. Ode sur la Rose.

Versons ces roses en ce vin,
En ce bon vin versons ces roses,
Et buvons l'un à l'autre, afin
Qu'au cœur nos tristesses encloses,
Prennent, en buvant, quelque fin.

La belle rose du printemps,
Cher Aubert, avertit les hommes
Passer joyeusement le temps,
Et pendant que jeunes nous sommes,
Ébattre la fleur de nos ans.

Tout ainsi qu'elle défleurit,
Fannie en une matinée,
Ainsi notre âge se flétrit,
Las! et en moins d'une journée,
Le printemps d'un homme périt.

Ne vis-tu pas hier Brinon,
Parlant et faisant bonne chère,

Qui, las! aujourd'hui n'est, sinon
Qu'un peu de poudre en une bière,
Qui de lui n'a rien que le nom ?

Nul ne se dérobe au trépas ;
Charon serre tout en sa nasse ;
Rois et pauvres tombent là-bas :
Mais cependant le temps se passe,
Rose, et je ne te chante pas.

La rose est l'honneur d'un pourpris ;
La rose est des fleurs la plus belle,
Et dessus toutes a le prix :
C'est pour cela que je l'appelle
La violette de Cypris.

La rose est le banquet d'amour ;
La rose est le jeu des Charites ;
La rose blanchit tout-autour,
Au matin, de perles petites,
Qu'elle emprunte du point du jour.

La rose est le parfum des dieux ;
La rose est l'honneur des pucelles,
Des pucelles qui aiment mieux
Se parer de roses nouvelles
Que d'un or, tant soit précieux.

Est-il rien, sans elle, de beau ?
La rose embellit toutes choses ;
Vénus, de roses a la peau,
Et l'Aurore a les doigts de roses,
Et le front, le soleil nouveau.

Les nymphes, de roses ont le sein,
Les coudes, les flancs et les hanches ;

Hébé, de roses à la main,
Et les Charites, tant soient blanches,
Ont le front de roses tout plein.

Que le mien en soit couronné,
Ce m'est un laurier de victoire !
Sus, appelons le deux fois né,
Le bon père, et le faisons boire,
De cent roses environné :

Bacchus, épris de la beauté
Des roses aux feuilles vermeilles,
Sans elles n'a jamais été,
Quand, en chemise sous les treilles,
Il boit, au plus chaud de l'été.

III. Sonnet.

Je vous envoie un bouquet que ma main
Vient de trier de ces fleurs épanies :
Qui ne les eût à ce vêpre cueillies,
Chutes à terre elles fussent demain.

Cela vous soit un exemple certain
Que vos beautés, bien qu'elles soient fleuries,
En peu de temps choiront toutes flétries,
Et, comme fleurs, périront tout soudain.

Le temps s'en va, le temps s'en va, ma dame,
Las ! non le temps ; mais nous nous en allons,
Et tôt serons étendus sous la lame :
Quand serons morts, plus ne sera nouvelle
De ces amours desquelles nous parlons ;
Donc aimez-moi, ce pendant qu'êtes belle.

IV. Eglogue ou Bergerie.

*(Quatre bergers et une bergère se présentent ensemble, sortant à pas*t
chacun de son antre.)

ORLÉANTIN *commence.*

Ici de cent couleurs s'émaille la prairie;
Ici la tendre vigne aux ormeaux se marie;
Ici l'ombrage frais va les feuilles mouvant,
Errantes çà et là sous l'haleine du vent;
Ici de pré en pré les soigneuses avettes*
Vont baisant et suçant les odeurs des fleurettes;
Ici le gazouillis enroué des ruisseaux
S'accorde doucement aux plaintes des oiseaux;
Ici entre les pins les Zéphyres s'entendent.

Nos flûtes cependant, trop paresseuses, pendent,
A nos cols endormis; il semble que ce temps
Soit à nous un hiver, aux autres un printemps.

Sus donques! en cet antre, ou dessous cet ombrage,
Disons une chanson : quant à ma part, je gage,
Pour le prix de celui qui chantera le mieux,
Un cerf apprivoisé qui me suit en tous lieux.

Je le dérobai jeune, au fond d'une vallée,
A sa mère au dos peint d'une peau martelée;
Je l'ai toujours gardé pour ma belle Toinon,
Laquelle, en ma faveur, l'appelle de mon nom :
Tantôt elle le baise, et de fleurs odoreuses
Environne son front et ses cornes rameuses :
Il va seul et pensif où son pied le conduit :
Maintenant des forêts les ombrages il suit,

---

* *Avettes*, abeilles.

Ou se mire dans l'eau d'une source moussue,
Ou s'endort sous le creux d'une roche bossue ;
Puis il retourne au soir, et, gaillard, prend du pain
Tantôt dessus la table, et tantôt en ma main.
Toinon, sans s'effrayer, le tient par une corne
D'une main ; et de l'autre, en cent façons elle orne
Sa croupe de bouquets et de petits rameaux,
Puis le conduit, au soir, à la fraîcheur des eaux.

ANGELOT.

Je gage mon grand bouc, qui par mont et par plaine
Conduit seul un troupeau comme un grand capitaine.
Il a le front sévère et le pas mesuré,
La contenance fière et l'œil bien assuré :
Il ne craint point les loups, tant soient-ils redoutables,
Ni les mâtins armés de colliers effroyables ;
Mais sur le haut d'un mont, soigneux de se placer,
Tout en se moquant d'eux, les regarde passer.
Quatre cornes il a, dont deux, près des oreilles,
En douze ou quinze plis se courbent à merveilles
D'une entorse ridée, et en tournant se vont
Cacher dessous le poil qui lui pend sur le front.
Je le gage pourtant. Vois comme il se regarde !
Il vaut mieux que le cerf que ta Toinon te garde.

NAVARRIN.

J'ai dans ma gibecière un vaisseau fait au tour,
De racine de buis, dont les anses d'autour
D'artifice excellent de même bois sont faites,
Où maintes choses sont diversement portraites.

Presque tout au milieu du gobelet est peint
Un satyre cornu, qui de ses bras étreint,
Tout au travers du corps, une jeune bergère,

Et la veut faire choir dessus une fougère.
Son couvre-chef lui tombe, et a de toutes parts,
A l'abandon du vent, ses beaux cheveux épars,
Dont elle est courroucée, ardente en son courage,
Tourne loin du satyre arrière le visage,
Essayant d'échapper, et de la dextre main
Lui arrache le poil du menton et du sein ;
De lui froisser le nez de l'autre elle s'efforce,
Mais en vain : le satyre est vainqueur par la force.

Un houbelon rampant, à bras longs et retors,
De ce creux gobelet passemente les bords,
Et court, en se pliant, à l'entour de l'ouvrage :
Tel qu'il est toutefois je le mets pour mon gage.

GUISIN.

Je mets une houlette en lieu de ton vaisseau.
L'autre jour, que j'étais assis près d'un ruisseau,
N'ayant auprès de moi d'outils que mon alêne,
Je pris et travaillai la tige d'un beau frêne.

A la fin, la baillant à Jean, ce bon ouvrier [*]
M'en fit une houlette ; et si n'y a chevrier,
Ni berger en ce bois, qui ne donnât pour elle
La valeur d'un taureau, tant elle semble belle.

Une nymphe y est peinte, ouvrage nompareil,
Essuyant ses cheveux aux rayons du soleil,
Qui deçà, qui delà, dessus le col lui pendent,
Et dessus la houlette à petits flots descendent.

---

[*] Nous n'avons pas besoin de faire apercevoir à nos lecteurs que ce mot *ouvrier* serait aujourd'hui de trois syllabes ; mais on remarquera que les *hiatus*, qui n'ont entièrement disparu de la poésie française que depuis Malherbe, sont beaucoup moins fréquents dans Ronsard que dans les autres poètes de son temps.

Loin, derrière son dos, et gissante à l'écart
Sa panetière enflée, en laquelle un renard
Met le nez finement, et, d'une ruse étrange,
Y trouve un déjeûner, et tout soudain le mange.
L'œil de Toinon le voit sans être courroucé,
Tant elle est attentive à l'œuvre commencé.

Si mettrai-je pourtant une telle houlette,
Que j'estime en valeur autant qu'une musette.

Les Chansons des Pasteurs.

ORLÉANTIN.

Forêts, quel crève-cœur, quelle amère tristesse
Vous tenait quand jadis la germaine jeunesse *,
Qui sent toujours la bise éventer son harnais,
Sans crainte briganda le sceptre des Français,
Et s'enflant de l'espoir d'une fausse victoire,
Vint boire, au lieu du Rhin, les eaux de notre Loire!

Le peuple avait perdu toute fidélité;
Le citoyen était banni de la cité;
Les autels dépouillés de leurs saints tutélaires,
Les temples ressemblaient aux déserts solitaires,
Sans feu, sans oraison; et les prêtres sacrés
Servaient de proie, hélas! sur l'autel massacrés!
Nul tant maigre troupeau ne se traînait sur l'herbe,
Qu'il ne fût égorgé par l'ennemi superbe,
Qui, d'une main barbare, emportait, pour butin,
Gras et maigre troupeau, et pasteur et mâtin.

Les faunes et les pans, et les nymphes compagnes,
Se cachèrent d'effroi sous le creux des montagnes,
Abhorrant le carnage et les glaives tranchants,
Et nulle déité n'habitait plus aux champs.

* Les Allemands.

Les herbes commençaient à croître par les rues ;
Oisives par les champs, se rouillaient les charrues :
Car la Terre irritée, en guise de moissons,
Ne voulait plus donner qu'épines et chardons.

Mais un Bourbon, qui prend sa céleste origine
Du tige de nos rois et d'une Catherine,
A rompu le discord, et doucement a fait
Que Mars, bien que grondant, se voit pris et défait.

Cette nymphe royale, et digne qu'on lui dresse
Des autels, tout ainsi qu'à Pallas la déesse,
La première nous dit : Pasteurs, comme devant,
Dégoisez vos chansons, et les jouez au vent,
Et aux grandes forêts, si longuement muettes ;
Rapprenez les accords de vos vieilles musettes,
Et menez désormais par les prés vos taureaux,
Et dormez sûrement sous le frais des ormeaux.

Aussi bien tous les ans, à certains jours de fêtes,
Donnant repos aux champs, à nous et à nos bêtes,
Lui ferons un autel, tel que ceux de Junon,
Et long-temps par les bois sera chanté son nom.

Il n'y aura berger, soit qu'au matin il mène,
Soit qu'il ramène au soir son troupeau porte-laine,
Qui, songeant à part soi que d'elle seulement
Est provenue au moins la fin de son tourment,
Ne lui verse du miel, et qui ne lui nourrisse
A part, dans une prée, une blanche génisse ;
Ne lui sacre aux jardins un pin le plus épais,
Un ruisseau le plus clair, un antre le plus frais ;
Et lui offrant ses vœux, hautement ne l'appelle
La mère de nos dieux, la française Cybelle.

O bergère d'honneur ! les saules ne sont pas
Aux agnelets sevrés si gracieux repas,

Ni le printemps n'est point si plaisant aux fleurettes,
Ni la rosée aux prés, ni les blondes avettes
N'aiment tant à baiser les roses et le thim,
Que j'aime à célébrer les honneurs de Catin.

ANGELOT.

Quand le bon Henriot, par fière destinée,
Avant la nuit venue accomplit sa journée,
Nos troupeaux, prévoyant quelque futur danger,
Par les champs languissaient sans boire ni manger ;
Et bêlants et criants, et tapis contre terre,
Gisaient comme frappés de l'éclat du tonnerre.

Les nymphes l'ont gémi d'une piteuse voix ;
Les antres l'ont pleuré, les rochers et les bois ;
Vous le savez, forêts, qui vîtes ès bocages
Les loups même le plaindre, et les lions sauvages.

Tout ainsi que la vigne est l'honneur d'un ormeau,
Et l'honneur de la vigne est le raisin nouveau,
Et l'honneur des troupeaux est le bouc qui les mène ;
Et comme les épis sont l'honneur de la plaine,
Et comme les fruits mûrs sont l'honneur des vergers,
Ainsi ce Henriot fut l'honneur des bergers.

Les herbes par sa mort perdirent leur verdure ;
Les roses et les lis prirent noire teinture ;
La belle marguerite en prit triste couleur,
Et l'œillet sur sa feuille écrivit son malheur.

Belle âme, qui, au ciel noblement exhaussée,
Ris maintenant de nous et de notre pensée,
Et des appas mondains, qui toujours font sentir,
Après un plaisir court, un trop long repentir !
Tu vois autres forêts, tu vois autres rivages,
Autres plus hauts rochers, autres plus verts bocages,

Autres prés plus herbus, et ton troupeau tu pais
D'autres plus belles fleurs qui ne meurent jamais.

Sois propice à nos vœux; je te ferai, d'ivoire
Et de marbre, un beau temple au rivage de Loire,
Où, sur le mois d'avril, aux jours longs et nouveaux,
Engageant des combats entre les pastoureaux,
Pour sauter et lutter sur l'herbe nouvellette,
Je pendrai sur un pin le prix d'une musette.

Là sera ton Janot, qui chantera tes faits,
Tes guerres, tes combats, tes ennemis défaits,
Et tout ce que ta main d'invincible puissance
Osa, pour redresser la houlette de France.

Or adieu, grand berger : tant qu'on verra les eaux
Soutenir les poissons, et le vent les oiseaux,
Nous aimerons ton nom, et par cette ramée,
D'âge en âge suivant vivra ta renommée.

NAVARRIN.

Que ne retourne encor ce bel âge doré,
Où l'acier, où le fer était comme ignoré!

Les bœufs, en ce temps-là, paissants parmi la plaine,
L'un à l'autre parlaient, et d'une voix humaine,
Quand les malheurs venaient, prédisaient les dangers,
Et servaient, par les champs, d'oracles aux bergers.
Il ne régnait alors ni noise, ni rancune;
Les champs n'étaient bornés; et la terre commune,
Sans semer ni planter, bonne mère, apportait
Le fruit qui de soi-même heureusement sortait;
Les procès n'avaient lieu, la guerre ni l'envie.

Les vieillards, sans douter *, sortaient de cette vie

---
* *Sans douter*, sans crainte.

Comme en songe, et leurs ans doucement finissaient;
Ou, mangeant de quelque herbe, ils se rajeunissaient:
Jamais du beau printemps la saison émaillée
N'était, comme aujourd'hui, par l'hiver dépouillée.

   Le sein de notre terre encor n'était maudit;
Son sein ne produisait encore l'aconit;
Chacun se repaissait, sous le frais des ombrages,
Ou de lait, ou de glands, ou de fraises sauvages;
Car le bœuf laboureur, après avoir sué,
Comme il fait sous le joug, pour lors n'était tué;
Ni la simple brebis, qui nos vêtements porte
Aux étaux des bouchers, au croc ne pendait morte;
Ni lors la vache mère, oubliant le séjour
Des ruisseaux et des prés, ne meuglait à l'entour
Des ministres sacrés, lamentant sa génisse;
Car les fleurs et les fruits servaient de sacrifice.

   O saison gracieuse, hélas! que n'ai-je été,
En un temps si heureux, dans ce monde allaité!
Maintenant l'univers n'est plus qu'une famille,
Qui aux moissons d'autrui a toujours la faucille.

   Il me souvient un jour qu'aux rochers de Béart
J'allai voir une vieille ingénieuse en l'art
D'appeler les esprits hors des tombes poudreuses,
D'arrêter le soleil et les sources ondeuses,
Et d'enchanter la lune au milieu de son cours,
Et changer les pasteurs en tigres et en ours.

   Or, elle, prévoyant par magique figure,
Me prédit tous les maux de la saison future;
Mais prends cœur (se disait); tant qu'on verra nos rois
Aimer et secourir les pasteurs navarrois,
Toujours leurs gras troupeaux paîtront sur les montagnes;
Le froment jaunira par leurs blondes campagnes,

Et n'auront jamais peur que leurs proches voisins
Emportent leurs moissons, ou coupent leurs raisins.

Pour ce, jeune berger, il te faut, dès l'enfance,
Charles aller trouver, le grand pasteur de France.
Ta force vient de lui ; dès-lors, tout plein d'ardeur,
En France, je vins voir Charles, ce grand pasteur,
Charles que j'aime autant qu'une vermeille rose
Aime la blanche main de celle qui l'arrose,
Que les prés, les ruisseaux, les moissons, la verdeur;
Car de son amitié procède ma grandeur.

GUISIN.

Houlette, qui soulais ès plaines Idumées,
Comme troupeaux rangés conduire les armées,
Je t'ai de père en fils ; songe encore sous moi
A régir les troupeaux de Charles, notre roi.

O Charles! grand pasteur, ornement de notre âge,
Hâte-toi d'aller voir ton fertile héritage;
Environne tes champs, et compte tes taureaux,
Et entends désormais les vœux des pastoureaux.

On dit, quand tu naquis, que les Parques fatales,
Ayant fuseaux égaux et quenouilles égales,
Et non pas le filet, et la trame qui est
De diverse façon, tout ainsi qu'il leur plaît,
Jetant sur ton berceau, à pleines mains décloses,
Des œillets et des lis, du safran et des roses,
Commencèrent ainsi : Charles, qui dois venir
Au monde pour le monde en repos maintenir,
Et qui par le destin en France devais naître
Pour être des grands rois le seigneur et le maître,
Entends ce que Thémis, au visage ridé,
Sur nos fuseaux d'airain a pour toi dévidé.

Durant ton nouveau règne, avant que l'âge tendre
Laisse autour de ta lèvre un crêpe d'or épandre,
L'Ambition, l'Erreur, la Guerre, le Discord,
Par les peuples courront, images de la Mort :
On fera, pour tenir les villes assurées,
Des fossés, des remparts, des ceintures murées ;
Et l'horrible canon, par le soufre animé,
Vomira de sa bouche un tonnerre allumé.

On fera des râteaux, des poignantes épées ;
Les faucilles seront en lames détrempées ;
L'aventureux nocher, d'avarice conduit,
Ira voir sous nos pieds l'autre pôle qui luit.

Mais sitôt que les ans, en croissant, t'auront fait,
En lieu d'un jouvenceau, homme entier et parfait*,
Lors la Guerre mourra, les harnais et les armes ;
Les procès finiront, les plaintes et les larmes ;
Et tout ce qui dépend du vieux siècle ferré,
Fuira, cédant la place au bel âge doré.

Les pins, vieux compagnons des plus hautes montagnes,
En navires creusés, ne verront les campagnes
De Neptune venteux : car, sans voguer si loin,
La terre produira toutes choses sans soin,
Mère qui ne sera, comme devant, ferrue,
De râteaux aiguisés, ni de socs de charrue :
Car dès-lors sans taureaux, sous le joug mugissants,
Les champs seront féconds, et de blé jaunissants ;
Les moissons n'auront peur des faucilles voûtées,
Ni l'arbre de Bacchus des serpettes dentées :

---

* On trouve ici quatre vers masculins de suite. Ce ne peut être qu'une erreur ; car nous ne l'avons remarqué qu'une seule fois dans cette églogue, qui a 174 ve. s. Ronsard avait déjà senti l'harmonie qui résulte de l'heureux mélange des rimes masculines et féminines.

Car toujours, par les prés, l'ondoyant ruisselet
Ira coulant de vin, de nectar et de lait.

Le miel distillera de l'écorce des chênes,
Et les roses croîtront sur les branches des frênes :
Le bélier, en paissant au milieu d'un pré vert,
Se verra tout le dos d'écarlate couvert,
De pourpre l'agnelet ; et la barbe des chèvres
Deviendra fine soie à l'entour de leurs lèvres :
Les cornes des taureaux, de perles, et encor
Le rude poil des boucs jaunira de fin or.

Bref, tout sera changé ; et le monde, difforme
Des vices d'aujourd'hui, prendra nouvelle forme
Dessous toi, qui croîtras pour avoir ce bonheur,
O prince bienheureux d'être son gouverneur !

Ainsi, sur ton berceau, ces trois Parques chenues
Chantaient, qui tout soudain volèrent dans les nues ;
Et alors les pasteurs, en l'écorce des bois,
Gravèrent leur chanson, afin que tous les mois
Aux flûtes des bergers elle fût accordée,
Et parmi les forêts dans les arbres gardée.

UN AUTRE BERGER.

Que faites-vous ici, bergers, qui surmontez
Les rossignols d'avril, quand d'accord vous chantez?
Apollon et Pallas et Pan vous favorisent,
Et tous vos bons patrons vous honorent et prisent ;
Ensemble partagez le prix victorieux,
Étant également les chers mignons des dieux.

Là-bas sont deux bergers, qui, dessus une roche,
Vont dire une chanson dont Tytire n'approche.
Maintenant, en cherchant mon bélier écarté,
Je les ai vus tous deux en l'antre déserté,

Qui ont déjà la flûte à la lèvre, pour dire
Je ne sais quoi de grand, qu'Apollon leur inspire.

Venez donc les ouïr, sans disputer en vain ;
Otez de vos flageols et la bouche et la main :
Vous êtes tous unis d'amitié mutuelle ;
Puis la paix entre vous vaut mieux que la querelle *.

V. Églogue sur la Mort de Marguerite de France.

Comme les herbes fleuries
Sont les honneurs des prairies,
Et des prés les ruisselets,
De l'orme la vigne aimée,
Des bocages la ramée,
Des champs les blés nouvelets :

Ainsi tu fus, ô princesse !
(Ainçois plutôt, ô déesse !)
Tu fus la perle et l'honneur
Des princesses de notre âge,
Soit en splendeur de lignage,
Soit en biens, soit en bonheur.

* En réfléchissant sur les noms d'*Orléantin*, *Angelot*, *Navarrin* et *Guisin*, il est facile de voir que cette églogue n'est autre chose qu'un conseil donné aux princes de ce temps sous une forme allégorique. La plupart des églogues de Ronsard n'ont pas d'autre but ; c'est pourquoi il donnait presque toujours à ses héros champêtres des noms qui se rattachaient à ceux des plus grands personnages des cours sous lesquelles il a vécu. Henri II était désigné sous le nom d'*Henriot*; Charles IX sous celui de *Carlin*; Catherine de Médicis, sous celui de *Catin*.

La pièce que l'on va lire serait aujourd'hui beaucoup plus considérée comme une élégie que comme une églogue : elle en a le caractère autant par le motif qui lui a donné lieu, que par la douleur et la sensibilité qui la distinguent.

CAPELLE, *Nouvelle Encyclopédie poétique*.

Il ne faut point qu'on te fasse
Un sépulcre qui embrasse
Mille thermes en un rond,
Pompeux d'ouvrages antiques,
Et brave en piliers doriques,
Élevés à double front.

L'airain, le marbre et le cuivre
Font tant seulement revivre
Ceux qui meurent sans renom,
Et desquels la sépulture
Presse, sous même clôture,
Le corps, la vie et le nom.

Mais toi, dont la Renommée
Porte, d'une aile animée,
Par le monde tes valeurs,
Mieux que ces pointes superbes
Te plaisent les douces herbes,
Les fontaines et les fleurs.

Pasteurs, soit sa tombe verte
Toujours de gazons couverte;
Et qu'un ruisseau murmurant,
Neuf fois recourbant ses ondes,
De neuf torches vagabondes
Aille sa tombe emmurant.

Dites à vos brebiettes :
Fuyez-vous-en, camusettes;
Gagnez l'ombre de ce bois :
Ne broutez en cette prée;
Toute l'herbe en est sacrée
A la nymphe de Valois.

Dites qu'à tout jamais tombe
La manne dessus sa tombe :

Dites au filles du ciel :
Venez, mouches ménagères ;
Pliez vos ailes légères ;
Faites ici votre miel.

Ombragez d'herbes la terre,
Tapissez-la de lierre ;
Plantez un cyprès aussi,
Et notez dedans à force,
Sur la nouailleuse écorce,
Derechef ces vers ici :

Pasteurs, si quelqu'un souhaite
D'être fait nouveau poète,
Dorme au frais de ces rameaux ;
Il le sera sans qu'il ronge
Le laurier, ou qu'il se plonge
Sous l'eau des tertres jumeaux.

Semez après mille roses,
Mille fleurettes décloses ;
Versez du miel et du lait ;
Et, pour annuel office,
Répandez, en sacrifice,
Le sang d'un blanc agnelet.

ROSSET (Pierre-Fulcran de), poète et jurisconsulte, naquit à Montpellier en 1722, et fut conseiller à la cour des aides de cette ville. Rosset n'était pas sans talents, et plusieurs parties de son poème de l'*Agriculture* en montrent au contraire beaucoup ; mais le peu d'élégance et d'harmonie que l'on trouve dans ses vers, semblerait prouver qu'il avait peu de facilité et qu'il était obligé de les travailler.

Ce ne fut que dans un âge très avancé qu'il publia ce poème, en deux parties in-4°; on en a fait plusieurs éditions. L'auteur se mit sur les rangs pour l'Académie-Française, et n'y fut point admis. Rosset mourut en 1788 à Paris, où il avait passé les dernières années de sa vie.

JUGEMENTS.

I.

On ne peut disputer à Rosset le mérite d'avoir donné, par son poème de *L'Agriculture*, le premier exemple d'un poème français purement géorgique, et d'avoir prouvé non-seulement que ce genre n'est pas incompatible avec notre langue, comme le supposait un aveugle préjugé, mais qu'elle pouvait souvent en surmonter les difficultés d'une manière très heureuse. Il est avéré que cet ouvrage était fait long-temps avant la traduction des *Géorgiques* de Virgile, par M. l'abbé Delille, et avant le poème des *Saisons*, de M. de Saint-Lambert : il est donc certain que Rosset a eu la gloire de se distinguer le premier dans cette carrière ingrate, et de tracer une route nouvelle à nos muses.

Il manque à ce premier essai, qui ne doit pas être jugé à la rigueur, beaucoup de graces dont le sujet était susceptible, des épisodes qui auraient permis au poète de se montrer, et qui auraient jeté plus d'agrément, de variété et de vie sur la sécheresse des détails agronomiques. Mais on y trouve fréquemment des morceaux très bien faits, et qui annonçaient dans l'auteur des talents d'autant plus rares, qu'ils étaient accompagnés de la plus grande modestie.

PALISSOT, *Mémoires sur la Littérature.*

II.

Le poème de *l'Agriculture* fut composé dans le temp de la guerre de 1741, des victoires de Louis XV en Flandre, et de la paix qui les suivit : c'est ce que l'auteur nous apprend dans un discours préliminaire. Il observe qu'alors il n'avait encore paru parmi nous aucun ouvrage en vers sur l'agriculture. Mais dans l'intervalle écoulé entre la composition du poème et sa publication, nous avons eu une foule d'écrits sur l'économie rurale ; et enfin la poésie même s'est réconciliée avec la langue géorgique, qui semblait jusque là lui avoir été étrangère. L'auteur fait à peine mention de celui à qui nous avons eu cette obligation*, M. l'abbé Delille, sous prétexte qu'il n'est que traducteur. Mais le mérite de la difficulté vaincue n'est peut-être pas moindre, en faisant passer du latin en français les détails des travaux rustiques, qu'en les faisant entrer dans un ouvrage original ; et si le traducteur est autorisé à oser davantage, pour se conformer à la fidélité d'une version et à l'esprit de son auteur, cette hardiesse même ne laisse pas d'être difficile et hasardeuse quand c'est Virgile qu'on traduit. Dans les deux cas, il faut dompter notre langue poétique, et la forcer à recevoir une foule d'expressions dont elle avait été long-temps effarouchée. Rosset ne fait pas

---

* Palissot prétend avec plus de raison que c'est à Rosset que nous avons cette obligation. F.

Ce ne fut que dans un âge très avancé qu'il publia ce poème, en deux parties in-4°; on en a fait plusieurs éditions. L'auteur se mit sur les rangs pour l'Académie-Française, et n'y fut point admis. Rosset mourut en 1788 à Paris, où il avait passé les dernières années de sa vie.

JUGEMENTS.

I.

On ne peut disputer à Rosset le mérite d'avoir donné, par son poème de *L'Agriculture*, le premier exemple d'un poème français purement géorgique, et d'avoir prouvé non-seulement que ce genre n'est pas incompatible avec notre langue, comme le supposait un aveugle préjugé, mais qu'elle pouvait souvent en surmonter les difficultés d'une manière très heureuse. Il est avéré que cet ouvrage était fait long-temps avant la traduction des *Géorgiques* de Virgile, par M. l'abbé Delille, et avant le poème des *Saisons*, de M. de Saint-Lambert : il est donc certain que Rosset a eu la gloire de se distinguer le premier dans cette carrière ingrate, et de tracer une route nouvelle à nos muses.

Il manque à ce premier essai, qui ne doit pas être jugé à la rigueur, beaucoup de graces dont le sujet était susceptible, des épisodes qui auraient permis au poète de se montrer, et qui auraient jeté plus d'agrément, de variété et de vie sur la sécheresse des détails agronomiques. Mais on y trouve fréquemment des morceaux très bien faits, et qui annonçaient dans l'auteur des talents d'autant plus jours à voir revenir quand il sera tracé comme dans le morceau charmant de Virgile *O fortunatos!* sont les ressources naturelles d'un pareil sujet. Rosset a borné son ambition à rendre en vers français tous les travaux champêtres, et dans plus d'un endroit il s'en est tiré avec succès, et a surmonté la difficulté. On trouve chez lui des morceaux très bien écrits, des vers très bien tournés : la diction est en général assez correcte, mais elle manque trop souvent d'élégance, de rhythme et de poésie : tout est précepte ou description, et souvent en prose rimée, en prose sèche ou dure. Cette monotonie serait peu supportable, même dans un ouvrage fort court : combien l'est-elle moins dans un poëme en six chants ! Je prendrai les morceaux qui m'ont paru les meilleurs, et quelques autres indiqueront les défauts qui dominent le plus dans le style. Voyons, par exemple, si le début est fait pour en donner une idée avantageuse :

Je chante les travaux réglés par les saisons ;
L'art qui force la terre à donner les moissons,
Qui rend la vigne, l'arbre et les prés plus fertiles,
Et qui nous asservit tant d'animaux utiles.
A chanter nos vrais biens, la culture et ses lois,
Louis et la patrie encouragent ma voix.

Ces vers sont corrects et précis; mais ici la précision n'est que sécheresse, et la correction est prosaïque. Boileau a dit :

Que le début soit simple, et n'ait rien d'affecté ;

mais il ne faut pas pour cela qu'il soit dénué de

nombre et d'élégance. Deux rimes en épithètes dans les six premiers vers, et une épithète aussi froide que celle des *animaux utiles*, qui devaient fournir un vers intéressant : tout cela ne ressemble point à la poésie. Il y en a dans le morceau suivant :

Sourdes divinités, insensibles idoles,
Mes champs n'empruntent rien de vos secours frivoles.
Astres qui nous marquez les saisons et les ans,
Le dieu qui vous conduit nous donne leurs présents.
Les épis sans Cérès dans les sillons jaunissent;
Les raisins sans Bacchus sous les pampres noircissent.
De Pan et d'Apollon les fabuleux troupeaux
N'ont point des immortels entendu les pipeaux.
L'olive ne doit point aux leçons de Minerve
Le soin qui la cultive et l'art qui la conserve.
Neptune est un vain nom, et le coursier ardent
Ne fut point enfanté d'un coup de son trident.

Ces vers ont tout le mérite qui manquait aux précédents; il sont vraiment poétiques. L'auteur ne pouvait pas annoncer par des tournures plus heureuses qu'il excluait les fables anciennes du plan de son ouvrage : mais il valait mieux s'en servir. Au lieu d'un seul morceau que cette exclusion lui a fourni, l'usage de la mythologie lui en offrait vingt qui se présentaient d'eux-mêmes dans son sujet et l'auraient enrichi. Croit-on que la querelle de Neptune et de Minerve, et l'origine fabuleuse du cheval et de l'olivier, n'eussent pas figuré très heureusement dans un poème sur l'agriculture? Ces fables sont très connues; mais elles n'ont été traitées par aucun des maîtres de la poésie française? et c'était encore un avantage.

L'application de l'astronomie à l'agriculture était susceptible de détails riches et brillants. L'auteur ne paraît pas en avoir tiré parti.

>La culture aux humains montra l'astronomie.
>Des plaines de Babel les premiers habitants,
>Pasteurs de leurs troupeaux, laboureurs de leurs champs,
>Pour rendre *à leurs désirs* la terre plus féconde,
>Tournèrent leurs regards vers les pôles du monde.
>L'astre brillant du jour gouverna les saisons ;
>Tour à tour il régna dans ses douze maisons.
>De son cours annuel ils tracèrent *les lignes :*
>Le chef de leurs brebis fut chef *des douze signes ;*
>Le taureau sur ses pas, après lui les gémeaux,
>Leur marquèrent l'époque où naissent les troupeaux ;
>Aux tropiques brûlants, la chèvre et *l'écrevisse*
>De l'hiver, de l'été, fixèrent *le solstice ;*
>La balance à la nuit rendit le jour égal ;
>La vierge des moissons ramena le signal.
>Le ciel devint un livre où la terre étonnée
>Lut en lettres de feu l'histoire de l'année.

Ces deux derniers vers sont très beaux ; mais la sécheresse et la monotonie sont encore le défaut du plus grand nombre. *Les lignes* et *l'écrevisse*, et *les douze signes* et *le solstice*, sont des expressions de l'almanach. Chacune de ces idées devait être rendue par un trait mythologique, ou du moins relevée par la poésie ; car les notions purement astronomiques peuvent encore s'exprimer par de belles figures. Voyez comme Voltaire, dans *Alzire*, a tracé la marche apparente du soleil, de l'équateur au tropique :

> De la zone enflammée et du milieu du monde,
> L'astre du jour a vu ma course vagabonde
> Jusqu'aux lieux où, cessant d'éclairer nos climats,
> Il ramène l'année et revient sur ses pas.

Ces deux vers de Rosset,

> Pour rendre *à leurs désirs* la terre plus féconde,
> Tournèrent leurs regards vers les pôles du monde,

ne sont ni corrects dans les termes, ni exacts dans les idées. *Plus féconde à leurs désirs* est un solécisme. D'ailleurs les premières observations astronomiques ne pouvaient pas avoir pour but *la fécondité* de la terre, elles ne pouvaient que marquer un rapport entre les différentes époques de l'agriculture et les différentes périodes de la révolution annuelle du soleil. Peut-être aussi, pour plus d'exactitude, fallait-il mettre *vers le pôle du monde*, et non pas *vers les pôles*, puisqu'il est impossible d'observer à la fois les deux pôles.

L'art d'exprimer quelquefois très élégamment les objets les plus grossiers du labourage est le principal mérite de l'auteur : par exemple, dans ces vers où il s'agit de l'espèce et de la quantité d'engrais propre à chaque terrain :

> Que de votre terroir les besoins, la nature,
> Règlent de ces présents le genre et la mesure.
> La terre que pénètre un trop fort aliment
> Par sa vigueur cruelle étouffe le froment,
> Et d'un feuillage vain nourrice malheureuse,
> N'enfante, au lieu de blé, qu'une paille trompeuse.

Il ne se tire pas si bien des objets qui demandent plus de chaleur et d'imagination dans le style. Voyons-le dans la description d'une tempête :

> Mais quand du roi des rois le *terrible* courroux
> Lance sur vos moissons ses *redoutables* coups,
> *Toute industrie* est vaine à vos justes alarmes ;
> Il n'est d'autres secours que vos cris et vos larmes.
> Une vapeur paraît, s'étend et s'épaissit ;
> Le jour pâlit, l'air siffle, et le ciel s'obscurcit.
> Dans le sein d'un nuage assemblant les tempêtes,
> La main de l'Éternel les suspend sur nos têtes.
> Il vient, et devant lui *s'élancent* les éclairs.
> Son trône *redoutable* est au milieu des airs,
> Il abaisse les cieux ; l'orage l'environne,
> Les vents sont à ses pieds, la flamme le couronne.
> La foudre étincelante éclate dans ses mains :
> Elle part, elle frappe, *elle instruit les humains*.
> De ses traits enflammés voyez les tours brisées,
> Les rochers abattus, les forêts embrasées.
> La terre est en silence, et la pâle frayeur
> Des peuples consternés glace et *flétrit* le cœur.
> De ses traits meurtriers la grêle impitoyable
> Bat les tristes épis, les brise, les accable.
> Tous les vents déchaînés arrachent des sillons
> Les blés enveloppés dans leurs noirs tourbillons.
> Les torrents en fureur des montagnes descendent.
> Les fleuves débordés par les plaines s'étendent.
> Les champs sont submergés, les épis ne sont plus.
> O travaux d'une année, un jour vous a perdus !

Cette description réunit toutes les sortes de fautes ; elle est mal conçue et mal écrite. D'abord ce n'est point ici qu'il convenait de mettre la tempête et la foudre dans les mains de l'Éternel, ni de prendre toutes les expressions de l'Écriture, que nos grands poètes ont su employer plus à propos. Il faut réserver les tableaux de la vengeance divine pour de plus grands sujets. De plus, il n'est permis en aucun cas de faire tant de vers, avec tant d'hémistiches connus et pillés partout. *Le jour pâlit; l'air siffle, la foudre étincelante éclate,* etc.; tout cela est de Voltaire. *Il abaisse les cieux* est de Rousseau. Ce qui n'est ni de l'un ni de l'autre, c'est cet hémistiche sur *la foudre, elle instruit les humains;* il suffit d'un pareil trait pour refroidir tout. Voltaire a dit :

La foudre en est formée, et les mortels frémissent.

Vous voyez la différence d'un trait qui fait image et d'une réflexion qui glace. Et combien d'autres fautes dans la versification ! *Le terrible courroux, les redoutables coups, le trône redoutable, la grêle impitoyable*, etc., ce sont ces épithètes accumulées, ces hémistiches rebattus qui énervent le style. Que font ici *les rochers abattus* et *les tours brisées ?* Il s'agit bien de *tours* et de *rochers !* Il s'agit des vignes et des moissons; et *la pâle frayeur des peuples consternés, qui flétrit le cœur :* quel amas de mots qui ne disent que la même chose dans une longue suite de vers tous accouplés uniformément ! Opposons à cette description celle que l'on trouve dans le second chant du poème des *Saisons* : ce rapprochement instruira mieux que toutes les critiques.

On voit à l'horizon, de deux points opposés,

Des nuages monter dans les airs embrasés;
On les voit s'épaissir, s'élever et s'étendre;
D'un tonnerre éloigné le bruit s'est fait entendre,
Les flots en ont frémi, l'air en est ébranlé,
Et le long du vallon le feuillage a tremblé.
Les monts ont prolongé le lugubre murmure,
Dont le son lent et sourd attriste la nature.
Il succède à ce bruit un calme plein d'horreur,
Et la terre en silence attend dans la terreur.

Ce dernier vers rappelle le *Terra tremuit et quievit* de l'Écriture. Tous les indices d'un orage prochain sont ici tracés si vivement, qu'ils produisent dans l'imagination du lecteur la même attente et la même inquiétude que l'orage peut produire dans les campagnes qu'il menace. L'observation de la nature est parfaite :

D'un tonnerre éloigné le bruit s'est fait entendre,
. . . .
Et le long du vallon le feuillage a tremblé.

C'est avec cet art et cette vérité que le poète donne aux approches d'une tempête l'effet d'une scène de terreur. Poursuivons.

Des monts et des rochers le vaste amphithéâtre
Disparaît tout à coup sous un voile grisâtre.
Le nuage élargi les couvre de ses flancs;
Il pèse sur les airs tranquilles et brûlants.
Mais des traits enflammés ont sillonné la nue,
Et la foudre en grondant roule dans l'étendue.
Elle redouble, vole, éclate dans les airs :
Leur nuit est plus profonde, et de vastes éclairs

En font sortir sans cesse un jour pâle et livide.
Du couchant ténébreux s'élance un vent rapide
Qui tourne sur la plaine, et, rasant les sillons,
Enlève un sable noir qu'il roule en tourbillons.
Ce nuage nouveau, ce torrent de poussière,
Dérobe à la campagne un reste de lumière.
La peur, l'airain sonnant dans les temples sacrés
Font entrer à grands flots les peuples égarés.
Grand Dieu ! vois à tes pieds leur foule consternée
Te demander le prix des travaux de l'année.
Hélas ! d'un ciel en feu les globules glacés
Écrasent en tombant les épis renversés.
Le tonnerre et les vents déchirent les nuages.
Le fermier de ses champs contemple les ravages,
Et presse dans ses bras ses enfants effrayés.
La foudre éclate, tombe, et des monts foudroyés
Descendent à grand bruit les graviers et les ondes,
Qui courent en torrents sur les plaines fécondes.
O récolte ! ô moisson ! tout périt sans retour :
L'ouvrage de l'année est détruit dans un jour.

Voilà le tableau d'un grand peintre, voilà le style d'un grand poète. Toutes les tournures, toutes les expressions sont à lui : c'est lui qui a vu et senti. A-t-on jamais mieux rendu l'effet du tonnerre, dont le son se prolonge dans l'éloignement, que dans ce vers admirable,

Et la foudre en grondant roule dans l'étendue.

Il n'adresse à Dieu qu'un mot, et ce mot est une prière touchante qui rappelle toute la grandeur du péril :

> Grand Dieu ! vois à tes pieds leur foule consternée,
> Te demander le prix des travaux de l'année.

Il ne s'arrête pas plus long-temps, et continue la description ; mais il la relève encore par un détail d'action et de sentiment, emprunté à Virgile, il est vrai, mais bien placé et bien rendu :

> Et presse dans ses bras ses enfants effrayés :
> « Et pavidæ matres pressere ad pectora natos.
>
> Hélas ! d'un ciel en feu les globules glacés, etc.

Cela vaut un peu mieux que *la grêle impitoyable* : quelle heureuse opposition des *globules glacés* et du *ciel en feu !* et cette opposition est fondée sur la saine physique.

> . . . . . Et des monts foudroyés
> Descendent à grand bruit les graviers et les ondes,
> Qui courent en torrents, etc.

La phrase court ; la construction descend et se précipite : voilà les secrets du style poétique. Comparez à ces vers celui où l'on a voulu peindre la même chose :

> Les torrents en fureur des montagnes descendent,

vous verrez que le rhythme est vif dans le premier hémistiche, et lent dans le second, ce qui forme un contre-sens pour l'oreille ; et ce sont là de ces fautes qu'un vrai poète ne commet point.

N'oublions pas la première de toutes les convenances, celle de la mesure, toujours réglée par le sujet. On a reproché à M. de Saint-Lambert, que sa description était trop détaillée. C'est une grande ignorance; sans doute elle le serait trop dans un poème épique, parce qu'elle y ferait partie d'une action principale dont elle détournerait trop long-temps. Aussi Virgile se garde-t-il bien de s'étendre de même sur la tempête qui disperse la flotte d'Énée, il se borne habilement aux grands traits; et Lucain au contraire, pour peindre la barque de César en danger, entasse cent vers d'hyperboles qui vont jusqu'à l'extravagance. C'est d'un côté une leçon de sagesse et de goût, et de l'autre la faute d'un écolier dénué de jugement. Mais dans *Les Saisons*, dans un poème descriptif, la tempête devait avoir toutes ces circonstances intéressantes et pittoresques. Il ne s'agissait que du choix et de l'effet; et ce n'est pas trop ici de quarante vers pour peindre un des fléaux de la campagne.

Cette mesure n'est pas toujours gardée dans l'ouvrage de Rosset. Le travail des vers à soie y est décrit avec art, malgré les difficultés qu'il offrait, et la description est louable à bien des égards; mais elle est trop longue, parce qu'elle descend jusqu'à de petites circonstances presque imperceptibles, où la poésie n'aime point à se perdre; et, en tous genres, c'est un défaut que de dire tout.

Pour terminer ces citations par quelques peintures particulières, je choisirai celle de l'étalon et du coq. La première est imitée de Virgile, et l'auteur n'avait rien de mieux à faire. Nous verrons ensuite s'il en approche d'aussi près que son célèbre traducteur.

L'étalon que j'estime, est jeune et vigoureux :
Il est superbe et doux, docile et valeureux.
Son encolure est haute et sa tête hardie ;
Ses flancs sont larges, pleins ; sa croupe est arrondie.
Il marche fièrement, il court d'un pas léger ;
Il insulte à la peur, il brave le danger.
S'il entend la trompette et le cri de la guerre,
Il s'agite, il bondit, son pied frappe la terre ;
Son fier hennissement appelle les drapeaux ;
Dans ses yeux le feu brille, il sort de ses naseaux.
Son oreille se dresse et ses crins se hérissent ;
Sa bouche est écumante, et ses membres frémissent.

sans parler de ce qui est ici d'emprunt, comme la *trompette et le cri de la guerre*, qui est un vers de *Zaïre*, et *appelle les drapeaux*, qui ne vaut pas *appelle les dangers* de *La Henriade*, la marche de tous ces vers est en elle-même trop uniforme ; il y a trop peu de mouvement, et encore moins d'accélération de mouvement. C'est au contraire un des mérites de la traduction de M. l'abbé Delille.

Il a le ventre court, l'encolure hardie,
Une tête effilée, une croupe arrondie.
On voit sur son poitrail ses muscles se gonfler,
Et ses nerfs tressaillir, et ses veines s'enfler.
Que du clairon bruyant le son guerrier l'éveille,
Je le vois s'agiter, trembler, dresser l'oreille.
Son épine se double et frémit sur son dos ;
D'une épaisse crinière il fait bondir les flots.
De ses naseaux brûlants il respire la guerre :
Ses yeux roulent du feu, son pied creuse la terre.

C'est aux lecteurs exercés à faire la comparaison

qui nous mènerait trop loin *. J'aime mieux vous offrir la peinture du coq, qui m'a paru ne rien laisser à désirer.

En amour, en fierté, le coq n'a point d'égal.
Une crête de pourpre orne son front royal ;
Son œil noir lance au loin de vives étincelles ;
Un plumage éclatant peint son corps et ses ailes,
Dore son col superbe, et flotte en longs cheveux.
De sanglants éperons arment ses pieds nerveux.
Sa queue, en se jouant du dos jusqu'à la crête,
S'avance et se recourbe en ombrageant sa tête.

C'est peindre en vers comme Buffon peint en prose.

On voit que l'auteur avait du talent pour la poésie, et ce ne sont pas les seuls endroits de son ouvrage qui le prouvent, quoique ce soient ceux où il y en a le plus. Il lui manque un plan plus poétique et une exécution plus soignée et plus forte. Il tombe même quelquefois au point de ne plus reconnaître l'auteur des beaux vers que vous venez d'entendre.

. . . . Les feux de la terre
Font monter les vapeurs au séjour du tonnerre.
Le froid pressant leurs corps par le chaud dilatés,
Les condense, et de l'air ils sont précipités.
Ainsi sur le foyer se forme l'eau-de-vie.
Par un nouveau travail si l'art les fortifie,
L'esprit-de-vin captif du phlegme est séparé, etc.

Et ailleurs.

Invisible et vivant, *dans ses langes le germe*
De sa captivité voit arriver le terme.

* *Voyez* tome II, note A, pag. 483 les nombreuses descriptions du cheval, par Homère, Virgile, Le Tasse, Voltaire, Delille, Baour-Lormian, etc.

. . . .
De l'air *qui fut dans l'œuf toujours renouvelé*,
Le mouvement vital est alors redoublé.
Par lui l'œuf pénétré diminue et transpire, etc.

On trouve quelquefois trente vers de suite dans ce goût, parce que l'auteur s'est piqué fort mal à propos de mettre en vers une physique ou une chimie qui s'y refuse absolument.

« Et quæ
Desperat tractata nitescere posse, relinquit. »
(Horat. *De Art. poet.*)

C'est le précepte dont il aurait dû faire le plus d'usage dans un sujet tel que le sien, et c'est celui qu'il a le plus oublié.

La Harpe, *Cours de Littérature.*

ROTROU (Jean de), l'un des créateurs du théâtre français, naquit à Dreux en 1609. Son goût pour la poésie se décida de bonne heure, et dès l'âge de 19 ans, il avait obtenu deux succès au théâtre. Le cardinal de Richelieu déméla le talent du jeune poète, et comme il cherchait à réunir auprès de lui tous les hommes de génie du temps, Rotrou fut associé aux écrivains qui s'étaient chargés de la gloire littéraire du ministre. Ce fut là qu'il se lia avec Corneille, et qu'il s'établit entr'eux une amitié franche et sincère. Quoique moins âgé de trois ans, Rotrou avait devancé son rival dans la carrière dramatique; mais son génie trop faible pour marcher seul à la suite des tragiques anciens, ou pour imiter en maître les poètes espagnols, s'égarait souvent : et l'*Hipocondriaque*, *la Bague de l'oubli*, *Hercule mourant*, *Antigone* etc., sont aujourd'hui entièrement négligés quoiqu'ils offrent des détails heureux.

Bientôt Corneille donna *le Cid*, *les Horaces*, *Cinna*, *Héraclius*, *Rodogune*. On sait avec quelle basse jalousie ses ennemis lui firent payer le succès brillant de ces pièces : toujours son ami, Rotrou non-seulement ne se rangea point parmi les détracteurs du grand homme, mais il manifesta publiquement l'admiration qu'il lui portait ; et après le succès de *Cosroës* et de *Venceslas*, les seules pièces, avant celles de Racine, que l'on pût raisonnablement opposer aux chefs-d'œuvre de Corneille, l'auteur déclara hautement qu'il devait aux conseils de son rival, d'avoir enfin trouvé la bonne route. Une tirade épisodique et hors d'œuvre placée dans sa tragédie de *Saint-Genest* était employée à louer et à reconnaître la supériorité de Corneille.

Si la fécondité d'un auteur et un grand nombre d'ouvrages médiocres, mauvais, était un titre à la postérité, Rotrou serait un de nos meilleurs poètes. Il vécut à peine quarante-un ans, et l'on compte environ quarante pièces de théâtre, qu'il a fait représenter en moins de vingt-deux ans. C'est trop, sur-tout lorsqu'une seule, *Venceslas*, semble être aujourd'hui un vrai titre à l'admiration. Nous ne ferons point le catalogue de toutes ces comédies, tragi-comédies, tragédies, elles ont été recueillies et publiées dans une édition des *Œuvres de Rotrou*,

(Paris 1820, 5 vol. in-8°). Obligé d'avoir son domicile à Dreux, où il était lieutenant civil et criminel du bailliage, il ne put être de l'Académie-Française, quoiqu'il y eût des titres bien reconnus de son temps.

Mais si le génie de Rotrou, et son talent comme poète tragique trouvent aujourd'hui peu d'admirateurs, son noble caractère, sa générosité, lui en feront toujours. Sa mort est un acte de dévouement dont on voit peu d'exemples. Pendant un de ces séjours qu'il était obligé de faire à Paris pour la mise en scène de ses ouvrages, il apprend qu'une maladie épidémique ravage sa patrie; son poste l'appelait à secourir ses concitoyens; rien ne l'épouvante, rien ne l'arrête, il y vole. « Le péril où je me « trouve, mandait-il à son frère le 24 juin 1650, « est imminent; au moment où je vous écris, les clo- « ches sonnent pour la vingt-deuxième personne au- « jourd'hui : ce sera pour moi demain, peut-être; « mais ma conscience a marqué mon devoir. Que « la volonté de Dieu s'accomplisse ! » Trois jours après il était mort victime de son noble dévouement. Ce trait héroïque parut digne à l'Institut d'être proposé comme sujet pour le prix de poésie de 1811. Nous croyons faire plaisir à nos lecteurs en citant la pièce de Millevoye qui fut couronnée.

La Mort de Rotrou.

Rotrou, cher à Thémis et cher à Melpomène,
Avait abandonné son paisible domaine ;

Vers Paris un instant par la gloire entraîné,
Des palmes du théâtre il marchait couronné,
Et, du *Cid* méconnu, défendant la merveille,
Devant Richelieu même osait louer Corneille.

Le cirque s'est ouvert; Rotrou voit par des pleurs
Applaudir Venceslas et ses nobles douleurs :
Corneille, dont l'estime et l'enflamme et l'honore,
Assiste à son triomphe et l'embellit encore.
Voilà qu'un bruit fatal, trop prompt à circuler,
Aux applaudissements est venu se mêler.
Des tragiques douleurs la vue est détournée :
De moment en moment la foule consternée
Attache sur Rotrou son regard inquiet ;
On le plaint, il s'étonne ; il s'informe, on se tait.
Son trouble s'en augmente : il insiste, il arrache
Le déplorable aveu du malheur qu'on lui cache.
O revers! Dreux périt sous un mal destructeur.
Rotrou, frémit. Il sait qu'un hameau protecteur
Retient loin des dangers les enfants qu'il adore ;
Mais ses concitoyens sont sa famille encore.
Ni les transports flatteurs de ce peuple exalté,
Ni les gémissements de son frère attristé,
Ni les touchants regrets, ni l'amitié sincère
Du grand homme chéri qui le nommait son père,
Rien ne l'arrête; il part, seul, à travers la nuit,
Et cherche les périls comme un autre les fuit.
Mais sur sa route il croit, dans les vastes ténèbres,
Entendre des sanglots et des plaintes funèbres,
Et voir autour de lui des fantômes errer.
Le jour qui de ses feux commence à l'éclairer,
Lui semble enveloppé de sinistres nuages.
Ces vallons si connus, ces coteaux, ces ombrages,

Tout est changé pour lui ; du deuil, de la douleur
Tout prend à ses regards la lugubre couleur.

Il arrive : à la mort il voit sa ville en proie.
Hélas ? ce n'étaient plus ces longs accents de joie
Qui fêtaient son retour en des temps plus heureux ;
Tout demeure absorbé dans un silence affreux.
Il n'entend plus, au sein de ces tristes murailles,
Que le bruit gémissant du char des funérailles.
Il appelle en pleurant ceux qu'il a tant chéris :
La cloche du trépas répond seule à ses cris.
Ce peuple entier cédant au malheur qui l'accable,
De vivre et de mourir à la fois incapable,
N'ose pour son salut tenter un noble effort ;
L'effroi produit l'effroi, la mort produit la mort.
Cherchant à s'isoler des publiques misères,
Chacun fuit. Seulement on voyait quelques mères,
Immobiles, braver le désastreux fléau,
Et veiller, sans pâlir, à côté d'un berceau.

Rotrou, dieu tutélaire, en ces lieux de tristesse,
Dispute avec la mort d'ardeur et de vîtesse.
Son zèle infatigable au milieu des travaux,
Donne aux uns des secours, aux autres des tombeaux.
Il est partout ; son âme au loin se multiplie :
Il agit, il ordonne, il menace, il supplie ;
Et, lui-même affrontant l'hydre au souffle infecté,
Rassure la terreur par l'intrépidité.

Digne fils d'Apollon, sa noble insouciance
De l'avare Plutus dédaigna la science ;
Mais, offrant au malheur d'héroïques secours,
A défaut de trésors, il prodigue ses jours.
Dix fois l'astre nocturne à chassé la lumière,
Sans que le doux sommeil ait touché sa paupière.

Le poids de la fatigue en vain l'accable, en vain
La fièvre de la mort fermente dans son sein ;
Il marche, et des héros enfants de sa pensée
La gloire disparaît par la sienne effacée.
Nul danger, nul effroi ne peut le retenir :
Tant de travaux heureux, qu'espéraient l'avenir,
Tant d'écrits imparfaits, d'esquisses animées,
Qu'en sublimes tableaux le temps eût transformées,
Tant de lauriers nouveaux à sa gloire promis,
Il ne regrette rien, s'il meurt pour son pays !

D'un frère vainement le fidèle message
A rappelé ses pas sur un autre rivage :
La vertu rougirait d'hésiter un instant.
Il voit venir la mort, il la voit et l'attend.
Immuable, il répond au frère qui l'implore :
« Pour la vingtième fois j'entends depuis l'aurore
« Sonner l'airain fatal... Je l'entends sans effroi :
« Ce soir, si Dieu l'ordonne, il sonnera pour moi. »
Il disait : mais, vaincu par tant de vigilance,
L'homicide fléau se retire en silence.
Déjà de bouche en bouche à l'envi répétés,
Les bienfaits de Rotrou jusqu'aux cieux sont portés :
Des palmes à la main, vers le toit qu'il habite
Un peuple délivré vole et se précipite.
Insensés ! retenez un aveugle transport,
Ne mêlez point vos chants aux soupirs de la mort.
Votre libérateur touche au moment suprême ;
Des coups qu'il vous épargne il est atteint lui-même ;
C'est pour vous qu'il expire !... Et cette foule en deuil,
Muette, tient les yeux attachés sur le seuil.
On entendait encor dans la funeste enceinte
Le murmure affaibli de la prière sainte ;

Du cierge des mourants tremblaient encor les feux...
Aux bruits confus succède un calme douloureux ;
C'est celui des tombeaux. Près du lit d'agonie,
Le cierge s'est éteint, la prière est finie.
Un pâle serviteur se présente interdit ;
Il se tait : sa pâleur, son silence a tout dit.
Les citoyens poussant des clameurs déchirantes,
Ont cru voir se rouvrir les tombes dévorantes ;
On dirait qu'à la fois frappés des mêmes coups,
De la mort d'un seul homme ils vont expirer tous.

Cependant du héros la grande âme exhalée
Aux âmes des martyrs dans les cieux s'est mêlée.
Par d'ineffables chants les séraphins ravis
Fêtent le hôte nouveau des lumineux parvis.
Mais du haut de ce trône, où près de Borromée,
Il s'assied ombragé des palmes d'Idumée,
O rivages de l'Eure, ô bords délicieux !
Il vous cherche toujours ; et, jusque dans les cieux,
Gardant le souvenir de sa ville chérie,
Il forme encor des vœux pour sa douce patrie.

JUGEMENTS.

I.

Rotrou eut assez de mérite pour inspirer de l'estime au grand Corneille, et pour n'être pas jaloux d'un pareil rival. Il fut lui-même assez grand pour refuser au cardinal de Richelieu, dont il était pensionnaire, et qu'il était si dangereux de désobliger, de se joindre aux détracteurs du *Cid*. Ce trait, la tragédie de *Venceslas*, et l'intrépidité avec laquelle Rotrou remplit ses devoir dans sa patrie affligée d'une maladie contagieuse, rendront sa mémoire éternellement recommandable.

PALISSOT, *Mémoires sur la Littérature.*

II.

Après Corneille et Racine, on s'attend bien qu'il faut descendre. Leurs imitateurs, dans le dernier siècle, se sont placés après eux à différents degrés, mais toujours à une grande distance de tous les deux. Les plus heureux n'ont laissé au théâtre qu'un ou deux ouvrages, ou médiocres en tout, ou qui ne sont au-dessus du médiocre que dans quelques parties. Mais l'art est si difficile, et le nombre des pièces totalement oubliées est si grand, que le mérite d'en avoir fait une seule qui ait échappé à l'oubli suffit pour donner une place dans la postérité. Le besoin de la nouveauté est général, et les chefs-d'œuvre sont rares, les hommes sont donc obligés, pour leur propre intérêt, de supporter la médiocrité, qui varie leurs plaisirs et qui leur fait sentir davantage la perfection. En voyant, parmi tant d'auteurs dramatiques, combien peu ont su l'atteindre ou en approcher, on apprend à mieux apprécier ceux qui ont fait ce qu'il est donné à si peu d'hommes de pouvoir faire.

Le sublime en tout genre est le don le plus rare ;
C'est là le vrai phénix ; et sagement avare,
La nature a prévu qu'en nos faibles esprits,
Le beau, s'il est commun, doit perdre de son prix.

VOLTAIRE.

Le premier qui se présente est Rotrou. De tous ceux qui ont écrit avant Corneille, c'est celui qui avait le plus de talent ; mais comme son *Venceslas*, la seule pièce de lui qui soit restée, est postérieur aux plus belles du père du théâtre, on peut le compter parmi les écrivains qui ont pu se former à l'école de ce grand homme. Il fit plus de trente pièces, tant tragédies que comédies et tragi-comédies : plusieurs sont empruntées du théâtre espagnol ou de celui des Grecs ; mais il a plus imité les défauts du premier que les beautés du second. Il n'a pas même évité la licence grossière et les pointes ridicules qui déshonoraient la scène, et dont Corneille l'a purgée le premier. Son *Venceslas* mérite qu'on en parle avec quelque détail.

Le sujet est tiré de l'ouvrage espagnol de Francesco de Roxas, intitulé : *On ne peut être père et roi*, car les Espagnols font quelquefois d'un texte de morale le titre d'une pièce. Le fond en est vraiment tragique, quoique les ressorts en soient très défectueux. Les situations sont amenées à la manière espagnole, par des méprises, et ces méprises sont souvent sans vraisemblance. Tout l'édifice de l'intrigue porte sur un fondement qu'il est difficile d'admettre. L'Infant, frère puîné de Ladislas, est amoureux de Cassandre, jeune princesse élevée à la cour de Venceslas, et fille d'un souverain allié de la Pologne. Il est aimé de sa maîtresse, qui consent dans le cours de la pièce à l'épouser en secret. Cependant, la crainte qu'il a que cet amour n'offense son père le détermine à employer un stratagème assez extraordinaire, c'est d'engager le duc de Courlande, ministre et favori du roi, à se porter publiquement pour l'amant de Cassandre, et à paraître aspirer à sa main. Plusieurs raisons rendent cette supposition absolument improbable. D'abord, pourquoi l'Infant craint-il tant d'offenser son père en aimant une princesse à peu près son égale, à qui Venceslas lui-même a tenu lieu de père? Il faudrait au moins donner quelque raison d'une crainte assez forte pour l'obliger à un mystère si étrange, et il n'en donne aucune. De plus, comment le duc de Courlande, qui de son côté aime l'Infante Théodore, sœur du jeune prince, a-t-il consenti à feindre un amour si contraire à ses vues, qui peut le perdre dans l'esprit de celle qu'il aime, et donne en effet à l'Infante une jalousie qu'il doit s'empresser de détruire? Il devait donc au moins la mettre dans le secret; mais elle est trompée comme tous les autres personnages, parce que le poète a besoin de cette erreur, qui produit tous les évènements du drame. Heureusement ils sont intéressants, et l'effet, comme il est arrivé souvent, a fait pardonner le moyen. Ladislas éperduement épris de Cassandre, déteste un rival dans le duc, qui déjà lui était assez odieux par sa faveur et son crédit auprès du roi. Deux fois il impose silence à ce favori, à qui le vieux Venceslas a promis de lui accorder telle grace qu'il voudrait, en récompense d'une victoire remportée sur les Moscovites, et cette demande, toujours suspendue, amène au cinquième acte, un trait généreux qui achève le beau caractère qu'il soutient dans toute la pièce. Ladislas instruit par un de ses agents du mariage secret de la princesse, qui doit se faire dans la nuit, et ne doutant pas que ce ne soit avec le duc, l'attend au passage; et, trompé par sa prévention et par l'obscurité de la nuit, il tue son frère en croyant frapper le duc. Ce meurtre, quelque atroce qu'il soit, n'est pas ce qu'on peut reprendre : il est suffisamment motivé par le caractère violent et la passion forcenée de Ladislas. Le défaut réel est la mort d'un jeune prince innocent et vertueux, qui ne s'est montré jusque-là que sous un aspect favorable. Il n'y aurait rien à dire si l'intérêt portait sur cette mort, comme dans *Britannicus*, et qu'elle fût un dénouement; mais elle n'est qu'un épisode, et c'est un incident vicieux en lui-même, de faire périr au milieu d'une pièce un personnage qui ne l'a pas mérité. Nous voyons toujours dans cet ouvrage des beautés naître des défauts, et sans doute cette combinaison était, du temps de Rotrou, plus excusable qu'aujourd'hui. Cette mort de l'Infant produit au quatrième acte une situation neuve, singulière et pathétique. Ladislas, blessé lui-même par celui qu'il vient d'assassiner, et qui en tombant l'a frappé au bras d'un coup de poignard, s'est évanoui par la quantité de sang qu'il a perdu. Secouru par un de ses écuyers, il a repris ses sens et paraît sur le théâtre, au milieu de la nuit, pâle, sanglant, égaré, respirant à peine. Il est avec sa sœur et son écuyer Octave, qui apprennent de sa bouche tout ce qui vient de se passer, et s'efforcent de le ramener jusque dans son appartement, lorsque son père se présente à lui, et surpris, effrayé de son état, lui en demande la cause. L'on conçoit aisément combien la scène est théâtrale, et si l'on excuse la diction quelquefois familière, telle qu'elle était encore alors, l'exécution n'est pas moins belle. Ladislas, hors de lui, ne sait que répondre à son père.

Que lui dirai-je, hélas!

VENCESLAS.

Répondez-moi, mon fils.
Quel fatal accident....

Ladislas répond par ces vers devenus fort célèbres, sur-tout depuis l'application qu'on en fit dans une occasion importante :

Seigneur, je vous le dis...
J'allais.... j'étais.... l'amour a sur moi tant d'empire!...
Je *me confonds*, seigneur, et ne puis rien vous dire.

Je vous le dis, lorsqu'on n'a rien dit encore, est l'expression vraie du plus grand désordre d'esprit, et ce qui suit est celle de la passion.

Venceslas, qui craint les suites d'un démêlé très vif que le prince avait eu le matin avec son frère, et qui avait fini par une reconciliation forcée, lui témoigne ses alarmes à ce sujet.

D'un trouble si confus un esprit assailli
Se confesse coupable; et qui craint, a failli.
N'avez-vous point *eu prise avecque* votre frère?
Votre *mauvaise humeur* lui fut toujours contraire;
Et si, pour l'en garder, mes soins n'avaient pourvu...

LADISLAS.

N'a-t-il pas satisfait? Non, je ne l'ai point vu....

VENCESLAS.

Qui vous réveille donc avant que la lumière
Ait du soleil naissant commencé la carrière ?

Ladislas, qui évite toujours de répondre, dit à son père :

N'avez-vous pas aussi précédé son réveil?

La réplique est aussi naturelle qu'inattendue :

Oui ; mais j'ai mes raisons qui bornent mon sommeil.
Je me vois, Ladislas, au déclin de ma vie ;
Et sachant que la mort l'aura bientôt ravie,
Je dérobe au sommeil, image de la mort,
Ce que je puis du temps qu'elle laisse à mon sort.
Près du terme fatal prescrit par la nature,
Et qui me fait du pied toucher ma sépulture,
De ces derniers instants, dont il presse le cours,
Ce que j'ôte à mes nuits, je l'ajoute à mes jours.
Sur mon couchant enfin, ma débile paupière
Me ménage avec soin ce reste de lumière.
Mais quel soin peut du lit vous chasser *si matin*,
Vous à qui l'*âge* encor garde un si long destin ?

Ladislas attendri ne peut plus retenir son secret :

Si vous en ordonnez avec votre justice,
Mon destin de bien près touche à son précipice.
Ce bras (puisqu'il est vain de vous déguiser rien)
A de votre couronne abattu le soutien.
Le duc est mort, seigneur, et j'en suis l'homicide :
Mais j'ai dû l'être.

A peine Venceslas a-t-il eu le temps de se récrier, le duc paraît : nouvelle surprise. Ladislas reste confondu d'étonnement, et abymé dans la foule des pensées qui viennent l'assaillir. Son père insiste par de nouvelles questions.

LADISLAS.

Ne vous ai-je pas dit qu'interdit et confus.
Je ne pouvais rien dire et ne raisonnais plus ?

Ce dialogue m'a toujours paru admirable. Il est parfaitement adapté aux circonstances et aux personnages, et il a sur-tout un caractère de simplicité touchante, rare dans tous les temps, mais alors absolument original, puisqu'on ne trouve rien, même dans Corneille, qui ressemble au ton de cette scène. Il y a des mots d'une vérité précieuse. Ladislas, par exemple, lorsqu'on lui parle de son frère, conserve au milieu de son trouble toute la fierté qui lui est naturelle : *N'a-t-il pas satisfait ?* Ce sont de ces traits qui peignent l'homme. Il ne se récrie pas sur l'horreur d'attenter aux jours de son frère, mais sur ce qu'il en est incapable après avoir reçu satisfaction. De même, lorsqu'il avoue qu'il a mérité la mort en tuant le duc, lorsqu'il dit : *J'en suis l'homicide*, il ajoute sur-le-champ : *Mais j'ai dû l'être.* C'est toujours Ladislas. Ce que dit son père n'est pas moins remarquable. Sur la question que lui fait son fils, on s'attend que, suivant la marche ordinaire du théâtre, il donnera pour raison quelque circonstance relative à l'action du moment, par exemple les inquiétudes que la querelle de ses deux fils peut lui donner. Point du tout : l'auteur lui prête un motif général pris dans son âge avancé, et qui non-seulement est intéressant en lui-même, mais qui entre très heureusement dans un des principaux objets de la pièce. En effet, l'extrême vieillesse de Venceslas et l'affaiblissement qui en est la suite, sont une des causes de l'audace de son fils et de l'impatience qu'il a de régner, et de plus, le vieux monarque finira par abdiquer la couronne en faveur de ce fils. Enfin, l'on ne peut pardonner qu'à la faiblesse de son âge l'excès d'indulgence qu'il témoigne dans les premiers actes, et qui lui fait tolérer les torts de Ladislas. Tout ce qui rappelle l'idée de la caducité est donc fait pour lui préparer plus d'excuse, et l'auteur a su tourner vers ce but jusqu'à des circonstances qui semblent indifférentes et hors de l'action. On a quelque plaisir à trouver dans un ouvrage composé il y a cent cinquante ans une entente si juste de l'une des parties de l'art la plus difficile, et qui n'a jamais été bien connue et bien pratiquée que par le grand talent, celle de ramener tout à l'unité de dessein.

Ladislas apprend bientôt quel sang il a répandu : c'est celui de son frère, dont la princesse Cassandre, en sa qualité de veuve de l'Infant, vient demander la vengeance. On arrête Ladislas, et son père le condamne à la mort. C'est alors que le duc réclame la promesse que le roi lui a faite d'accorder ce qu'il demanderait. Ce qu'il demande, *c'est la grace du prince*, et Cassandre elle-même se désiste de sa poursuite. La conduite du duc est noble et conforme au caractère qu'il a montré jusque-là ; mais celle de Cassandre dément le sien, c'est une faute inutile. Au moment où le roi balance sur le parti qu'il prendra, on lui annonce que le peuple se soulève si hautement en faveur de Ladislas, qu'on ne peut l'appaiser qu'en cédant à sa volonté. Venceslas n'hésite pas un moment : il fait venir son fils et lui résigne sa couronne. L'exposé de ses motifs est un des plus beaux morceaux de la pièce : il est plein de grands traits qui marquent les principes et l'âme d'un roi.

>   Le peuple m'enseigne (dit-il)
> Voulant que vous viviez, qu'il est las que je règne.
> La justice est *aux rois la reine* des vertus,
> Et me vouloir injuste, est ne me vouloir plus.
> . . . .
> Soyez, roi, Ladislas, et moi, je serai père.

Le prince paraît se refuser à cette offre : il le presse de garder la couronne.

VENCESLAS.

> Ne me la rendez pas.
> Qui pardonne à son roi punirait Ladislas.

Ce dénouement est défectueux dans la partie morale, puisque le prince est récompensé. Cependant il ne révolte point, et il faut en savoir gré à l'auteur : c'est une preuve qu'il a su intéresser en faveur de Ladislas, et qu'il a connu ce secret de l'art qui consiste à faire excuser et plaindre les attentats qu'un moment de fureur a fait commettre, et qui ne sont pas réfléchis. Il a eu soin de donner cette couleur à ceux de Ladislas, dans le récit que lui-même en fait au quatrième acte : on y voit que la nouvelle de l'hymen secret de Cassandre l'avait mis absolument hors de lui-même. Il faut l'entendre pour se convaincre que si le style du poète manque d'élégance et de correction, il ne manque ni de chaleur ni de vérité.

> Succombant tout entier à ce coup qui m'accable,
> De tout raisonnement je deviens incapable,
> Fais retirer mes gens, m'enferme tout le soir,
> Et ne prends plus avis que de mon désespoir.
> Par une fausse-porte enfin, la nuit venue,
> Je me dérobe aux miens et je gagne la rue ;
> D'où, tout soin, tout respect, tout jugement perdu,
> Au palais de Cassandre en même temps rendu.
> J'escalade les murs, gagne une galerie,
> Et cherchant un endroit commode à ma furie,
> Descends sous l'escalier, et dans l'obscurité
> Prépare à tout succès mon courage irrité.
> Au nom du duc enfin j'entends ouvrir la porte ;
> Et suivant, à ce nom, la fureur qui m'emporte,
> Cours, éteins la lumière, et d'un aveugle effort,
> De trois coups de poignard blesse le duc à mort.

Pour un homme que l'on a peint aussi impétueux, aussi passionné que Ladislas, aussi peu maître de lui, toutes ces circonstances sont autant d'excuses : l'idée affreuse du bonheur d'un rival, le nom de ce rival qu'il entend prononcer, l'horreur de cette situation, la nuit, l'égarement d'une âme bouleversée. Il a tué son frère, il est vrai, mais sans le vouloir, sans le connaître, et croyant frapper un rival. L'état d'accablement et de désespoir où il paraît ensuite, sa résignation et sa fermeté lorsqu'il est condamné, portent les spectateurs à croire qu'il méritait un meilleur sort. Enfin, le parti que prend le roi de cesser de régner plutôt que de cesser d'être juste, et ce développement d'une âme à la fois royale et paternelle, excitent l'admiration et l'intérêt, et achèvent de justifier ce dénouement, qui fait voir qu'il est encore plus important de suivre les dispositions naturelles du spectateur que les principes rigoureux de la morale.

Les personnages principaux de cette tragédie sont dessinés de manière à faire beaucoup d'honneur au talent de Rotrou. Ce qui caractérise Venceslas, c'est l'amour de la justice, le premier devoir des souverains ; il sacrifie à ce devoir, et les sentiments paternels, et sa couronne ; et ce qu'il montre de faiblesse dans le premier acte est plutôt de son âge que de son caractère. La condescendance qu'il se croit forcé d'avoir, tient d'un côté au désir de la paix domestique, bonheur le plus nécessaire à un vieillard, et de l'autre, à l'ascendant que prend nécessairement un jeune prince dont la valeur et l'impétuosité doivent plaire à une nation guerrière. Le duc de Courlande est le modèle d'un ministre que la faveur n'a point corrompu, et d'un général que les succès n'ont point enorgueilli. En servant le monarque, il rend tout ce qu'il doit à l'héritier de la couronne : sa modération résiste aux plus dures épreuves, et sa grandeur d'âme va jusqu'au sacrifice le plus généreux, puisqu'étant le maître de demander pour récompense la main d'une princesse qu'il aime, il préfère à son propre bonheur la vie de son plus grand ennemi. Mais ce qu'il y a de plus beau et de plus dramatique dans cette pièce, c'est le rôle de Ladislas. On ne peut nier qu'il ne soit l'original de celui de Vendôme; et quoique celui-ci soit bien supérieur, c'est beaucoup pour la gloire de Rotrou, que Voltaire ait trouvé chez lui ce qu'il a surpassé. Les efforts que Ladislas fait sur lui-même pour vaincre un penchant qui humilie sa fierté, ces combats perpétuels, ces alternatives d'une froideur affectée et d'un amour qui menace ou qui supplie, sont d'un effet tragique que l'auteur n'avait pu trouver dans Corneille. Le style, à travers ses inégalités et ses fautes, a souvent tout le feu de la passion : quand Ladislas veut fléchir Cassandre, il a tout l'abandon de la tendresse.

> Inventez *des secrets* de tourmenter les âmes ;
> Suscitez terre et ciel contre ma passion :
> Intéressez l'état dans votre aversion ;
> Du trône où je prétends *détournez son suffrage*,
> Et pour me perdre enfin, mettez tout en usage :
> Avec tous vos efforts et tout votre courroux,
> Vous ne m'ôterez point l'amour que j'ai pour vous.

Quand il est révolté de ses mépris, il n'y a pas moins d'amour dans ses fureurs qu'il n'y en avait dans ses prières :

> Ne nous obstinons point à des vœux superflus ;
> Laissons mourir l'amour où l'espoir ne vit plus.

Allez, indigne objet de mon inquiétude,
J'ai trop long-temps souffert de votre ingratitude ;
Je vous devais connaître, et ne m'engager pas
Aux trompeuses douceurs de vos cruels appas.

. . . .

Oui, je rougis, ingrate ; et mon *propre* courroux
Ne me peut pardonner ce que j'ai fait pour vous.
Je veux que la mémoire efface de ma vie
Le souvenir du temps que je vous ai servie.
J'étais mort pour ma gloire, et je n'ai pas vécu
Tant que ce lâche cœur s'est dit *votre vaincu*.
Ce n'est que d'aujourd'hui qu'il vit et qu'il respire,
D'aujourd'hui qu'il renonce au joug de votre empire,
Et qu'avec ma raison, mes yeux et lui d'accord,
Détestent votre vue à l'égal de la mort.

A peine est-elle sortie, qu'il s'écrie désespéré :

Ma sœur, au nom d'amour, et par pitié des larmes
Que ce cœur enchanté donne encore à ses charmes,
Si vous voulez d'un frère empêcher le trépas,
Suivez cette insensible, et retenez ses pas.

L'INFANTE.

La retenir, mon frère, après l'avoir bannie !

LADISLAS.

Ah ! contre ma raison servez sa tyrannie.
Je veux désavouer ce cœur séditieux,
La servir, l'adorer, et mourir à ses yeux.
Privé de son amour, je chérirai sa haine ;
J'aimerai ses mépris, je bénirai ma peine.

. . . .

Que je la voie au moins, si je ne la possède.

. . . .
Je mourais, je brûlais, je l'adorais dans l'âme ;
Et le ciel a pour moi fait *un sort* tout de flamme.

Sa sœur veut sortir pour ramener Cassandre. Il s'écrie :

Me laissez-vous, ma sœur, en ce désordre extrême ?

L'INFANTE.

J'allais la retenir.

LADISLAS.

Eh ! ne voyez-vous pas
Quel arrogant mépris précipite ses pas,
Avec combien d'orgueil elle s'est retirée,
Quelle implacable haine elle m'a déclarée ?

Ne sont-ce pas là tous les mouvements opposés qui annoncent le délire de l'amour malheureux ?

Il est vrai que les autres rôles ne sont pas aussi bien conçus à beaucoup près. L'Infante Théodore, qui jusqu'à la fin de la pièce ne sait pas même si elle est aimée du duc de Courlande qu'elle aime, est un personnage insipide et à peu près inutile. L'Infant, qui ne paraît que dans les premiers actes, est entièrement sacrifié à Ladislas. Cassandre, qui ne devait fonder la préférence qu'elle donne à l'Infant que sur la différence du caractère de ce prince à celui de son frère, reproche sans cesse à Ladislas d'avoir voulu attenter à son honneur ; et cette idée, qui revient beaucoup trop souvent, est présentée avec fort peu de ménagement dans les termes. J'ai déjà observé qu'après avoir imploré la justice du roi contre le meurtrier de son époux, elle-même se joint à l'Infante et au duc pour obtenir la grace de Ladislas; et ce changement n'a point de motif suffisant. C'est bien pis au cinquième acte: le roi lui propose d'épouser Ladislas; elle s'en défend si faiblement, qu'elle laisse croire au spectateur, comme au roi, qu'elle finira par se rendre; imitation maladroite du *Cid*, et qui ne sert qu'à faire voir combien le rôle de Chimène est mieux entendu que celui de Cassandre. Comme le Cid n'a rien fait qu'il ne dût faire, comme il est aimé de Chimène, tout le monde désire leur bonheur et leur union; mais personne ne souhaite que Cassandre épouse Ladislas qu'elle n'aime point, et qui a tué celui qu'elle aimait.

Je ne m'arrête point aux scènes déplacées ou inutiles qui font quelquefois languir l'action. A l'égard du style, il offre, comme on l'a vu, des beautés réelles, particulièrement dans le rôle de Ladislas, le seul, avant Racine, où l'on ait peint les fureurs et les crimes dont l'amour est capable. Mais sans parler de l'incorrection pardonnable dans un temps où la versification française ne commençait à se former que sous la plume de Corneille, la déclamation, les idées fausses et alambiquées, la recherche, les jeux de mots, vices inexcusables en tous temps, parce qu'ils ne tiennent pas au langage, mais à l'esprit de l'auteur, gâtent trop fréquemment le style de *Venceslas*.

Ladislas dit à sa maîtresse :

De l'indigne *brasier* qui consumait mon cœur,
Il ne me reste plus que la seule *rougeur*.

Et dans un autre endroit :

> Mon respect s'oublia *dedans* cette poursuite ;
> Mais mon amour *enfant* peut manquer de conduite ;
> Il portait son excuse en son aveuglement ;
> Et c'est trop le punir, que du bannissement.

Et ailleurs :

> Qui des deux voulez-vous *de mon cœur ou ma cendre ?*
> *Quelle des deux aurai-je*, ou la mort ou Cassandre ?
> L'amour à vos beaux jours joindra-t-il mon destin,
> Ou si votre refus sera *mon assassin ?*

Ces pointes et beaucoup d'autres sont dans le goût de celles du Mascarille de Molière. A l'exception de ce vers de *Rodogune* :

> Elle fuit, mais en Parthe, en nous perçant le cœur,

jeu de mots beaucoup moins répréhensible que tous ceux que je viens de citer ; on ne rencontre rien de semblable dans les pièces de Corneille qui avaient paru avant *Venceslas*, et l'auteur aurait dû mieux profiter de cet exemple.

L'oubli des convenances est porté aussi dans cette pièce beaucoup plus loin que dans celles de Corneille qui sont restées au théâtre. Venceslas dit à son fils :

> S'il faut qu'à cent rapports ma créance *réponde*,
> Rarement le soleil rend la lumière au monde,
> Que le premier rayon qu'il répand ici-bas
> N'y découvre quelqu'un de vos *assassinats*.

Peut-on rendre plus gratuitement odieux et vil un

personnage principal qui doit exciter l'intérêt ?
Peut-on supporter que, dans la scène où Ladislas
veut braver Cassandre, il aille jusqu'à lui dire :

> Je ne vois point en vous d'appas si surprenants,
> Qu'ils vous doivent donner des titres éminents.
> Rien ne relève *tant* l'éclat de ce visage,
> Ou vous n'en mettez pas tous les traits en usage.
> Vos yeux, ces beaux *charmeurs*, avec tous leurs appas,
> Ne sont point accusés de *tant d'assassinats*.
> Le joug que vous *croyez tomber* sur tant de têtes
> Ne porte point si loin le bruit de vos conquêtes.
> Hors un seul, dont le cœur se donne à trop bon prix,
> Votre empire s'étend sur peu d'autres esprits.
> Pour moi, qui suis facile, et qui bientôt me blesse,
> Votre beauté m'a plu, j'avoûrai ma faiblesse,
> Et m'a coûté des soins, des devoirs et des pas ;
> Mais du dessein, je crois que vous n'en doutez pas.
> . . . .
> Avec tous mes efforts j'ai manqué de fortune ;
> Vous m'avez résisté, la gloire en est commune.
> Si contre vos refus j'eusse cru mon pouvoir,
> Un facile succès eût suivi mon espoir :
> *Dérobant* ma conquête, elle *m'était* certaine ;
> Mais je n'ai pas trouvé qu'elle en valût la peine.

L'auteur a pris ici pour du dépit la grossièreté brutale, et n'a pas songé qu'il y avait une double faute dans ce manque de bienséance : d'abord, qu'un prince ne pouvait pas injurier si indécemment une femme d'un rang à peu près égal au sien ; ensuite que lui-même se rendait inexcusable lorsqu'un moment après il adore plus que jamais l'objet d'un mépris si insultant.

Heureusement ces détails si vicieux, et les longueurs et les vers ridicules sont faciles à supprimer; et à l'aide de ces retranchements et de quelques corrections, l'ouvrage s'est soutenu au théâtre avec un succès mérité. Son ancienneté le rend précieux, et, au défaut d'élégance, le style un peu suranné a un air de vétusté et de naturel qui ne lui messied pas, et qui donne même un nouveau prix aux beautés en rappelant leur époque.

La Harpe, Cours de Littérature.

FIN DU VINGT-QUATRIÈME VOLUME.

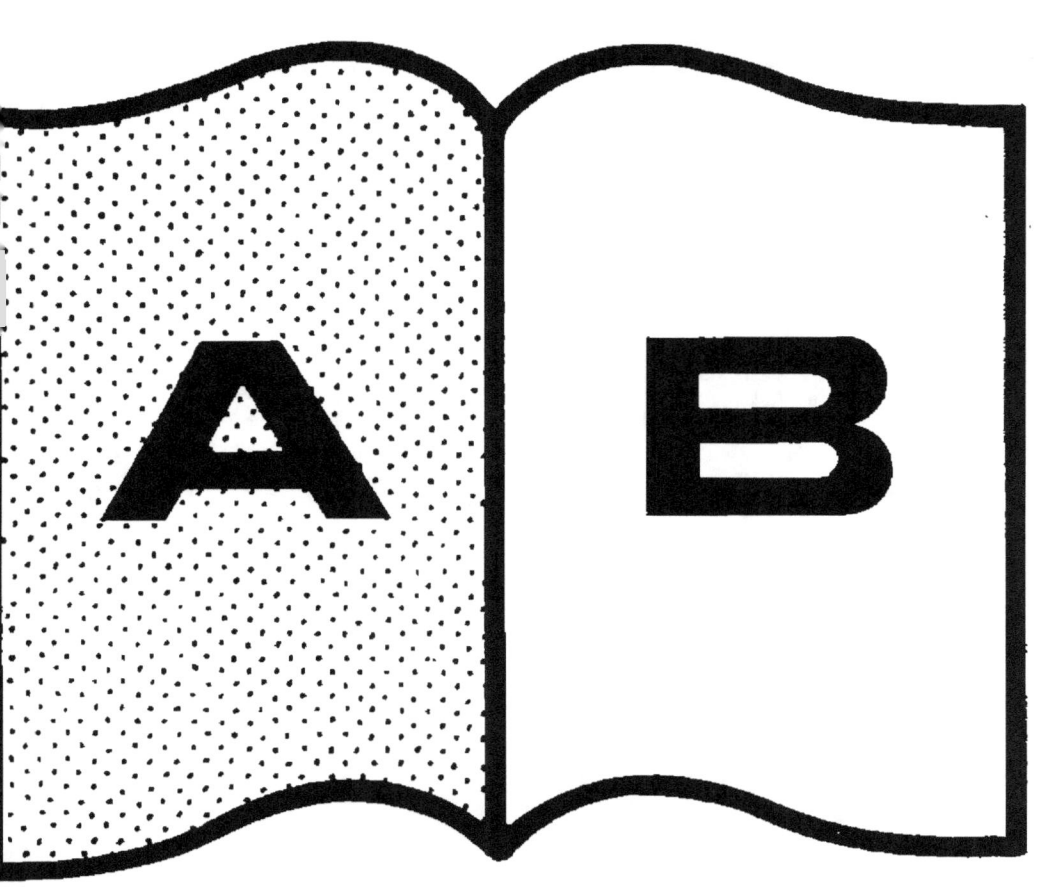

Contraste insuffisant

NF Z 43-120-14

www.ingramcontent.com/pod-product-compliance
Lightning Source LLC
Chambersburg PA
CBHW070922230426
43666CB00011B/2280